FACHWISSEN

Medienkaufmann/-frau Digital und Print

LEITFADEN FÜR VERLAGSBERUFE UND QUEREINSTEIGER

Die Deutsche Bibliothek - CIP-Einheitsaufnahme

Fachwissen Medienkaufmann/-frau Digital und Print : Leitfaden für Verlagsberufe und Quereinsteiger / Eckhard Bremenfeld ... - 4. Aufl. - Düsseldorf : Springer-VDI-Verl., 2006
ISBN 3-935065-20-5, ISBN 978-3-935065-20-7

Satz: jaboo info-media, Moers
Druck und Weiterverarbeitung: WAZ-Druck, Duisburg

Printed in Germany

FACHWISSEN
Medienkaufmann/-frau Digital und Print

LEITFADEN FÜR VERLAGSBERUFE UND QUEREINSTEIGER

4. Auflage

Eckhard Bremenfeld
Holger Knapp
Michael Rath-Glawatz
Kurt Tohermes

Vorwort zur 4. Auflage

Seit 10 Jahren hat sich unser Leitfaden einen festen Platz unter den Fachbüchern für Zeitungen und Zeitschriften geschaffen. Dafür von allen Autoren an dieser Stelle herzlichen Dank. Auch für das fachkundige Feedback, das uns Anregungen gegeben hat, dieses Projekt weiterzuführen und den wechselnden Märkten anzupassen.

Wie der Leser schnell feststellen wird, sind die Änderungen diesmal besonders gravierend. Wir haben erstmalig den Buchbereich mit in unser Konzept aufgenommen und damit einen Impuls aufgenommen, der nicht zuletzt aus dem neuen Berufsbild Medienkaufmann/-frau für Digital und Print gekommen ist, der den bisherigen Verlagskaufmann abgelöst hat. Wenn auch die Bewertung von Entstehung, Inhalt, rechtlicher Gestaltung und Namensgebung des neuen Berufs selbst innerhalb des Autorenteams nicht unumstritten ist, so wollen wir doch weiterhin Einsteigern, Quereinsteigern und sich Weiterbildenden im Medienbereich eine kompakte Orientierung geben.

Düsseldorf, im Oktober 2006
Das Autorenteam

Inhalt

1 Verlagsorganisation Marketing-Mix

Kurt Tobermes

Das traditionelle Verlagsmarketing hatte die Aufgabe, einen, aus welchen Gründen auch immer produzierten, Titel zu verkaufen. Dies hatte in der Regel auf zwei Märkten zu geschehen: auf dem Lesermarkt und auf dem Anzeigenmarkt.

Ausgangspunkt	Mittel	Ziel
Zeitschrift oder Zeitung	Absatzpolitische Instrumente	Gewinnerzielung über Umsatz

Um im heutigen Medienmarkt erfolgreich bestehen zu können, haben sich die Printverleger vom traditionellen Marketing, das von einem fertigen, möglichst oft zu verkaufenden Produkt ausgeht, verabschiedet. Damit verbunden ist allerdings der Abschied von idealistischen, dogmatischen oder ideologischen Zielsetzungen. Im heutigen Marketing sind alle Unternehmensaktivitäten an den Konsumentenbedürfnissen orientiert. Schon die Stufe der Produktentwicklung richtet sich nach den Märkten. Deshalb hat im heutigen Marketingprozess die Marktforschung bei allen Entscheidungen eine zentrale Rolle. In diesem Kapitel wird lediglich ein Überblick über den Prozesscharakter des Marketings gegeben, der besonders in den Bereichen Vertrieb und Anzeigen angewandt und vertieft wird.

Modernes Marketing dient pragmatisch dazu, die Marketingziele zu erfüllen. Diese leiten sich aus den Unternehmenszielen ab. Marketingziele müssen in operationalisierter Form, das heißt, in überprüfbarer Form angegeben werden. Ein Marketingziel könnte deshalb lauten: Der Umsatz muss um 2,3 % erhöht werden. Aber nicht einfach: „Den Umsatz erhöhen." Nur so kann das Ziel eine Hilfe sein für die Arbeit in den Sub-Mix-Bereichen. Die Forderung nach Überprüfbarkeit gilt für die gesamte Zielhierarchie bis in die kleinste Verästelung. Wo Angaben nicht quantifiziert sind, ist auch eine Budgetierung und ein marketingorientiertes Controlling nicht möglich. Ähnliches gilt sinngemäß für die gesamte Zielhierarchie im Marketing. Hier sei als Beispiel der Weg vom Unternehmensziel zum Mediaziel genannt.

Produkt-Politik

Im Rahmen der Produkt-Politik von Verlagen werden Entscheidungen getroffen, welche Produkte die Bedürfnisse von Lesern und Anzeigenkunden befriedigen können. Dabei sind zunächst der Markt und die Stellung der eigenen Produkte zu analysieren. So ist davon auszugehen, dass keine Zeitschrift oder Zeitung „für die Ewigkeit" gemacht wird, sondern wie andere Produkte eine gewisse Lebensdauer hat. Allerdings bestehen im Printbereich erhebliche Unterschiede in der Länge der Lebenszyklen der Titel. Dieser kann von einigen Monaten z.B. bei Partworks oder Fanzines bis zu über hundert Jahren bei Tageszeitungen betragen.

Produkt-Lebenszyklus

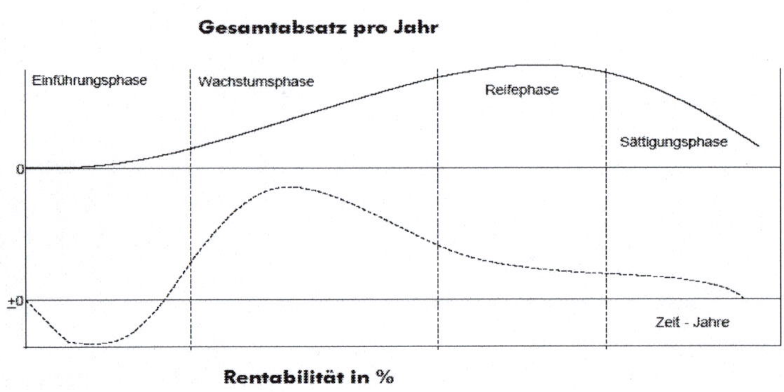

Phase	Einführungs-phase	Wachstums-phase	Reifephase	Sättigungsphase
Art der Entwicklung	Schaffung des Marktes	Marktdurch-dringung	Geplante Alterung	Diversifikation
Kapitalbedarf	Hoch	Hoch-Mittel	Niedrig	Graduelle Desinvestition
Rentabilität	Negativ	Negativ-Positiv	Positiv	Abnehmend

Darüber hinaus muss im Rahmen einer Sortimentspolitik jeder Verlag überprüfen, welche Teilbereiche welche Zukunftserwartungen haben. Eine Methode, dies zu analysieren, ist die Marktanteil-Marktwachstums-Matrix (Boston-Matrix, s. S. 26 f.). Hat ein Verlag beispielsweise viele Milchkühe in seinem Angebot, so werden sein Investitionsbedarf und sein Cash Flow momentan positiv sein. Mit dem zunehmenden Alter der Produkte im Lebenszyklus wird aber eine negative Zukunftsprognose zu stellen sein. So sollte ein Verlag auch immer Questionsmarks und Risings Stars in seiner Produktpalette haben. Von „armen Hunden" sollte sich ein Unternehmen trennen oder einen komplett neuen Marketing-Mix (Relaunch) für sie entwerfen.

Kontrahierungs-Politik

Die Kontrahierungs-Politik kann aus der Preispolitik, der Rabattpolitik und der Konditionenpolitik bestehen.

In der *Preispolitik* muss der nominale Preis eines Titels, einer Verlagsdienstleistung oder einer Medialeistung fixiert werden. Dabei sollte man sich im modernen Marketing nicht maßgeblich an den Herstellungskosten orientieren. Wichtiger ist, welcher Preis im Markt erlöst werden kann. Dies wird damit zunehmend zu retrograden Verlagskalkulationen führen. Mehr und mehr wird aber auch zu berücksichtigen sein, welche Aussage der Preis trifft. Erweiternd zum McLuhan Axiom „The medium ist the message" lässt sich heute sagen „The price (of the medium) is the message". Der Preis wird bei Printprodukten teils als Indikator für die Qualität gesehen, teils als Signal der angestrebten Positionierung in den Köpfen der Leser. Die Besonderheit von Presse liegt in der Preisbindung, die dafür sorgt, dass der Wettbewerb der Verkaufsstellen nur über den Service oder die räumliche Nähe erfolgt.

Im Bereich Vertrieb sind so auch Preisdifferenzierungen zeitlicher, räumlicher oder nutzenorientierter Art seltener als im Anzeigenbereich.

Die *Rabattpolitik* hat weitgehend die Aufgaben, Kundentreue zu erzeugen, den Absatz zu erhöhen oder die Auslastung gleichmäßiger zu gestalten (Stand-By-Rabatt). Zusätzlich bilden sie eine Hintertür, um Premium-Preise marktgerecht anzubieten. Da der Endkundenpreis des Titels gebunden ist, zeichnet sich im Printbereich besonders der Verkauf von Medialeistungen durch seine kreative Rabattpolitik aus.

Etwas außerhalb liegen im Verlagsbereich die Funktionsrabatte, die Grosso, Babu und Einzelhandel erhalten.

Die *Konditionenpolitik* soll helfen, den Absatz zu fördern. Hier können Zahlungsziele, Valutastellung, Zwischenfinanzierungen, Lieferbedingungen den Kunden bewegen, sich für einen Titel zu entscheiden.

Distributions-Politik

Der Weg des Titels, der Anzeige der Dienstleistung vom Verlag bis zum Anzeigenkunden oder Leser wird in der Distributions-Politik entschieden. Die akquisitorische Distribution meint die Auswahl geeigneter Absatzmittler, die physische Distribution bezeichnet die Beförderung der Zeitungen und Zeitschriften bis zum endgültigen Point of Sale. Beide Arten sollen die Überallerhältlichkeit (Ubiquität) von Presseprodukten gewährleisten. Die verschiedenen Absatzkanäle müssen, um sich nicht gegenseitig zu stören, festgelegte Regeln haben, besonders da sie mit unterschiedlichen Kontrahierungsmitteln ausgestattet sind. Keine andere Produktgattung hat (mit ca. 100.000) ähnlich viele Verkaufsstellen. Hierin liegt eine besondere Herausforderung der Distribution.

Kommunikations-Politik

Ziel der Kommunikations-Politik ist es, den angemessenen Mix an Maßnahmen zur Kommunikation mit dem (potenziellen) Kunden zusammenzustellen. Je nach Interesse stellen unterschiedliche Marketingrichtungen verschiedene Submix-Bereiche zusammen.

- Klassische Werbung
- Verkaufsförderung
- Öffentlichkeitsarbeit
- Sponsoring
- Product Placement
- Persönlicher Verkauf
- Event usw.

Aus wie vielen Elementen dies geschieht, ist letztlich eine Entscheidung, die auch von finanziellen Ressourcen und der Anzahl der Mitarbeiter abhängt. Jeder der oberen Bereiche kann noch weiter untergliedert werden. Z.B. Öffentlichkeitsarbeit in:

Public relations (Pressearbeit)	Zielgruppe Journalisten
Human relations	Zielgruppe Mitarbeiter
Investor relations	Zielgruppe Investoren, Banken, Politiker

Umgekehrt können Sponsoring oder Product Placement auch der Öffentlichkeitsarbeit zugeordnet werden. Praktisch ist hier die englische Unterscheidung zwischen Above-the-line und Below-the-line, wobei alles, was nicht klar als Werbung deutlich gemacht wird, als Below-the-line (unterhalb der Grenze der Erkennbarkeit als Werbung) bezeichnet wird.

In der Verlagsarbeit ist umso wichtiger, über Zielhierarchien die Kommunikation zu steuern.

Ziel-Hierarchien:

Unternehmensziele

⇓

Marketingziele

⇓

Kommunikationsziele

⇓

⇓	⇓	⇓	⇓
Werbeziele	**PR - Ziele**	**VKF - Ziele**	**Sponsoringziele**

⇓

Mediaziele

Exemplarisch ausgefüllt:

Marketingziel: Im nächsten Jahr sollen 10.000 neue Abonnenten dazukommen.

Kommunikationsziel: Die Zeitschrift wird in den Köpfen von 100.000 Personen als „Moderne Zeitschrift mit Kompetenz“ verankert.

Werbeziel: Es wird eine Titelbekanntheit bei zusätzlichen 200.000 Personen erzeugt.

Mediaziele: Eine Reichweite von 400.000 Personen und eine Dosis von 12 Kontakten (DSK) wird geschaffen.

Marktforschung

Die Vielzahl der zu treffenden Entscheidungen auf dem Anzeigenmarkt und dem Lesermarkt bedürfen einer genauen Datengrundlage. Dies ist die Aufgabe der Markt- und Mediaforschung. Sie muss festlegen:

- Welche Informationen als entscheidungsbeeinflussend benötigt werden.
- Welche Aktualität die Daten haben müssen.
- Welchen Grad der Vollständigkeit sie besitzen müssen.
- Welchen Etat die Marktforschung dafür braucht.

Die Mafo unterscheidet zwischen Vollerhebung (z.B. EHASTRA) und Teilerhebung (z.B. MA), je nachdem, ob die Grundgesamtheit komplett untersucht wurde oder nur Stichproben. Wenn die Daten neu gewonnen werden müssen, handelt es sich um Primärforschung. Methodisch stehen dafür Befragung, Beobachtung und bedingt auch das Experiment zur Verfügung. Können die Informationen aus bestehenden Quellen gewonnen werden, handelt es sich um Sekundärforschung. Hier können externe Quellen wie Datenbanken, Kataloge und Jahrbücher der statistischen Landes- und Bundesämter genutzt werden. Aber auch interne Datenbestände aus Kundenkarten, Kundenkarteien sowie Auftrags- und Umsatzstatistiken liefern wichtige Entscheidungsgrundlagen.

2 Was gibts denn so im Blätterwald? Die Produktvielfalt der Zeitungs- und Zeitschriftenverlage

Kurt Tobermes

Zur Angebotspalette eines Zeitungs- und Zeitschriftenverlages gehören die unterschiedlichsten Produkte. So teilt die Informationsgemeinschaft zur Feststellung der Verbreitung von Werbeträgern e.V. (IVW) die periodischen Printmedien in folgende Gattungen ein:

- Tageszeitungen
- Wochenzeitungen
- Supplements
- Publikumszeitschriften
- Kundenzeitschriften
- Fachzeitschriften
- Kalender
- Offertenblätter
- Handbücher
- Telekommunikationsverzeichnisse

Medien haben im Kommunikationsprozess eine festgelegte Rolle. Sie sollen Botschaften von einem Sender zu einem Empfänger transportieren. Sender sind die Redaktionen der Verlage und die Auftraggeber der Anzeigen, Empfänger sind die Leser der Titel. Die Botschaft wird in Text-, Farb- und Bildcodes umgesetzt, welche vom Rezipienten entschlüsselt, sprich: verstanden werden müssen.

Einfaches Kommunikationsmodell

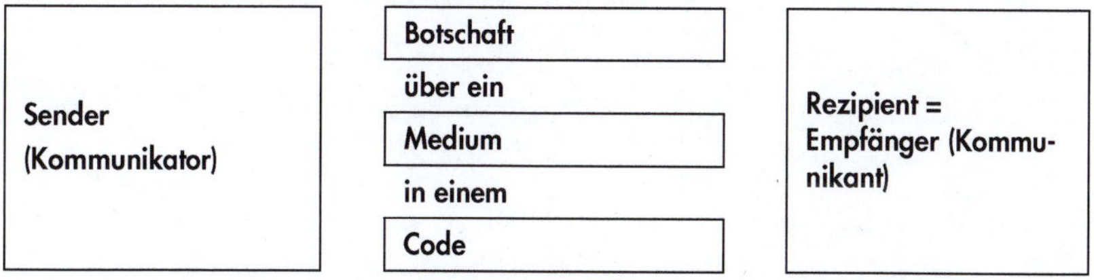

Alle Medien besitzen eigene Spezifika. Aufgrund ihrer unterschiedlichen Beschaffenheit müssen sie redaktionell, vertrieblich und anzeigenmäßig differenziert behandelt werden. In diesem Kapitel werden die wichtigsten Produkte kurz vorgestellt.

Zeitungen

Tageszeitungen

Die Zeitungen der verschiedenen Gattungen haben auf dem deutschen Medienmarkt eine starke Position. Pro Erscheinungstag verkaufen sie sich mit einer Auflage von über 27 Millionen Exemplaren. Die meisten Leser einer Tageszeitung (TZ) meinen zu wissen, was eine Zeitung ist. Fragt man jedoch nach einer genauen Definition, so kann man – nach einer Feststellung von Emil Dovifat – zwischen gut 100 Begriffsbestimmungen auswählen. Unter diesen vielen Bestimmungen sind vier Kriterien zu finden, die zahlreiche Wissenschaftler für wichtig gehalten und deshalb hervorgehoben haben:

Aktualität	Neuigkeitswert, Gegenwartsbezogenheit des Inhalts
Publizität	Grundsätzliche Zugänglichkeit für jedermann
Universalität	Offenheit nach allen Lebensbereichen
Periodizität	Regelmäßiges Erscheinen, in der Regel mindestens viermal pro Jahr

Zusammengefasst lässt sich Folgendes sagen:

Die Zeitung ist ein in kurzer, regelmäßiger Folge erscheinendes, grundsätzlich jedermann zugängliches Medium, das aktuelle Informationen aus allen Lebensbereichen verbreitet. In kurzer Folge heißt: Tageszeitungen müssen mindestens zweimal wöchentlich erscheinen, wenn sie ihren Namen zu Recht tragen wollen. Meist ist die Tageszeitung als Regionalausgabe auf ein bestimmtes Verbreitungsgebiet abgestimmt (durch inhaltliche Gestaltung sowie entsprechende Anzeigen), jedoch ist diese regionale Bezogenheit nicht zwingend notwendig.

Die Zeitung ist ein unentbehrliches Mittel der Kommunikation in der Gesellschaft; sie dient der Information, Meinungsbildung und der Unterhaltung ihrer Leser. Sie trägt in der Industrie- und Dienstleistungsgesellschaft dazu bei, den Menschen die immer komplizierter werdenden Vorgänge der Umwelt zu erschließen und dadurch Verhaltenssicherheit im Zusammenleben mit den Mitmenschen zu geben. Mit dem publizistischen Ziel der Information und Meinungsbildung eng verknüpft ist die Bildungsfunktion der Zeitung, die darin besteht, „dass sie frei – also nicht in öffentlichem Auftrag, wohl aber in öffentlichem Interesse – zur Vermittlung von aktuellem und latentem Wissen und von gesellschaftlichen Normen zur Jugend- und Erwachsenenbildung beiträgt." Bei der Tageszeitung wird diese Funktion durch umfassende Nachrichtengebung und Kommentierung zu erreichen versucht.

Die deutschen Tageszeitungen können noch eine befriedigende Bilanz vorweisen:

- Sie erreichen Tag für Tag fast zwei von drei Deutschen, die für ihre Lektüre mehr als eine halbe Stunde pro Tag aufwenden,
- die Glaubwürdigkeit und Qualität ihrer redaktionellen Teile übertrifft nach Umfragen unter Benutzern die Berichterstattung anderer Medien bei weitem,
- der Anteil an den Werbeeinnahmen aller deutschen Medien ist bei ihnen noch immer weitaus am größten.

Dennoch sind bereits jetzt, auch im Hinblick auf zukünftige Entwicklungen, gravierende Probleme zu vermelden:

- Die Auflagenzahlen gehen seit Jahren zurück.
- Die Zeit, die der Leser täglich zum Lesen seiner Zeitung aufwendet, nimmt ab, der gewachsenen Freizeit zum Trotz. Dabei ist der überdurchschnittliche Rückgang in der Altersgruppe der 14- bis 40-Jährigen sowie bei den Senioren besonders besorgniserregend.
- Der rückläufige Anteil an den Werbeeinnahmen führt zu einer sich öffnenden Schere zwischen ständig steigenden Ausgaben sowie den Einnahmen der Zeitungsverlage aus Vertrieb und Werbung.
- Lesefähigkeit und Wortschatz sowie der Konzentrationswille und -fähigkeit nehmen ab. Diese Tendenz hat sich trotz formal steigender Bildungsabschlüsse beschleunigt.

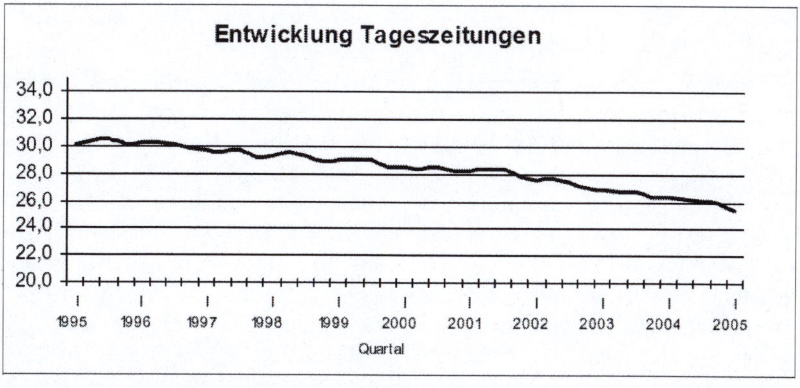

Diese Zahlen veranschaulichen die negative Entwicklung des Zeitungsverkaufs: 1996 wurde noch eine verkaufte Auflage von 32,5 Millionen Exemplaren erzielt, davon 27,6 Millionen in den alten Bundesländern und 4,9 Millionen in den neuen Ländern. Besonders dramatisch ist der Einbruch auf einigen Teilmärkten. Bei den überregionalen Zeitungen und bei den Kaufzeitungen ging die verkaufte Auflage auf dem ostdeutschen Markt von 1994 bis 2005 jeweils um mehr als 35 % zurück.

Grundlegend bleibt festzuhalten:

Die Zeitungen haben – noch – eine gute Position. Allerdings muss in zahlreichen Verlagen das Marketing weiterentwickelt werden. Probleme, die dazu in Angriff genommen werden müssen, können an dieser Stelle nur kurz angedeutet werden:

- Entwicklung ganzheitlicher Marketingkonzepte
- Professionalisierung des Managements
- Zusammenführung widerstrebender Interessen von Redaktion und Anzeigenabteilung
- Rückgewinnung wichtiger Zielgruppen (Frauen, Jugendliche, Senioren, untere Gesellschaftsschichten sowie „unpolitische" Personen)
- Neue Angebote an Anzeigenkunden (vierfarbig, übersichtliche Abrechnungsverfahren)
- Höhere Reinvestitionsquote in den Markt (Leseförderung, Elternschulung als Pisa-Konsequenz)

Ein Lehrstück des Verlagsmarketings spielte sich als „Kölner Zeitungskrieg" ab. Hier erschienen drei Gratiszeitungen: ein neuer Titel und zwei sogenannte Spoiler-Blätter. Mit diesen Spoiler-Blättern (eng. spoil = verderben) sollte dem Verleger der ersten Gratiszeitung die Rentabilität seines Unternehmens genommen werden. Als dies gelang, verschwanden die beiden anderen Blätter, die es eben nur wegen der Innovation gab, auch wieder. Dieser Vorgang ist typisch für modernes Zeitungsmarketing. Ähnlich entstand die *Bild-Zeitung*. Sie unterschied sich von den althergebrachten Zeitungen durch zwei Dinge: erstens durch die kurze Nutzungsdauer und zweitens durch die Aufhebung der klassischen Ressorts. Überall dort, wo die Konzentration auf ein oder zwei Verlage monopolistische oder duopolistische Märkte hat entstehen lassen, ist dies eine permanente Herausforderung für einen internationalen Investor. Der Kölner Zeitungsmarkt bot sich wegen der Dominanz einer seiner Verlage für einen solchen Versuch mit einer Gratiszeitung an. Als weiterer Faktor kam die allgemein hohe Akzeptanz für kostenlose Anzeigenblätter hinzu, die durch ausreichende Redaktion in vereinfachter Sprache die Aufmerksamkeit von Lesern gewannen. Gratiszeitungen gehen einen Schritt weiter. Über redaktionelle Inhalte sollen Leser interessiert werden, die dann Werbetreibende zu Anzeigen veranlassen. International werden Gratiszeitungen schon einige Zeit als ein normaler Teil des Zeitungssortiments behandelt. Die sich ständig verschlechternde Situation der bezahlten TZ ist eine offene Einladung an Verlage, sich am offene Einladung an Verlage, sich am Markt mit Gratiszeitungen zu etablieren. Kostspielige Spoiler-Blätter werden diese Tendenz nur verzögern können, bis die „Kriegskasse" der „angreifenden" Verlage wieder gefüllt ist.

Viele Tageszeitungen sind als „publizistische Einheiten" organisiert, sie beziehen also entweder den „Mantel" (überregionaler Teil) von einer anderen Tageszeitung oder arbeiten zumindest mit einem anderen Objekt redaktionell oder wirtschaftlich zusammen. So gibt es in Gesamtdeutschland rund 150 solcher publizistischer Einheiten, die ca. 1.500 Ausgaben herausbringen. Die höchste Auflagenzahl erreicht dabei die *Bild-Zeitung* aus Hamburg mit rund 4,4 Millionen Exemplaren im Bereich Straßenverkaufszeitung, die WAZ-Gruppe mit über 1,2 Millionen Exemplaren im Marktsegment Abonnentenzeitungen.

Die Spitzenorganisation der Zeitungsverlage in Deutschland ist der BDZV (Bundesverband Deutscher Zeitungsverleger e.V.), in dem rund 300 Tageszeitungen organisiert sind. Dieser Verband gründete sich 1954 und vertritt die wirtschaftlichen und rechtlichen Interessen der Zeitungsverlage nach außen. Folgende Ausschüsse beschäftigen sich mit den wichtigen Fragen des Tagesgeschäfts:

- Anzeigenausschuss
- Schlichtungs- und Einigungsausschuss
- Sozialpolitischer Ausschuss
- Vertriebsausschuss

Darüber hinaus tagen Arbeitsgruppen zu folgenden Themen:

- Berufliche Bildung
- Finanzen
- Medien
- Papier
- Recht
- Recycling
- Verlagskaufmännische Ausbildung (mit VDZ und Börsenverein)
- Wirtschaft

Die Beschäftigten im deutschen Zeitungsgewerbe gehören – soweit sie organisiert sind – der ver.di an.

Fremdsprachige Zeitungen

In Deutschland erscheint eine große Anzahl von Zeitungen in anderen Sprachen. Hierbei handelt es sich nicht um importierte Zeitungen aus den Heimatländern, sondern um eigenständige Produkte. Sie werden produziert, weil entweder die politischen Bedingungen in Herkunftsländern keine echte freie Presse zulassen oder weil die Objekte aus den Ursprungsländern den Interessen der hier Lebenden einfach nicht gerecht werden können. So erscheinen in Deutschland beispielsweise Zeitungen in türkischer, russischer, kroatischer oder griechischer Sprache.

Die Zeitungen spielen auf diesem Kommunikationsmarkt die wichtigste Rolle. Da die nicht deutschsprachige Bevölkerung in ganz Deutschland lebt, erschienen die ersten Titel überregional. *Hürriyet*, *Milliyet*, *Russkaja Germanija* sind hier als die Marktführer zu nennen. Der Inhalt setzt sich meist wie folgt zusammen:

- Politische Ereignisse aus dem Auswanderungsland
- Wirtschaftsnachrichten
- Sport
- TV- und Hörfunkprogramme in nicht-deutscher Sprache
- Folkloristische Nachrichten

Diese Zeitungen werden im EV und im Abo vertrieben und von der ganzen Familie gelesen. Die fremdsprachlichen TZ genießen einen hohen Grad von Glaubwürdigkeit bei ihren Lesern. Dies ist durch die national und religiös bestimmten Werte zu erklären, die sich in allen Bereichen der Titel widerspiegeln. Gerade die türkischen und russischen TZ stellen eine immer noch unterschätzte Untergattung besonders für Anzeigenkunden dar.

Viele Werbekunden haben diese Zielgruppen noch nicht richtig wahrgenommen. Teils aufgrund von Vorurteilen, teils aus Angst vor den religiösen Besonderheiten. Tatsächlich erfordert der Umgang mit türkischen Medien essentielle Kenntnisse über islamische Werte und Traditionen, ohne die Werbekampagnen „nach hinten“ losgehen können. Auch die verstärkte Desintegration besonders der türkischen und russischen Minderheiten hat dauerhafte Märkte für Titel mit dieser Ausrichtung geschaffen. Der Markt spaltete sich hier weiter auf. Es entstehen fremdsprachliche Wochenzeitung (z.B. *Kontakt*) und fremdsprachliche religiöse Zeitungen oder Lokalzeitungen.

Wochen- und Sonntagszeitungen

Eine Wochenzeitung berichtet vorwiegend über politische und kulturelle Ereignisse unabhängig von der Tagesaktualität. Die wenigen regionalen Wochenzeitungen sind gekennzeichnet durch kleine Auflagen und ein geringes Anzeigenaufkommen.

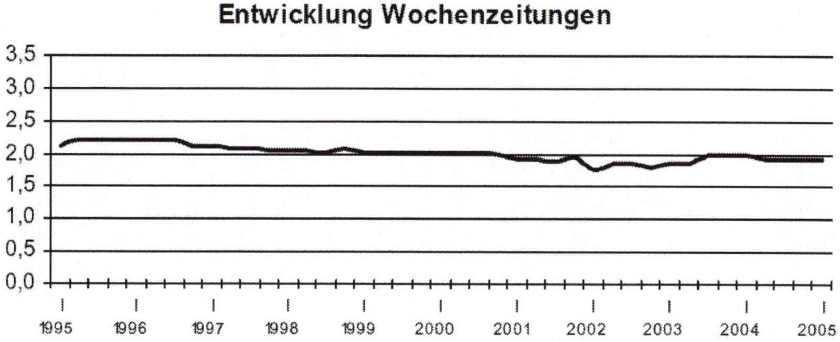

Die Wochenzeitungen wollen eine Orientierungsfunktion übernehmen. Deshalb überlässt man die aktuellen Informationen den Tageszeitungen. Den Wochenzeitungen geht es um die größeren Zusammenhänge. Hier wird nachgedacht über die Vergangenheit (wiederkehrende Themen, z.B. Machtübernahme der Nationalsozialisten, Wie konnte es zum Zweiten Weltkrieg kommen?) und über Zukunftsthemen. In der Wochenzeitung dominieren interpretierende und meinungsbildende journalistische Formen wie Kommentar, analytische Reportage, Glosse, Rezension.

Marktführer unter den Wochenzeitungen ist *Die Zeit.* Sie erscheint seit dem 21.02.1946. Das Profil der Zeitung beschreibt der ehemalige Chefredakteur Theo Sommer folgendermaßen:

„Richtig ist, dass die Politik unabhängig liberal, das Feuilleton sich eher links von der Mitte und die Wirtschaft sich eher rechts von der Mitte bewegt. Das scheint mir eigentlich für diese drei verschiedenen Ressorts auch der jeweils logische Standpunkt zu sein. Man kann Politik nur aus der Unabhängigkeit der Mitte machen, ein gutes Feuilleton sicherlich nur von links, wo das Herz schlägt, und eine gute Wirtschaft nur von rechts, wo das Portemonnaie oder die Brieftasche sitzt.“

Tatsächlich gehört es zum Erfolgsrezept der Wochenzeitung, dass sie sehr oft verschiedene Meinungen zu Wort kommen lässt. Dies führt dazu, dass in mancher Ausgabe zwei Artikel zu ein und demselben Thema mit unterschiedlicher Tendenz gedruckt werden.

Die Zukunft dieser Mediagattung ist insgesamt unsicher. Die MA weist für die Wochenzeitungen eine relativ stabile Leserschaft aus. Die Wochenzeitungen fürchten die Entwicklungen im Medienbereich nicht. Radio und Fernsehen sind von ihrem Charakter her flüchtige Medien, die mit ihren Informationen oft zur

Orientierungslosigkeit beitragen. Dagegen setzen insbesondere die Wochenzeitungen tiefergehende Erörterungen, die nur das gedruckte Wort leisten kann.

Der wirtschaftliche Erfolg jeder Wochenzeitung beruht nicht zuletzt auf dem Anzeigenteil und hier ganz besonders auf den Stellenanzeigen. Das ist schon erstaunlich, denn Wochenzeitungen sind nur mit 1 % an den Werbeeinnahmen beteiligt.

Bei den Sonntagszeitungen ist zwischen der siebten Ausgabe einer täglich erscheinenden Zeitung und der selbstständigen über- bzw. regional vertriebenen reinen Sonntagszeitung zu unterscheiden. Im Gegensatz zu den politischen Wochenzeitungen ist der Inhalt der Sonntagszeitungen tagesaktuell, universell in seiner Themenzusammenstellung und für den Lesebedarf des breiten Publikums konzipiert.

Die oben genannte Definition schließt einige am Sonntag erscheinende Tageszeitungen aus. Bei ihnen handelt es sich nur um die sechste Ausgabe in der Woche, da sie montags nicht erscheinen. Für eine Sonntagszeitung ist es jedoch wichtig, dass sie eine eigenständige Redaktion hat, die die Zeitung entsprechend den Lesebedürfnissen am Wochenende konzipiert.

Folgende Erwartungen müssen durch eine Sonntagszeitung erfüllt werden:

- Aktuelle Sportberichterstattung (insbesondere Fußball-Bundesliga)
- Familiencharakter des Sonntags (Seiten für Frauen, Kinder und Jugendliche)
- Unterhaltungsbedürfnis am Sonntag (Seiten mit wissenschaftlichem, populärwissenschaftlichem oder kriminalistischem Stoff, Kulissenklatsch mit besonderer Berücksichtigung der Erotik, Darstellungen über künstlerische und soziale Prominenz, Geldadel u.ä.)

Aufgrund dieses bunten Themenangebots mit seinen oft farbigen Illustrationen sehen Werbeagenturen Sonntagszeitungen als Schaltungsalternative zu aktuellen Illustrierten. Die Angebotspalette von Sonntagszeitungen ist relativ begrenzt. Reine Sonntagszeitungen, die unabhängig vom Abonnement einer Tageszeitung zu erhalten sind und bundesweit vertrieben werden, gibt es nur zwei: Die im Springer-Verlag erscheinenden *Bild am Sonntag* und *Welt am Sonntag*. Die übrigen Sonntagszeitungen sind siebte Ausgaben von Tageszeitungen oder ihre Reichweite ist regional begrenzt.

Es ist eines der letzten Geheimnisse des Verlagsmarketings, warum in Deutschland keine liberalen, linken oder ökologisch-orientierten Sonntagszeitungen herausgegeben werden. Insgesamt gesehen ist der Axel Springer-Verlag ziemlich konkurrenzlos. Die beiden Zeitungen haben einen Marktanteil von insgesamt 96,7 % (*Bild am Sonntag*: 85,7 %, *Welt am Sonntag*: 11 %).

Eine regionale Betrachtungsweise ergibt jedoch ein anderes Bild. So konnte die seit Mai 1979 in Südwestdeutschland erscheinende *Sonntag Aktuell* einige Erfolge auf Kosten von Springer erzielen. *Sonntag Aktuell* ist ein gemeinsam von mehreren Verlagen gegründetes Projekt, an dem sich inzwischen ungefähr dreißig weitere Verlage aus dem süddeutschen Raum beteiligt haben, um das Blatt als „kostenlose siebte Ausgabe Ihrer Tageszeitung" (Werbeslogan) zu vertreiben. Aufgrund von *Sonntag Aktuell* ging der Verkauf von *Bild am Sonntag* an Kiosken und Bahnhofsbuchhandlungen zeitweise um bis zu 15 % zurück. Springers Versuch, das Erfolgsrezept der Zustellung ins Haus zu kopieren und die *BamS* im Raum Stuttgart auch im Abonnement zu vertreiben, scheiterte am Widerstand der Kioske und Zeitschriftenhändler. Insofern zeigt *Sonntag Aktuell*, dass eine kostenlose siebte Ausgabe einer Tageszeitung als Alternative zum Angebot des Springer-Verlages angenommen wird. Was von den Stuttgarter Verlegern ursprünglich vorwiegend als Konzept gedacht war, um die Attraktivität eines Abonnements für die reguläre Zeitung zu erhöhen, hat auch im Sonntagszeitungsmarkt kurzzeitig neue Perspektiven erschlossen.

Insgesamt hat jedoch nach der MA auch diese Zeitungsart Probleme, ihre Leserinnen und Leser zu behalten. Dies gilt besonders für den Teilmarkt der neuen Bundesländer, wo die Sonntagszeitungen seit 1994 über 30 % ihrer verkauften Auflage verloren.

Wie die Verlage, die Tages- und Wochenzeitungen herausbringen, sind auch die Unternehmen, die Sonntagszeitungen herstellen und verbreiten, im BDZV organisiert.

Zeitungsmatrix

Vertriebsart	Abonnement	Straßenverkauf			
Beispiele	*Augsburger Allgemeine Zeitung*	*Bild-Zeitung*			
Format	Tabloid	Berliner (6 Spalten)	Rheinisches (7 Spalten)	Nordisches (8 Spalten)	
Beispiele	*Welt kompakt*	*Express*	*Rheinische Post*	*Frankfurter Allgemeine Zeitung*	
Vertriebs gebiet	Lokal	Regional	National	International	
Beispiele	*Bocholt-Borkener-Volksblatt*	*Westdeutsche Allgemeine Zeitung*	*Die Welt*	*Wall Street Journal*	
Erscheinungsweise	3 × wöchentlich	börsentäglich	Di – So	werktäglich	tagtäglich
Beispiele	*Heiligenhafener Post*	*Handelsblatt*	*Lübecker Nachrichten*	*Süddeutsche Zeitung*	*Hürriyet*

Offertenblätter

Offertenblätter sind Flohmärkte auf Papier, meist regional verbreitete Objekte mit periodischem Erscheinen zwischen dreimal wöchentlich und einmal monatlich, die sich durch den Vertrieb und gewerbliche Anzeigen finanzieren. Von den reinen Anzeigenblättern unterscheiden sie sich in der Regel dadurch, dass sie keinen redaktionellen Teil besitzen und gegen Entgelt vertrieben werden.

Allerdings gibt es hier wiederum Ausnahmen (z.B. der *Rhein-Ruhr-Markt* der WAZ-Gruppe), die einen geringen redaktionellen Teil in die Gestaltung mit einbringen. Generell sind hier vielfältige „Mischungsverhältnisse" denkbar. Entscheidend für die Charakterisierung eines Offertenblattes ist die Tatsache, dass es private Anzeigen kostenlos veröffentlicht. Diese werden in Hunderte von Rubriken sortiert, damit sie für den Nutzer leicht auffindbar sind. Gewerbliche Anzeigen sind nicht kostenfrei und werden ebenfalls unter die Rubriken des Offertenblattes sortiert, doch gesondert gekennzeichnet, um eine Irreführung der Nutzer zu vermeiden.

Zu unterscheiden sind weiterhin allgemeine Offertenblätter, die jede Art von Anzeigen veröffentlichen (*Revier-Markt*, *Zweite Hand*, *Heißer Draht*), und Fach-Offertenblätter, die sich auf bestimmte Rubriken spezialisiert haben (*Computer Flohmarkt*, *Bit Markt*, *Auto Info*, *Privat*).

Das Offertenblatt ist ein reines Werbemedium und hat keine Unterhaltungs- bzw. Informationsfunktion. Es wendet sich direkt an die Gruppe derjenigen, die an gebrauchten Gegenständen interessiert sind (einmal abgesehen von Kontaktanzeigen). Als Werbemedium für Privathaushalte sind Offertenblätter besonders interessant, weil eine Anzeige kostenlos ist und sich somit auch für geringwertige Güter lohnt, deren Verkaufserlös unter dem Preis einer Anzeige in der Tageszeitung liegt. Aber auch für Unternehmen ist dieses Medium eine Überlegung wert, da hier eine 100 % kaufwillige Zielgruppe anzutreffen ist (z.B. Gebrauchtwagen im Kfz-Markt).

Das Offertenblatt ist eine relativ junge Erscheinung auf dem deutschen Zeitungs- und Zeitschriftenmarkt. Die ältesten Titel gehen auf das Gründungsjahr 1983 zurück, darunter die bekanntesten Titel wie *Heißer Draht* (Raum Hannover), *Zweite Hand* (Berlin), *SperrMüll* (Baden).

Die Fach-Offertenblätter sind eine noch neuere Erscheinung, deren erster Titel *Auto Info* 1987 erschien und dessen Nachahmer seit 1989 auf dem Markt existieren (*Boots-Börse*, *Auto Mobiles* oder *Computer Flohmarkt*). Diese Blätter sind überregional und insofern eine Besonderheit auf dem regional gegliederten Offertenblättermarkt. Laut Stamm-Verzeichnis gibt es 36 Offertenblatt-Titel auf dem gesamtdeutschen Markt, zusätzlich nochmals 30 regionale Ausgaben.

Die Auflagenstärken sind wenig transparent, allerdings kann man anhand der Regionalausgaben der verschiedenen Titel einige Marktführer herausarbeiten. Mit insgesamt dreizehn verschiedenen Regionalausgaben hat der *Heiße Draht* die größte regionale Ausdehnung unter den Offertenblättern. Sehr stark engagiert hat sich der *Heiße Draht* im Osten Deutschlands, wo er seit 1990 mit sieben Regionalausgaben präsent ist. In neuester Zeit versucht sich die Verlagsgesellschaft auch in Fach-Offertenblättern wie *Privat* (Kontaktanzeigen) und *Kfz-Markt* (1992). *SperrMüll* ist heute marktführend in Süddeutschland. Das Objekt wurde 1983 mit vier regionalen Ausgaben (Baden, Kurpfalz, Pfalz, Südhessen) gestartet. Seit 1986 erscheint im gleichen Haus die landesweite Zeitung *Kurz & Fündig* und seit 1987 eine weitere Regionalausgabe (Württemberg) von *SperrMüll.*

Anzeigenblätter

Anzeigenblätter sind von ihrer Konzeption her fast das Spiegelbild von Offertenblättern. Die Haushalte bekommen das Objekt kostenlos ins Haus geliefert, allerdings müssen auch die privaten Kleinanzeigen bezahlt werden. Diese Idee war eine der erfolgreichsten der letzten Jahrzehnte. Heute sind Anzeigenblätter nicht mehr vom Medienmarkt wegzudenken, sie haben sich neben der Tageszeitung als weitere starke Mediengruppe einen Platz bei den Printmedien gesichert.

Angetreten sind die Anzeigenblätter, um den lokalen Markt zu bearbeiten, der von den regionalen Abo-Zeitungen vernachlässigt wurde. Deshalb wird das Verbreitungsgebiet einer Abo-Zeitung oft von mehreren Anzeigenblättern abgedeckt. Die kleineren Belegungseinheiten und die anders konzeptionierte redaktionelle Leistung ermöglichen es, Anzeigenraum in Anzeigenblättern kostengünstiger anzubieten. Das Redaktionsmarketing zielt auf Berichte aus der näheren Lebenswelt der Leser ab. Wie erfolgreich diese Bemühungen sind, zeigen die zahlreichen Telefonate, die ein gutes Anzeigenblatt erhält, wenn in der Zustellung Probleme aufgetaucht sind. Jeder Anruf ist aus Marketingsicht ein Kompliment, auch wenn dies für den einzelnen Mitarbeiter nervenaufreibend sein kann.

Die Abonnementzeitungen, die lange hofften, die „freien" Anzeigenblattverleger würden wieder vom Markt verschwinden, haben inzwischen fast alle begonnen, selbst Anzeigenblätter herauszugeben. So kommt es, dass nach einem Zwischenstadium unterschiedlicher Verbandszugehörigkeit der Bundesverband Deutscher Anzeigenblätter (BVDA) gegründet wurde. Hinweise auf der Preisliste oder im Impressum eines Anzeigenblattes auf die „ADA" (Auflagenkontrolle der Anzeigenblätter) bedeuten, dass die Auflage verlagsunabhängig kontrolliert wird und damit der IVW-Kontrolle bei den Zeitungen nahekommt.

Zeitschriften

Zeitschriften bilden im Bereich der Printmedien die stärkste Gruppe. Über 9.000 Titel mit einer Auflage von fast 400 Millionen Exemplaren je Erscheinungsintervall dokumentieren dies eindrucksvoll. Um die Klärung und Definition des Begriffs der Zeitschrift hat sich die Zeitschriftenforschung jahrzehntelang bemüht. Sie besteht auf ihre Eigenständigkeit und grenzt sich bewusst von der Zeitungswissenschaft ab, von der sie oft vereinnahmt wird. Die Zeitschrift wird von der Zeitschriftenforschung als autonomes Forschungsobjekt gesehen, das aufgrund der unterschiedlichen Ausrichtung zur Zeitung einen eigenen Charakter hat. Dass Zeitung und Zeitschrift häufig als Synonyme verwendet werden, ist ständiger Diskussionspunkt. Es gibt eine Vielzahl theoretischer Ansätze zur Begriffsbestimmung, eine allgemeingültige existiert nicht.

Als Gemeinsamkeit der meisten Definitionen kann folgender Kern herausgestellt werden:

Zeitschriften sind periodisch erscheinende Druckerzeugnisse, die wöchentlich, monatlich oder auch in größeren Zeitabständen veröffentlicht werden. Sie sind geklammert oder geleimt und drucktechnisch aufwendiger verarbeitet als Zeitungen.

Diese Konturlosigkeit setzt sich bei der Differenzierung der unterschiedlichen Zeitschriftentypen fort. Da die Zeitschriftenforschung noch jung und wenig entwickelt ist, besteht auf diesem Sektor ein Informationsdefizit.

Zeitschriften lassen sich nach Ansicht des Zeitschriftenverlegerverbandes grob in Fachzeitschriften, Konfessionelle Zeitschriften und Publikumszeitschriften unterteilen. Publikumszeitschriften sprechen ein breites Publikum an und haben im Unterschied zu Fachzeitschriften einen Unterhaltungswert. Konfessionelle Zeitschriften beschäftigen sich mit religiösen Fragen. Das Statistische Bundesamt zählt ebenfalls Kundenzeitschriften, amtliche Blätter, Anzeigenblätter und Amtsblätter dazu. Im Folgenden soll zunächst die Publikumszeitschrift näher behandelt werden.

Der Verband Deutscher Zeitschriftenverleger (VDZ) ist die Dachorganisation der regional organisierten Zeitschriftenverlage in Deutschland. Über seine sechs Landesverbände gehören ihm 425 Verlage an, die über 2.100 Zeitschriftentitel herausgeben und, gemessen am Umsatz, fast 80 % des deutschen Zeitschriftenmarktes repräsentieren.

1892 schlossen sich die Fachzeitschriften zum Reichsverband Deutscher Fachzeitschriftenverleger zusammen. 1907 konstituierte sich der Verband der Publikumszeitschriftenverleger. 1929 fusionierten beide Verbände zum Reichsverband der Zeitschriftenverleger. 1946 entstanden die ersten Zeitschriftenvereine auf Länderebene (föderalistisches Prinzip).

1949 wurde in München der heutige Verband Deutscher Zeitschriftenverleger e.V. gegründet. Im Verband wirken die drei Fachverbände Publikumszeitschriften, Fachzeitschriften und Konfessionelle Zeitschriften. Ein großer Teil der Verbandsarbeit wird von den Kommissionen und Ausschüssen bewältigt, die sich mit den Themen Betriebswirtschaft, Elektronische Medien, Recht oder Sozialpolitik befassen.

Auf der Frankfurter Buchmesse sind die Fachzeitschriften in einer eigenen Halle vertreten. Hier stellt nicht jeder Verlag einzeln aus, vielmehr wird dem Publikum die breite Palette dieser Mediengattung präsentiert. Dies ist aus der Struktur der Verlage zu erklären, da es sich für die kleineren Unternehmen nicht rechnet, einen eigenen Stand aufzubauen.

Publikumszeitschriften

Die Publikumszeitschriften (PZ) wenden sich an eine breite Öffentlichkeit und tragen Inhalte der sogenannten Massenkommunikation. Sie besitzen 2005 eine Gesamtauflage von rund 123 Millionen verkauften Exemplaren im Erscheinungsintervall.

Die verkaufte Auflage der Publikumspresse setzte sich im 1. Quartal 2005 zusammen aus 53,42 Millionen Abonnementexemplaren, 51,76 Millionen Exemplaren des Einzelverkaufs (sowie 4,82 Millionen LZ-Stücken, 11,10 Millionen im Sonstigen Verkauf vertrieben Stücken und 2,28 Millionen Bordexemplaren.

- Aktuelle Zeitschriften und Magazine
- Programmpresse (-Zeitschriften)
- Wöchentliche Frauenzeitschriften
- Vierzehntägliche Frauenzeitschriften
- Monatliche Frauenzeitschriften
- Familienzeitschriften
- Jugendzeitschriften
- Zeitschriften für Wohnen und Leben
- Ess-Zeitschriften
- Gesundheits-Zeitschriften
- Erotik-Zeitschriften
- Lifestyle-Zeitschriften
- Motorpresse
- Sportzeitschriften
- Kino-/Video-/Audio-Zeitschriften

- Natur-Zeitschriften
- Wissensmagazine
- EDV-Zeitschriften
- Online-Zeitschriften
- Wirtschaftspresse
- Reise-Zeitschriften
- Luft- und Raumfahrt-Zeitschriften
- Telekommunikations-Zeitschriften
- Sonstige

Die PZ mit regionaler Verbreitung werden in die drei Untergruppen Stadt- und Veranstaltungsmagazine, Bistums- und Kirchengebietszeitungen und Sonstige gegliedert.

Die PZ „spezialisieren sich in unterhaltender Form mehr oder weniger auf die Familie, die Frau, Jugend, Konfession, auf Sport, Mode, Reisen, Sammlertätigkeit, Liebhabereien und nicht zuletzt auf die Programme von Fernsehen und Hörfunk.“ Der Verleger H. Burda definiert die *Bunte Illustrierte* als Musterbeispiel für Publikumszeitschriften heute, die mehr und mehr General Specialized-Objekt im Gegensatz zur General Interest früherer Tage sind.

Während die Fachzeitschriften zu 95 % im Abo verkauft werden, werden die PZ zu etwa 40 % im Abonnement und zu 60 % im Einzelverkauf vertrieben. Seit 1972 vereinigen vier große Medienkonzerne des bundesdeutschen PZ-Marktes mit einem Sechstel der Zeitschriftentitel vier Sechstel der Gesamtauflage auf sich. Diese sind:

- Heinrich Bauer Verlag KG, Hamburg
- Bertelsmann AG, Gütersloh; Gruner und Jahr, Hamburg
- Burda-Gruppe, Offenburg
- Axel Springer-Verlag AG, Hamburg

Publikumszeitschriften dienen in erster Linie der Unterhaltung und unterhaltenden Information. Es gibt zurzeit ca. 1.500 Titel. Die größten Reichweiten besitzen folgende Untergattungen:

Programmzeitschriften

20 Titel dieser Mediengattung zählte die IVW 2005. Zunächst gehören hierzu die klassischen Wochentitel wie *Hörzu* (Springer), *TV Hören und Sehen* (Bauer), *Auf einen Blick* (Bauer) oder *Funk Uhr* (Springer). Daneben haben sich die vierzehntägigen Titel wie *TV-Spielfilm*, *TV-Movie*, *TV-Today* etabliert. Gerade auf diesem

Markt sind seit 1994 erhebliche Veränderungen festzustellen. Die neuen Blätter sorgen für deutliche Leserschaftsverluste bei den wöchentlichen Titeln.

Ein neuer Typ Programmzeitschrift, der dabei ist, sich zu etablieren, ist die monatliche Programmzeitschrift. Sie ist in der Regel auf eine konkrete Sparte (z.B. Seifenopern) bezogen, deshalb sind bei ihr Programmänderungen nicht so bedeutsam.

Supplement

Der Ursprung liegt im Jahre 1896 in Amerika, wo *American Weekly* erstmals ein Supplement herausbrachte. Heute erreichen Supplements, die ein fester Bestandteil der Wochenendausgaben vieler Zeitungen sind, eine Auflage von beachtlicher Höhe. Namen wie *Family Weekly* oder *Parade* haben allein schon die imponierende Auflage von rund 30 Millionen. Immer wieder hat es unterschiedliche Theorien gegeben, was genau ein Supplement ist.

In der Praxis werden folgende Supplement-Arten unterschieden:

- Anzeigensupplements für private Anzeigen (*Fit for Fun*)
- Haus- und Freizeitsupplements (*Cocktail*)
- Hörfunk- und Fernsehsupplements (*BWZ*, *RTV*)
- Unterhaltende Wochenendsupplements (*Süddeutsche Zeitung Magazin*)
- Wirtschaftssupplements (*w & v compact*)

Die Nutzungsfunktion ist somit natürlich nicht einheitlich zu definieren. Ein Programmsupplement wie *RTV* liefert Informationen über das Fernseh- und Hörfunkprogramm. Zusätzlich bietet es dem Leser Unterhaltung und dem Werbetreibenden Raum für qualitativ gute Farbanzeigen. Massenmedien sind Kommunikationskanäle mit hoher Generalität und Unspezifizität. Derartige Medien verlieren an Bedeutung. Supplements bieten die Möglichkeit der inhaltlichen Auffächerung nach speziellen Themengebieten, sie können daher die unterschiedlichen Informationsbedürfnisse der verschiedenen Lesergruppen befriedigen (meinungsbildendes Supplement).

Viele Zeitschriften und Zeitungen verstärken ihre Leser-Blatt-Bindung mit einem Supplement und nutzen gleichzeitig die Möglichkeit, den Anzeigenkunden eine bessere Druckqualität anbieten zu können. Ein besonders wichtiges Argument gerade für Markenartikler, die viel Wert auf eine ansprechende Farbgebung legen müssen. Trotzdem bieten noch nicht alle Tageszeitungen ihren Lesern einen um ein Supplement erweiterten Service.

Zahl der Abonnementzeitungen:	400
davon Zahl der Trägerobjekte:	241
Zahl der Supplements:	13

Dass das Supplement eine gute Medialeistung bringt, wenn es interessant gemacht wird, zeigt folgende Aufstellung:

58 % der Leser nutzen das Supplement während der ganzen Woche
9 % der Leser nutzen das Supplement ein- oder mehrmals die Woche
16 % der Leser nutzen das Supplement flüchtig
17 % der Leser nutzen das Supplement gar nicht

Dabei gab es in der jüngeren Zeit auch einige Rückschläge für die Supplement-Verlage. Die Auflagenhöhe sorgt bei vielen kleineren Zielgruppen für hohe Streuverluste, was einen Rückgang der Anzeigenerlöse nach sich zieht. Neue, zielgruppengerechte Supplements sollen diese Probleme beseitigen.

In den letzten Jahren sind so eine Reihe von Supplements entstanden, die eher zeitungs- als zeitschriftenähnlich aufgemacht sind. Zwei Gründe sind dafür zu nennen: Zum einen ist die Farbqualität im Offsetdruck auf Zeitungspapier besser geworden, so dass auch hier ansprechende 4C-Anzeigen gedruckt werden können. Zum anderen soll das Supplement ja die Leser-Blatt-Bindung an das Trägerobjekt verstärken, was natürlich mit einer zeitungsähnlichen Beilage mit gleicher Anmutung besser geschieht.

Titel:	Verbreitete Auflage (IVW I/2005)
RTV (gesamt)	8,3 Mio.
Prisma (gesamt)	4,5 Mio.
BZW.	1,3 Mio.

Frauenzeitschriften

Es sind an Frauen gerichtete Zeitschriften, die sich inhaltlich meist auf die Themen Partnerschaft, Mode, Kosmetik, Beruf, Erziehungsfragen, Gesundheit und Ernährung spezialisiert haben. Seit dem Ende der 70er Jahre sind in viele Objekte auch die Probleme der Emanzipation im Sinne der Frauenbewegung integriert.

Während die ersten Frauentitel noch von Männern erarbeitet wurden, zeigt sich dieses Gebiet des Verlagswesens seit Luise Otto-Peters *Frauenzeitung* (1848) als verlegerisches Terrain von Frauen für Frauen.

Frauen sind eine der wichtigsten Werbeträgergruppen, denn 75 bis 80 % des verfügbaren Einkommens wird von Frauen ausgegeben. Die Frau ist Verwenderin, Entscheidungsträgerin und Einkäuferin in einer Person. Sie bestimmt in der Regel als Single oder Hausfrau, wie, wo, wann und wofür Geld ausgegeben wird.

Für die Werbung ist demnach „die Frau" die wichtigste Zielperson. Über was entscheidet die Frau? Was kauft sie? Was verwendet sie? Darüber gibt es mittlerweile dank der Marktforschungsaktivitäten der Verlage umfangreiches empirisches Material. So zum Beispiel erfassen die Verbraucher Analyse (VA), EVA, Markenkompass, Frauen-Typologie oder KKK, um nur einige zu nennen, fast alle wichtigen Quantitäten.

Frauenzeitschriften sind sehr unterschiedlich in Erscheinungshäufigkeit, Themenwahl, Layout, Papierqualität und Preis, sie richten sich nach dem Frauentyp, der angesprochen werden soll. Von der wöchentlichen *Bild-der-Frau* über die 14-tägige *Freundin* bis zur monatlichen *Cosmopolitan* reicht das Spektrum. Jüngere Frauen werden mit „In-between"-Titeln wie *JOY* oder *Brigitte Young Miss* vom Segment der Jugendzeitschriften zu den Frauentiteln geführt.

14-tägige Titel:	Verbreitete Auflage (IVW I/2005)
Brigitte	0,84 Mio.
Freundin	0,61 Mio.
Für Sie	0,52 Mio.

Monatliche Titel:	Verbreitete Auflage (IVW I/2005)
Petra	0,28 Mio.
Cosmopolitan	0,34 Mio.
Amica	0,22 Mio.

Die rund 20 Titel der wöchentlich erscheinenden Frauenzeitschriften mit ca. 13 Millionen verkauften Exemplaren werden vielfach auch als Soraya-Presse oder Regenbogenpresse bezeichnet. Die auch verwendete Bezeichnung *Yellow Press* trifft eigentlich nicht den Ursprung dieser Medien. Die Gelbe Presse umfasste ursprünglich zwei New Yorker Sonntagszeitungen (Sensationsblätter). Diese konkurrierten 1895 mit Hilfe eines Comics, dessen Titelfigur ein gelbgekleidetes Kind (*Yellow Kid*) war.

Wöchentliche Titel:	Verbreitete Auflage (IVW I/2005)
Bild der Frau	1,3 Mio.
Neue Post	1,0 Mio.
Das Neue Blatt	0,7 Mio.

Motorzeitschriften

Auch sie haben mittlerweile eine Marktsegmentierung erfahren. Deshalb ist die Zahl der IVW-gemeldeten Titel auf 64 gestiegen. Branchenführer ist die klassische *Auto-Motor-Sport*, doch auch hier erscheinen z.B. mit *ATV* & *Quad Magazin* oder *Flash-Opel Scene* alternative Konzepte auf dem Markt. Pro Erscheinungsintervall werden über 19 Millionen Exemplare verbreitet.

Titel:	Verbreitete Auflage (IVW I/2005)
Auto-Bild	0,69 Mio.
Auto-Motor-Sport	0,49 Mio.
Motorrad	0,17 Mio.

Jugendzeitschriften

Die *Bravo* gehört seit über vierzig Jahren zur Durchschnittssozialisation eines Teens in Deutschland, auch wenn die Media-Analyse erstaunlich viele ältere Mitleser aufweist. Bei der Altersgruppe der 14- bis 19-Jährigen folgt allerdings die Jugendzeitschrift der Programmzeitschrift erst auf dem zweiten Platz. Insgesamt verkaufen sich die Titel dieses Segments fast sechsmillionenmal. Die Allensbacher Werbeträgeranalyse (AWA) weist diesen Titeln eine Reichweite von ca. 9 % in der Gesamtbevölkerung zu. Auskopplungen wie *Bravo-Girl* und *Bravo-Sport* zeigen natürlich auch auf diesem Teilmarkt die Tendenz, durch Produktinnovation Bedürfnisse zu kreieren, die den immer spezifischeren Wünschen der Leserinnen und Leser gerecht werden. Line-Extension oder Bildung einer Markenfamilie wird so etwas genannt. Denn, wie sagt ein bekannter Verlagsmanager: „Nichts ist schöner als eine große Familie mit vielen Kindern, auch wenn sie anstrengend ist."

Titel:	Verbreitete Auflage (IVW I/2005)
Bravo	0,47 Mio.
Bravo-Girl	0,2 Mio.
Mädchen	0,2 Mio.

Aktuelle Illustrierte

Als die „Klassischen Vier" im Illustriertenbereich wurden lange Jahre die Titel *Stern*, *Quick*, *Bunte* und *Neue Revue* bezeichnet. Wie schwierig es ist, in einer atomistischen Gesellschaft eine Zeitschrift für ein großes Publikum zu machen, zeigt das Schicksal der *Quick*, die ihr Erscheinen 1992 einstellen musste.

Lediglich der *Stern* kann sich nach seiner Überarbeitung mit 8,3 Millionen Lesern gegen das Angebot der Nachrichtenmagazine wie *Spiegel* oder *Focus* behaupten.

Titel:	Verbreitete Auflage (IVW I/2005)
Stern	1,1 Mio.
Spiegel	1,1 Mio.
Bunte	0,78 Mio.

Mitgliederzeitschriften

Viele der auflagenstärksten Zeitschriftentitel sind keine Publikumszeitschriften im herkömmlichen Sinne. Da sind zum einen die Mitgliederzeitschriften wie *ADAC-Motorwelt*, die mit 13,9 Millionen Exemplaren Deutschlands auflagenstärkstes Printobjekt ist. Diese Titel sind entgegen landläufiger Meinung nicht kostenlos, sondern ihr Preis ist in die Mitgliederbeiträge hineingerechnet.

Special Interest

Es handelt sich um Zeitschriften, die für Zielgruppen mit speziellen Interessen entwickelt werden. Die Titel wenden sich dabei vornehmlich an interessierte Laien, im Gegensatz zu Fachzeitschriften, die sich an Fachleuten orientieren.

Daher enthält ein Special Interest (SI) keine echten Fachaufsätze, sondern populärwissenschaftliche Artikel, die um ein Thema gruppiert sind. Auch Anzeigen in einem Special Interest sind meist auf ein Hobby konzentriert, so stammen bei dem Thema Fahrrad (z.B. *Bike*) alle Anzeigen aus der Fahrradbranche. SI sind Produkte, die häufig einen kurzen Lebenszyklus haben. Nicht einmal jeder zweite Titel überlebt das erste Jahr. Die Verlage müssen deshalb ein gutes Marketing mit einer besonders intensiven Marktforschung betreiben, um in diesem Marktsegment bestehen zu können.

Ein Verlag, der über längere Zeit wirtschaftlichen Erfolg haben will, wird auf Dauer nicht nur ein Produkt auf den Markt bringen, sondern mehrere. Ein moderner SI-Verlag mit einer betriebswirtschaftlich gesunden Struktur muss einen Produkt-Mix entwickeln, der ihm unabhängig von Trendwechseln gesicherte Erträge einbringt. Das bereits im Kapitel 1 skizzierte Portfolio-Modell, auch unter dem Namen Boston-Matrix bekannt, bietet den Verlagen ein Instrument der Programmentwicklung. Die vier Felder beschreiben betriebswirtschaftliche Zustände in verschiedenen Lebensphasen eines Titels. Wenn ein neuer Titel auf den Markt kommt, steht hinter seinem wirtschaftlichen Erfolg noch ein Fragezeichen (Question Mark). Die Kosten z. B. für Werbung und das Wachstum sind hoch, Umsatz und Marktanteil noch gering. Setzt sich ein Titel beim Leser durch, wird er ein Star. Der Marktanteil steigt und erste Gewinne fallen an. Ist der Titel in der Leserschaft gut verankert, so kann „die Kuh gemolken“ werden. Der Marktanteil ist hoch, die Kosten reduzieren sich und der Gewinn steigt. Ist ein Trend ausgelaufen, kommt der Titel „auf den Hund“. Gewinne sind kaum mehr zu erwarten, da die Auflage stark zurückgeht. Der Titel muss dann eingestellt werden. Eine dauerhaft erfolgversprechende Programmstruktur besteht aus jeweils 25 % der Titel in den Feldern Question Mark und Star sowie 50 % im Bereich Cash Cow. „Hunde“ sollten nicht zu zahlreich im Verlagsprogramm sein. Nicht immer gelingt es einem Titel, alle Felder zu durchleben. Wie oben beschrieben, werden viele vom Question Mark direkt zum „Hund“.

Das hier dargestellte Modell lässt sich prinzipiell auf alle Printobjekte anwenden, aber bei Special-Interest-Titeln verändern sich die Phasen besonders schnell.

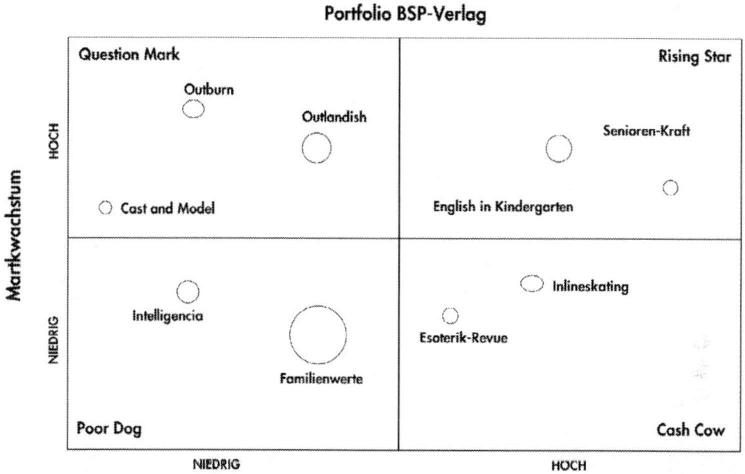

Special-Interest-Zeitschriften vereinigen Elemente von Publikums- und Fachzeitschrift. Ihre eng auf ein Themengebiet begrenzte redaktionelle Palette macht sie zu Zeitschriften mit Spezialcharakter. Was nicht bedeutet, dass sie dadurch an Attraktivität verlieren, sie gewinnen vielmehr hinzu. Der Gewinn liegt in der Zielgruppenausrichtung, die es dem Werbetreibenden ermöglicht, Streuverluste weitestgehend zu vermeiden, denn bei keinem anderen Werbeträger des Printmedienbereichs ist die Zielgruppe bezogen auf eine bestimmte Thematik so verdichtet wie bei den Special-Interest-Zeitschriften. Jedoch verlieren sich die Vorteile, wenn es für den Werbetreibenden nicht um sehr eng definierte Zielgruppensegmente geht. Die Erscheinungsweise des Special Interest ist regelmäßig wöchentlich bis vierteljährlich. Die meisten SI-Verlage sind im VDZ organisiert, jedoch gibt es einige „Independents". Wie bei Fachzeitschriften findet beim Special Interest eine Zusammenarbeit zwischen Verbänden und Organisationen statt, weswegen ein solches SI eine Art „Pflichtblatt" für bestimmte Sport-, Hobby- oder Freizeitbereiche sein kann. Beispiele für Special Interest sind: *Deutsches Waffen Journal*, *Puppen & Spielzeug*, *Reiter Revue*, *Surf*.

Mehr und mehr Leserinnen und Leser schätzen eine noch genauere Eingrenzung ihrer Hobbies, die sich publizistisch in sogenannten Very-Special-Interest-Titeln widerspiegelt. Hier geht es dann beispielsweise nicht mehr um Angeln allgemein (*Blinker*), sondern um Angeln auf einen Fisch (*Karpfenszene*). Diese Medien sind aus Sicht der Werbeagenturen sehr zielgruppenaffin, aber eben nur gering in der Reichweite.

Rätsel/Comics/Romane (RCR)

Rätselhefte, Romanreihen und periodische Comics bilden einen festen Bestandteil des Angebots an fast jedem Kiosk. Obwohl die Hefte wöchentlich mehrere Millionen Leser haben, sind sie doch als Werbeträger so etwas wie ein Stiefkind. Dies liegt daran, dass viele von ihnen im Phasenvertrieb distribuiert werden.

Beim Phasenvertrieb wird das Heft beispielsweise erst in Nielsen II ausgeliefert. Die Remissionsware wird anschließend nach Nielsen I gebracht usw. Vorteile sind eine genügende Präsenz am POS und ein kleineres Verkaufsrisiko. Nachteilig sind die hohen Logistikkosten und Probleme bei der Erfassung der Verkaufszahlen durch die IVW, da sich der Verkauf eines Heftes über viele Monate erstrecken kann.

Als Alternative zum nationalen Phasenvertrieb (wie oben beschrieben) kann auch ein internationaler Vertrieb erfolgen. Für deutschsprachige Titel wäre eine Reihenfolge Deutschland, Österreich, Schweiz denkbar.

Nielsen Gebiete	Nielsen Standard-Regionen	Nielsen Ballungsräume
Gebiet 1: Hamburg, Bremen, Schleswig-Holstein Niedersachsen	**Nord**: Schleswig-Holstein, Hamburg **Süd**: Niedersachsen,Bremen	(1) Hamburg (2) Bremen (3) Hannover
Gebiet 2: Nordrhein-Westfalen	**Ost**: Westfalen **West**: Nordrhein	(4) Ruhrgebiet
Gebiet 3a: Hessen, Rheinland-Pfalz, Saarland	**Ost**: Hessen **West**: Rheinland-Pfalz,Saarland	(5) Rheinmain
Gebiet 3b: Baden-Württemberg	**Nord**: Reg.Bez. Stuttgart, Karlsruhe **Süd**: Reg.Bez. Freiburg, Tübingen	(6) Rheinneckar (7) Stuttgart
Gebiet 4: Bayern	**Nord**: Ober-, Mittel-, Unterfranken, Oberpfalz **Süd**: Ober-, Niederbayern, Schwaben	(8) Nürnberg (9) München
Gebiet 5: Berlin		(10) Berlin
Gebiet 6: Mecklenburg-Vorpommern, Brandenburg, Sachsen-Anhalt		
Gebiet 7: Thüringen, Sachsen	**West**: Thüringen **Ost**: Sachsen	(11) Halle/Leipzig (12) Chemnitz/Zwickau (13) Dresden

Rätsel

Sie dienen dem „Gehirnjogging“ und dem Zeitvertreib. Zwei Arten sind auf dem Markt: Die einen bereiten Rätselvergnügen aus reiner Lust an kniffligen Fragen, die anderen locken mit Gewinnen, wenn die Aufgaben gelöst werden können.

Auch innerhalb der Gattung Rätsel findet in den Verlagen eine differenzierte Produktpolitik statt.

Gute Zeiten, schlechte Zeiten – Magazin	108.368
Gute Zeiten, schlechte Zeiten – RätselSpass	54.598

Comics

Sie richten sich je nach Titel an Kinder oder Erwachsene (z.B. *Simpson Comics*). Marktführer mit 1,2 Millionen Lesern ist auf diesem Markt die *Micky Maus.*

Romane

Einige Romanreihen wie *Jerry Cotton* sind Klassiker, die schon mehrere Auflagen erlebt haben. Bei ihnen schreibt häufig eine Gruppe von Autoren nach Vorgaben des Verlages. Die Leser nutzen sie wegen ihres Unterhaltungswertes, einer unaufdringlichen Lebensberatung (Frauenromane) oder um für kurze Zeit aus der Realität zu fliehen (Science Fiction).

Die Zielgruppen der verschiedenen Untergruppen dieser Mediagattung sind so unterschiedlich wie die Inhalte der folgenden Reihen (Auswahl).

- Adelsromane (*Fürstenhöfe*)
- Ärzteromane (*Dr. Norden*)
- Frauenromane (*Leni Behrend*)
- Gruselroman (*John Sinclair*)
- Heimatromane (*Edelweiß*)
- Liebesromane (*Nora*)
- Mutterromane (*Mami*)
- Schicksalsromane (*Rote Laterne*)
- Science Fiction (*Perry Rhodan*)
- Westernromane (*Lassiter*)

Viele Verlage verkaufen ihre Erfolgstitel in andere Länder. So besitzt beispielsweise der Kelter-Verlag in 18 Ländern Lizenzausgaben. Über das Fernsehen und das Buch haben die früher als Schundliteratur geschmähten Werke ihren Weg in andere Medien gefunden und tragen so zum Konzernumsatz bei.

Konfessionelle Presse

Konfessionelle Presse ist ein Sammelbegriff für Druckerzeugnisse unterschiedlichster Ausprägung, die auf ein Religionsbekenntnis ausgerichtet oder an ein solches gebunden sind. Diese Definition ist umfassend, aber zugleich allgemein gehalten. Im weiteren Sinne umfasst sie die Spanne von dem in fast jeder Gemeinde erscheinenden Gemeindebrief bis hin zur Tageszeitung, Wochen- oder Monatszeitschrift. Im engeren Sinne meint dieser Begriff jedoch nur die letztgenannten Medien. Aus diesem umfassenden Verständnis heraus lassen sich die spezifischen Merkmale der kirchlichen Presse ableiten: Religiöses Selbstverständnis, Ratgeberfunktion, Interessengemeinschaft. Der letzte Punkt bedarf einer kurzen Erläuterung. Die Konfessionelle Presse versucht, Antworten zu geben, die auf einer Glaubensüberzeugung basieren. Sie versteht sich und den Leser als Interessengemeinschaft, die versucht, an die Fragen der Zeit heranzugehen. Hier ist aber auch schon die Funktion für den Nutzer angesprochen. So gibt es auf evangelischer Seite rund 600 und auf katholischer ca. 400 Objekte. Bei den übrigen Bekenntnissen (Juden, Buddhisten, Zeugen Jehovas, Moslems, Quäker) erscheinen rund 40 Objekte mit sehr verschiedenen Druckauflagen.

Im Folgenden werden weitgehend evangelisch und katholisch geprägte Publikationen behandelt. Die Konfessionelle Presse kann in folgende Unterbereiche gegliedert werden:

- Bistumszeitung/Landeskirchenzeitung
- Fachzeitschrift
- Frauenzeitschrift
- Kinder- und Jugendzeitschrift
- Kultur- und Fachzeitschrift
- Missions- und Ordenszeitschrift/Missionsfachzeitschrift
- Seniorenzeitschriften
- Verbandszeitschrift
- Wochenschrift, Tageszeitung, Magazin

Gekennzeichnet ist die Konfessionelle Presse zudem durch eine starke Leser-Blatt-Bindung sowie durch eine gleichbleibende Kernleserschaft. Die Funktion hängt in sehr enger Weise mit den Adressaten zusammen. Grundsätzlich kann man von vier verschiedenen Aspekten ausgehen:

Information: Dem Leser wird Wissen vermittelt.
Orientierung: Im Leser soll Verantwortung geweckt werden.
Lebenshilfe: Der Leser erhält konkrete Ratschläge in Krisensituationen
Unterhaltung: Rätsel, Romane, Lyrik

Die Nutzungssituation ist sehr eng mit der Marktübersicht verknüpft, da sie von den verschiedenen Angeboten abhängig ist. Die Konfessionelle Presse muss sich folgende Leitfragen stellen:

- Um welche Zeitung/Zeitschrift handelt es sich? (*Ruhrwort* oder *Der Weg*)
- Wie wird eine Zeitung oder Zeitschrift genutzt?
- Welche Teile einer Zeitung/Zeitschrift werden genutzt?
- Wer ist der Adressat?
- Wie erreicht die Zeitung/Zeitschrift den Leser?
  (Auslage im Kirchenraum oder per Abonnement)
- Welche „ideologische Stellung" besitzt die Zeitung/Zeitschrift?
  (kirchenkonform oder eher kritisch distanziert)

Berücksichtigt man diese Aspekte, so wird deutlich, dass Anzeigen für Kreislaufmittel in Bistumszeitungen eher erscheinen und gelesen werden (Stichwort ältere Leserschaft) als in Publik Forum (jüngere Leserschaft), wenn sie dort überhaupt vorkommen. Dies ist nur ein Beispiel, das die grundlegende Problematik innerhalb der Nutzung kirchlicher Presseerzeugnisse aufzeigt. Im Anzeigenbereich entfallen rund 30 % auf Pharmaerzeugnisse und Heilmittel. Die restlichen 70 % verteilen sich auf folgende Bereiche:

- Touristik
- Missionen/Orden
- Verlage
- Banken
- Briefmarken
- Haus und Garten

Um den Werbeagenturen die Schaltung in den zahlreichen regionalen Titeln zu erleichtern und bundesweite Kampagnen zu planen, haben sich die meisten der IVW geprüften konfessionellen Titel in der Konpress (1.349.719 Gesamtauflage) zusammengeschlossen.

Titel:	Verbreitete Auflage (IVW I/2005)
Kirche und Leben	0,129 Mio.
Kirchenzeitung für das Erzbistum Köln	0,064Mio.
Konradsblatt	0,066 Mio.

Dies ist ein Anzeigenring auf genossenschaftlicher Basis, der einen umfangreichen Media-Service bietet. So bleiben die einzelnen angeschlossenen Verlage betriebswirtschaftlich unabhängig, können jedoch zusammen größere Flächenabdeckungen und höhere Reichweiten anbieten. Auch das Handling der Anzeigen bezüglich der Druckvorlagen wird durch Konpress erleichtert.

Die Konfessionelle Presse hat seit einigen Jahren mit erheblichen Strukturproblemen durch Austritte zu kämpfen und hat einiges von ihrer einstigen Medialeistung verloren. Besonders die jüngeren Generationen konnten bisher nicht als Leserschaft gewonnen werden.

Neben der allgemeinen gesellschaftlichen Tendenz in Richtung Orientierungslosigkeit haben sicherlich auch Neben- und Gegeneinander der folgenden Verbände und Organisationen dazu beigetragen. Die Aufstellung ist unvollständig und keine wertende Auswahl:

- Arbeitsgemeinschaft Katholische Presse e.V.
- Evangelische Medienakademie
- Gemeinschaftswerk der Evangelischen Publizistik e.V.
- Gesellschaft Katholischer Publizisten Deutschlands e.V.
- Katholische Nachrichtenagentur GmbH (KNA)
- Publizistischer Beraterkreis des Rates der Evangelischen Kirche in Deutschland (EKD)
- Weltunion der Katholischen Presse (UCIP)
- Zentralstelle Medien der Deutschen Bischofskonferenz
- Fachverband Konfessionelle Zeitschriften im VDZ

Partwork

Das Partwork ist ein Medium irgendwo zwischen Special Interest und Buch. Man versteht darunter eine von vornherein begrenzte Anzahl von Ausgaben, die sich mit einem bestimmten Thema zu einem kompletten Nachschlagewerk zusammenfassen lassen. Diese „Serien“ gibt es als einzelne Hefte oder auch als Loseblatt-Sammlungen. Sie erscheinen wöchentlich oder monatlich als Sammelwerke und sind daher zur besseren Übersicht vielfach nach einem festen Schema aufgebaut.

Die *Foto-Praxis* z.B. ist in acht Rubriken gegliedert, die alle Bereiche der Fotografie umfassen. Diese haben jeweils eine eigene Erkennungsfarbe und eine entsprechend farbige Registerkarte. Der Leser muss nur noch die einzelnen gelochten Seiten heraustrennen und in einem mitgelieferten Ringordner unter der jeweiligen Registerkarte abheften. Diese Form ermöglicht einen schnellen Zugriff auf den jeweiligen Bereich, über den sich der Leser ausführlich informieren will. Somit entsteht langsam ein fachspezifisches und umfangreiches Nachschlagewerk für den Amateurfotografen.

Immer wichtiger werden im Partworkbereich auch die Kopplungen von Print- und Non-Printmedien wie MC und CD. Der vertrieblichen Phantasie sind kaum Grenzen gesetzt.

Die Nachfrage nach Partworks ist groß mit noch steigender Tendenz, da vielfach Themen behandelt werden, die eine größere Interessengruppe ansprechen, z.B. der Garten- und Heimwerkerbereich. Die Käuferschicht ist je nach Thema unterschiedlich und lässt sich keiner bestimmten Altersgruppe zuordnen. Auch hinsichtlich des Preises von ca. EUR 3,- bis EUR 10,- sind Partworks für viele Interessenten erschwinglich.

Nur wenige Verlage haben jedoch das Know-how, um ein Partwork erfolgreich zu platzieren. Durch die Möglichkeiten des Phasenvertriebes in Verbindung mit einem Euro-Marketing- oder gar Gobal-Marketing-Konzept sind größere internationale Verlage eher in der Lage, diese Medien zu managen. Für einige erfolgreiche Titel wie *Meisterwerke*, *Malerei kennen und verstehen*, *Europäische Königshäuser*, *Pflanzen-Zauber*, *Freude am Garten* hatte der Internationale Presse Vertrieb (IPV) in Hamburg den Vertrieb übernommen.

Aber gerade ausländische Verlage haben aufgrund ihrer längeren Erfahrung mit Partworks eine Reihe von Objekten erfolgreich vermarktet. Bei *Erfolgreich Heimwerken*, *Foto-Praxis*, *Königliche Romanzen*, *NUM* wurde der Vertrieb von Marshall Cavendish übernommen. Hersteller solcher Objekte ist unter anderem der Fabbri-Verlag in Mailand.

Corporate Publishing/Kundenzeitschriften

Die frühere Zugabeverordnung definierte Kundenzeitschriften als Objekte „belehrenden und unterhaltenden Inhalts, die nach ihrer Aufmachung und Ausgestaltung der Werbung von Kunden und den Interessen des Verteilers dienen (...) und in ihren Herstellungskosten geringwertig sind.“ Die klassische Kundenzeitschrift wird gegen Entgelt an Einzelhändler zur Weitergabe an den Kunden vertrieben. Im 1. Quartal 2005 wurde der Gesamtverkauf der IVW-geprüften Kundenzeitschriften mit nunmehr 42,09 Millionen Zeitschriftenexemplaren gemessen.

Der Vertrieb erfolgt folgendermaßen: Die Kundenzeitschrift wird vom Handel beim Verlag gekauft und kostenlos an die Kunden weitergegeben. Ihr Ziel ist die Bindung des Kunden an den Handel.

Eine weitere Art stellen die Kundenzeitschriften dar, die von einem Hersteller (z.B. *Audi-Magazin*) in Auftrag gegeben werden. Hier stellt der Verlag sich als Dienstleister im Bereich Customer Relationship Management zur Verfügung und vermarktet seine journalistische, drucktechnische und logistische Kompetenz.

Eine besondere Art der Kundenzeitschrift sind Inflight Magazine, welche Luftfahrtgesellschaften ihren Gästen kostenlos zur Verfügung stellen. Gerade bei Linienfluggesellschaften kann mit diesem Medium eine gutsituierte Zielgruppe erreicht werden. So werden die Passagiere der 1. Klasse mit einen anderen Magazin (*Lufthansa Magazin Exclusive*) angesprochen, als z.B. Ferienflieger (*Lufthansa Magazine*).

Fachzeitschriften

Fachzeitschriften richten sich an spezielle Branchen oder Funktionsträger. Sie offerieren Kenntnisse, die in einem bestimmten Fach zur Vertiefung und Erweiterung des Bildungsstandes beitragen. Sie sind inhaltlich und sprachlich in der Regel schwerer verständlich als Special Interests. Andererseits ist ihr Layout meist gefälliger als bei wissenschaftlichen Zeitschriften. Über 14 Millionen Exemplare von Fachzeitschriften werden nach Aussagen der IVW (I/05) in jedem Erscheinungsintervall verkauft. Im Frühjahr 2005 setzten sich die Verkäufe der Fachpresse zusammen aus 10,70 Millionen Abonnements sowie 0,23 Millionen Einzelverkäufen und 3,98 Millionen sonstigen Verkäufen.

Die tatsächliche Zahl ist allerdings noch höher, da viele Titel ihre Auflagenmeldungen nicht einreichen. Vereinfacht werden im Folgenden die Wesenszüge der Fachzeitschrift im Vergleich zur Zeitung dargestellt:

Vergleich von Fachzeitschrift und Tageszeitung

	Fachzeitschrift	Tageszeitung
Leserkreis	homogen	heterogen
Medium	spezialisiert (Fachwissen)	universal (Themenvielfalt)
Aktualität	auf das Fach bezogen (z.B. neuester technischer Stand)	Tagesaktualität
Periodizität	regelmäßige Abstände	Tagesbindung
Vertriebskanäle	vorwiegend Abonnement, vereinzelt BaBu	Abonnement, Einzelverkauf, BaBu
Auflage	gering je Durchschnittsobjekt	hochauflagig
Titel	hohe Titelzahl	geringe Titelzahl

Die Definition des Zentralverbands der Werbewirtschaft (ZAW) akzentuiert am deutlichsten die Grundmerkmale der Fachzeitschrift:

„Fachzeitschriften sind periodisch erscheinende Publikationen über wissenschaftliche, wirtschaftliche, technische und andere Spezialgebiete, die der beruflichen Information und Fortbildung eindeutig definierbarer Lesergruppen dienen. Von den Massenmedien unterscheiden sich die Fachzeitschriften dadurch, dass sie sich von vornherein an bestimmte Gruppen von Personen oder Wirtschaftseinheiten/Unternehmen oder ähnliche Institutionen richten. Diese Gruppenorientierung geht im Allgemeinen schon aus dem Titel, zumindest aber aus den Themen des redaktionellen Angebots hervor."

Die Fachzeitschriften bilden nach der Titelzahl die umfangreichste Gruppe des gesamten Zeitschriftenwesens. Ihre Anzahl ist abhängig von dem Entstehen neuer Berufsbilder (ca. 2.400 zurzeit). Die genaue Anzahl der Fachzeitschriftentitel ist nicht festzustellen, da es an einer Abgrenzung zu anderen Zeitschriften mangelt. Der Verband Deutscher Zeitschriftenverleger nennt ca. 3.100. Diese bezieht sich größtenteils auf jene Titel, die als Werbeträger genutzt werden.

Es existieren aber auch Blätter ohne Werbung, sie machen ungefähr ein Drittel der Fachzeitschriften aus. Zählt man Standes-, Berufs- und Verbandszeitschriften als Untertypen der Fachzeitschrift hinzu, sind es über 5.500 Titel. Teilweise werden auch Special Interest- und andere (z. B. Wirtschafts)-Magazine zur Fachpresse gezählt.

In unserer postindustriellen Dienstleistungsgesellschaft übernimmt diese Zeitschriftenart als Medium wichtige Funktionen:

- Sie dient der Kommunikation zwischen Fachleuten
- Als spezialisiertes Medium vermittelt sie Fachwissen
- Sie dient der beruflichen Weiterbildung

Nach der Tabelle „Verteilung der Fachzeitschriften" kristallisieren sich folgende Wirtschaftsbranchen und Dienstleistungsbereiche heraus, in denen die Titelzahl am höchsten ist: Wirtschaft, Industrie und Handwerk an erster Stelle, Medizin und Gesundheitswesen an zweiter und schließlich Dienstleistungen und Handel.

Da das Titelangebot an Fachzeitschriften breit gefächert ist und diese vom Wesen her partikular sind, weisen sie geringe durchschnittliche Auflagen auf. Obwohl die Fachzeitschrift eine wichtige Rolle spielt, gestaltet sich der Zugang zu ihr schwierig. Im Gegensatz zur Tages- und Wochenpresse wird einem interessierten Leser nur ein winziger Ausschnitt in Kiosken und Bahnhofsbuchhandlungen angeboten. Die Fachzeitschrift ist zu 95 % eine Abonnementzeitschrift. Der Vertrieb der Fachzeitschrift über den Grosso würde eine breitere Streuung garantieren, ist aber in den wenigsten Fällen betriebswirtschaftlich sinnvoll. Deshalb wenden sich die Verlage direkt über die Abonnementwerbung an potenzielle Kunden, d.h. an eine Branche oder Berufsgruppe. Besonders größere Fachverlage bieten für ihre Zielgruppen nicht nur ein breitgefächertes Fachzeitschriftenrepertoire an, sondern haben ihr Programm meist durch Fachbücher ergänzt. Zu den bekannteren Verlagen zählen:

- Deutscher Fachverlag
- Julius Springer Verlag
- Kohlhammer-Verlag
- Konradin Verlag
- Springer Science + Business Media
- Vogel Verlag
- WeKa

Im Bereich der Fachpresse ist aber auch die Zahl der kleinen Verlage überdurchschnittlich hoch. Im Anzeigenbereich sind viele Fachzeitschriften in einen Umbruchprozess. Mit dem penetranten Hinweis auf die konservative Zielgruppe wurde ein veraltetes Layout mit Anzeigen überfrachtet. Da gerade im Fachzeitschriftensegment viele Anzeigen ohne Kreativagentur eingehen, wurde aus Sicht des modernen Marketings ein kompetenter Gestaltungsservice notwendig.

Der VDZ hat für die Fachzeitschriften den Fachverband Deutsche Fachpresse eingerichtet. Der Börsenverein des Deutschen Buchhandels e.V., die Dachorganisation des Zwischen- und Einzelbuchhandels sowie des Verlaghandels, ist eine weitere Organisation, in der Fachzeitschriften-Verlage präsent sind. Der Börsenverein kann auf eine Tradition zurückblicken, die noch länger ist als die des VDZ. Die Organisation wurde 1825 gegründet. Im Jahre 1948 ging aus ihr der Börsenverein deutscher Verleger- und Buchhändlerverbände hervor. Frankfurt wurde im gleichen Jahr wieder Messestadt, nachdem jahrzehntelang Leipzig Hauptangelpunkt des Buchhandels war. 1955 entstand der heutige Börsenverein des Deutschen Buchhandels e.V. So hat zeitweise eine Polarisierung im Zeitschriftenwesen stattgefunden. Seit einigen Jahren arbeiten beide Verbände zusammen und tragen die Deutsche Fachpresse als Interessenvertretung der deutschen Fachzeitschriftenverleger.

Kennzifferzeitschrift

Als Sonderform der Fachzeitschrift kann die Kennzifferzeitschrift angesehen werden. Sie wird kostenlos an „qualifizierte" Empfänger im Wechselversand geliefert. Ein zukünftiger Bezieher muss eine Strukturdatenkarte ausfüllen, die Angaben über Beruf, Unternehmen, Branche und Stellung enthält. Diese Informationen werden vom Verlag ausgewertet, um die passenden Bezieher für das jeweilige Produkt auszuwählen. Die Leser können nun auf beigehefteten Karten weitere Informationen zu Anzeigen und redaktionellen Artikeln anfordern. Dieses Feedback wird über EDV ausgewertet und an die Anzeigenkunden weiterversandt.

Online-Medien

Obwohl das Internet im Vergleich zu den Printmedien noch jung ist, hat es doch bereits die ersten Quasi-Gattungen geschaffen. Durch die technische Entwicklung und das Zusammenwachsen von unterschiedlichen elektronischen Medien wie Internet und Mobilfunk entstehen ebenfalls neue Mediengattungen.

Web-Portale

Der Begriff Web-Portal lässt sich nicht fest definieren. Grundsätzlich gilt, dass Portale Online-Angebote sind, die dem User als Einstiegsseite in das Internet dienen. Sie umfassen in der Regel Angebote, die neben aktuellen Informationen auch Suchfunktionen und Services wie regelmäßig benötigte Dienste, kostenlose E-Mail-Dienste oder Internet-Telefonie beinhalten.

Web-Portale finanzieren sich überwiegend durch Werbung auf ihrer Seite bzw. durch Werbung in Verbindung mit den verschiedenen Dienstleistungen. Für die Web-Portale ist eine hohe Besucherzahl von großer Bedeutung, um im immer härter werdenden Wettbewerb überleben zu können. Das Ziel dieser Angebote ist es, eine möglichst hohe Anzahl von Nutzern immer wieder auf die Portalseite zu bekommen. Durch die hohen Reichweitenzahlen können Werbekunden gewonnen werden. Auch können so weitere kostenpflichtige Dienste der Portale verkauft werden.

Aus ökonomischer Sicht spielen Portale die Rolle von Intermediären, d.h. sie agieren als Schnittstelle zwischen dem Benutzer und den im Internet verfügbaren

Informationen und kommerziellen Anbietern. Dies kann durch die Katalogisierung, Filterung und Aufbereitung von Inhalten wie beispielsweise Links oder News geschehen.

Nicht leistungsbezogene Medien

Diese Medien benötigen zur Kommunikation keine physischen Verbindungen. Es sind Medienformen, die der Mobilfunk geschaffen hat. Dazu zählen WAP, SMS oder die MMS:

Alle diese Medien basieren zunächst auf technischen Standards, den sogenannten Protokollen.

Wireless Application Protocol (WAP)

Hier hinter verbirgt sich zunächst eine Sammlung von Technologien und Protokollen mit dem Ziel, Internetinhalte für die langsamere Übertragungsrate und die längeren Antwortzeiten im Mobilfunk sowie für die kleinen Displays der Mobiltelefone verfügbar zu machen.

Der WAP-Standard unterstützt auch den Push-Service, der beispielsweise Nachrichten ohne Anforderung an Mobiltelefone senden kann. Für den Nutzer sieht der WAP-Push-Dienst einer SMS oder MMS recht ähnlich.

WAP wird ebenfalls als Basistechnologie für Multimedia Messaging Service MMS genutzt. Sowohl das Senden als auch das Empfangen einer MMS erfolgt mittels WAP. Die Information, dass eine Multimedia-Message zum Download bereitsteht, wird als WAP-Push an das Mobiltelefon gesendet.

Short Message Service (SMS)

Die inzwischen weit verbreitete SMS ist ein Telekommunikationsdienst zur Übertragung von Textnachrichten, der zuerst für den Mobilfunk entwickelt wurde und nun auch im Festnetz verfügbar ist.

Die erste Short Message (Kurzmitteilung oder Kurznachricht) des Short Message Service (SMS) wurde im Dezember 1992 von einem PC an ein Mobiltelefon im Britischen Vodafone-Netz gesendet, also etwa ein Jahr nach der Einführung des GSM-Standards für Mobiltelefone in Europa (1991).

Ursprünglich als reines „Abfallprodukt" kostenlos angeboten, entwickelte sich der Short Message Service zum größten Ertragsbringer der Netzbetreiber. Obgleich die Abkürzung „SMS" den Dienst zur Übertragung von Kurznachrichten bezeichnet, wird sie heute umgangssprachlich zumeist als Abkürzung für die

Nachrichten selbst verwendet. Daher wird im Duden die Abkürzung „SMS“ als Femininum geführt. Ursprünglich nur für den Einsatz auf Mobilgeräten konzipiert, unterstützen heute viele ortsfeste digitale Telefonanschlüsse unter gewissen Umständen ebenfalls die Nutzung des SMS. Seit 1997 können Kurzmitteilungen auch direkt über das Internet verschickt werden. Die multimediale Weiterentwicklung der SMS ist die MMS.

Multimedia Messaging Service (MMS)

Die MMS bietet die Möglichkeit, mit einem Mobiltelefon multimediale Nachrichten an andere mobile Endgeräte oder an normale E-Mail-Adressen zu schicken. Können bei der SMS nur kurze (in der Regel 160 Zeichen), formatlose Textnachrichten verfasst werden, erlaubt es die MMS, nahezu beliebige Nachrichten mit multimedialem Inhalt zu verschicken.

Eine MMS darf dabei aus beliebig vielen Anhängen beliebigen Typs bestehen. Damit ist es möglich, simple Texte, komplexe Dokumente, Bilder und sogar kurze Videosequenzen an einen oder mehrere Empfänger zu verschicken. Eine prinzipielle Größenbeschränkung gibt es nicht, allerdings können Endgeräte nur MMS mit einer maximalen, endgeräteabhängigen Größe verarbeiten. Aus diesem Grund versuchen die Netzbetreiber, den Inhalt der zu empfangenden MMS auf das empfangende Endgerät anzupassen. Diese Funktionalität wird Transcoding genannt und funktioniert z.B. über das Verkleinern von Bildern.

Die MMS ist nicht kompatibel zur SMS. So müssen die Endgeräte den MMS-Dienst explizit unterstützen. Aktuelle Endgeräte bieten meist – optional oder fest eingebaut – eine Kamera, um mit dem Endgerät selbst Bilder oder Videos aufzunehmen.

Technisch baut die MMS an vielen Stellen auf bestehende Standards auf: Die Übertragung der Daten erfolgt über General Packet Radio Service (GPRS, engl. = „Allgemeiner paketorientierter Funkdienst“- zur Kommunikation mit dem Endgerät wird WAP verwendet.

Kommerzielle Nutzung von nicht leitungsbezogenen Medien

Wie bereits erwähnt sind die nicht leitungsbezogenen Medien eine Erfindung der Mobilfunkanbieter. Folglich findet hier auch der Schwerpunkt des kommerziellen Einsatzes statt. In einem Satz: Das Versenden einer SMS oder MMS ist in der Regel kostenpflichtig und wird mit der Mobilfunkrechnung abgerechnet.

Die Verlage setzen zunehmend auf SMS. So können heute kostenpflichtige SMS-Dienste abonniert werden. Dies können beispielsweise Nachrichtendienste sein. Dabei bezahlt der Empfänger den entsprechenden Abo-Preis an den Verlag, der wiederum für den Versand der SMS an einen Mobilfunkanbieter bezahlen muss. Auch bieten viele Verlage heute spezielle WAP-Versionen ihrer Websites an. Dies geschieht vor dem Hintergrund, dass viele Nutzer auch von unterwegs über ihr Mobiltelefon auf Internetangebote zugreifen wollen. Insgesamt kann man jedoch sagen, dass die kommerzielle Nutzung für die Verlage noch in den Kinderschuhen steckt.

Rechtliche Anforderungen an Website

Jeder Betrieb, der Formen elektronischer Kommunikation betreibt, kommt schnell mit den Regelungen und Anforderungen des Telekommunikationsgesetzes (TKG), des Teledienstgesetzes (TDG) und des Teledienst-Datenschutzgesetzes (TDDSG) in Kontakt. Um unangenehme Folgen bis hin zu juristischen Auseinandersetzungen zu vermeiden, gilt es, zumindest einige grundlegende Regeln zu beachten:

Jede Website muss eine Anbieterkennung (Impressum) enthalten. Das Impressum muss von jeder Seite des Web-Auftritts direkt erreichbar sein. Als Zusatz zum Impressum empfiehlt sich eine umfassende Datenschutzerklärung, in der nicht nur über die Nutzung erhobener persönlicher Daten, sondern z.B. auch über die Verwendung von Cookies informiert wird.

Offline-Medien

In der Einleitung dieses Kapitels wurde es bereits erwähnt: Die CD-ROM ist und bleibt das elektronische Offline-Medium der Gegenwart und Zukunft. Was macht die CD-ROM-Technologie so erfolgreich? Die CD-ROM bietet für große Datenmengen ein derzeit günstiges Preis-Leistungs-Verhältnis. Die Produktionskosten betragen nur wenige Euro pro Scheibe. Dies entspricht einigen Euro-Cents pro Megabyte Information. Auf einer CD-ROM können 650 Megabyte Daten gespeichert werden. Dies entspricht 300.000 DIN A4-Druckseiten oder 470 3,5-Zoll-Disketten. Wegen der hohen Speicherdichte können Datenbestände, Programme, Bilder, Videos und Ton kombiniert werden.

Herstellung

CD-ROMs lassen sich als Massenprodukt preiswert herstellen und weiterverarbeiten. Für die Großproduktion werden die Scheiben aus dem Kunststoff Polycarbonat hergestellt. Die auf einem Magnetband gelieferten, bereits in Blöcke eingeteilten (pre-mastered) Daten werden mit einem Laserstrahl auf eine lichtempfindliche Glasplatte übertragen. Diese zeigt das fertige Abbild der CD-ROM mit den winzigen Vertiefungen, Pits genannt. Der Datencode ergibt sich aus der

Kombination von Pits und Land. Die Pits sind spiralenförmig auf der Platte aufgewickelt. Die Spurbreite beträgt 0,6 und der Spurenabstand 1 Mikrometer; ein menschliches Haar ist etwa 30-mal so dick. Auf dem beschreibbaren Bereich von 3,5 bis 8 cm Durchmesser ergibt dies 20.000 Windungen mit einer Gesamtlänge von 5 Kilometern.

Diese Urform ist der Glasmaster oder die Master-CD. Bei der fotografischen Entwicklung werden die belichteten Stellen abgewaschen. Auf die Glasplatte wird Silber aufgedampft und durch Galvanisieren verdickt. Nach Abtrennung des Glasmasters erfolgt der Pressvorgang: Die zähflüssige Polycarbonat-Masse wird gegen das Presswerkzeug gedrückt und durch Abkühlen gehärtet. Eine Gold- oder Aluminiumbeschichtung verbessert die Lichtreflektion. Der Schutzlack versiegelt die nun gebrauchsfähige CD-ROM.

Einzelne CD-ROMs lassen sich auch vom Anwender selbst herstellen. Mit sogenannten CD-ROM-Entwicklungssystemen (mastering systems) können Daten auf die in diesem Falle goldene Scheibe gebrannt werden.

Für den Anwender haben CD-ROMs entscheidende Vorteile: Eine kurze Zugriffszeit und eine hohe Datenübertragungsrate. Die Zugriffszeit beschreibt, wie schnell auf Informationen zugegriffen werden kann. Die Datenübertragungsrate beschreibt, wie viele Daten pro Zeiteinheit vom Datenträger transferiert werden können.

CD-ROM: Das Archivmedium

ZZ-Verlage können die CD-ROM als Speichermedium vielfältig einsetzen. Die hohe Speicherdichte ermöglicht die Speicherung multimedialer Inhalte für Werbeaktivitäten. Hierzu zählen zum Beispiel selbstablaufende Präsentationen, die ein Verlagshaus oder ein bestimmtes Produkt vorstellen. Die kurze Zugriffszeit und die hohe Datenübertragungsrate ermöglichen den Einsatz einer CD-ROM als Werbemedium am heimischen Computer ebenso wie am Point-of-Sale (POS) oder Point-of-Interest (POI). Außerdem kann die CD-ROM verschleißfrei eingesetzt werden, im Gegensatz zum Video oder Tonband. Sie ist transportabel und leicht zu versenden. Große Datenmengen können mit wenig Aufwand in kurzer Zeit transportiert werden. Zunehmend werden CD-ROMs wegen ihrer großen Speicherkapazität auch als Archivmedium für die unterschiedlichsten Archivangebote verwendet. Für die Recherche in elektronischen Archiven wird eine Retrivalsoftware benötigt, die eine Suche in der Datenbank ermöglicht. Diese Software ist ebenfalls auf der Scheibe abgelegt. Archiviert werden beispielsweise komplette Jahrgänge eines ZZ-Objektes oder Redaktionsausschnittes zu bestimmten Themengebieten. Voraussetzung für die digitale Speicherung des redaktionellen Textes ist, dass dieser digital vorliegt. Moderne Redaktionssysteme bieten Schnittstellen, um die benötigten Daten weiterzuverarbeiten. Um auf der Archiv-CD-ROM qualifiziert recherchieren zu können, müssen alle Suchbegriffe indiziert, d.h. markiert werden. Vor der endgültigen Produktion der Scheibe werden diese Indizes maschinell gelesen und in die Retrivalsoftware integriert. Neben der qualifizierten Suche kann auch die Volltextsuche eines Begriffs gewählt werden: Es werden alle Stellen angezeigt, an denen der eingegebene Begriff auftaucht. Per Mausklick können diese Stellen nacheinander angesprungen werden. Es besteht die Möglichkeit, die gesuchten Texte elektronisch weiterzuverarbeiten.

Die Digital Video Disc (DVD) ist die technische Weiterentwicklung der CD. Auch sie ist ein digitales Speichermedium, das zwar optisch einer CD ähnelt, aber über eine deutlich höhere Speicherkapazität verfügt und vielfältiger nutzbar ist. Das Kunstwort DVD geht auf die Abkürzung von Digital Video Disc und später Digital Versatile Disc (engl. für digitale vielseitige Scheibe) zurück. Seit 1999 ist DVD ein eigenständiger Begriff. In der Alltagssprache wird der Ausdruck DVD oft im Zusammenhang mit Filmen verwendet. Dies ist auch das Haupteinsatzgebiet der DVD von Verlagen. So bieten heute viele Verlage filmbasierte Informationen an.

3 Elektronische Medien

Holger Knapp

Die elektronischen Medien umfassen die Online- und Offline-Medien. Zu den Online-Medien zählen hauptsächlich das Internet und mit abnehmender Bedeutung die proprietären Online-Dienste. Das elektronische Offline-Medium der Gegenwart und Zukunft ist und bleibt die CD-ROM.

Die elektronischen Medien verbindet die digitale Speicherung und vergleichsweise leichte Recherche von Informationen und Daten. So ist die Bearbeitung und Ergänzung von abgelegten Informationen jederzeit schnell und kostengünstig möglich. Auch bieten die elektronischen Medien – in der Vergangenheit häufig als „Neue Medien" bezeichnet – gegenüber Zeitungen und Zeitschriften neue Nutzungsmöglichkeiten und sind deshalb als ideale Ergänzung zu verstehen. Auch aus diesem Grund hat sich die in der Vergangenheit vorausgesagte Kannibalisierung von Print durch Online nicht bewahrheitet. Elektronische Medien unterscheiden sich von Printmedien wesentlich durch ihre Interaktivität sowie durch die Anpassung der technisch-medialen Möglichkeiten des Mediums an das Rezeptionsverhalten des Menschen.

Dabei erfassen die technisch-medialen Möglichkeiten die auditive (hörbare) Ebene, z.B. Musik, Geräusche, Sprache. Die visuelle (sichtbare) Ebene nutzt neben Textdarstellungen alle bildlichen und filmischen Darstellungsformen, beispielsweise Videosequenzen oder Computeranimationen.

Die Verbindung der auditiven mit der visuellen Ebene meint der Begriff Multimedia: Die sinnvolle Kombination von mehreren medialen Darstellungs- und Wahrnehmungselementen, die Auge und Ohr gleichermaßen ansprechen und einen tiefen Eindruck hinterlassen.

Die Nutzungsmöglichkeiten der elektronischen Medien können sowohl eine Ergänzung zu Printprodukten (Web-Site oder Archiv CD-ROM) sein, als auch völlig neue Darstellungsmöglichkeiten (branchen- oder themenbezogene Lernprogramme) eröffnen. Hierzu muss die Informationshierarchie des Mediums logisch aufeinanderfolgend sein und gleichzeitig im Aufbau der nicht linearen Vorgehensweise des Nutzers entsprechen.

So folgen beispielsweise den ersten, noch allgemeinen Informationen fortwährend immer spezieller werdende Informationen, die immer kleinere Teilgebiete abdecken. Die Informationen müssen miteinander logisch verknüpft und gleichzeitig assoziativ erschließbar sein, damit sie dem natürlichen Aufnahmeverhalten des Menschen entsprechen.

Die typischen Vorteile und Nutzungsmöglichkeiten der elektronischen Online- und Offline-Medien werden im Folgenden skizziert. Die technischen Grundlagen werden nur dann erläutert, wenn dies zum Verständnis notwendig ist.

Online-Medien

Internet

Das unumstritten größte Online-Medium ist das Internet. 1969 wurde es als Advanced Research Projects Agency Network (ARPANET) vom U.S.-Militär zu Verteidigungszwecken aufgebaut. Später durften auch Wissenschaftler in den USA ihre Daten durch dieses Netz jagen, denn das Militär nutzte für das ARPANET aus Kostengründen anfangs auch Universitätsrechner. Die wissenschaftliche Kommunikation im damaligen Netz nahm stetig zu. Neben dem steigenden Sicherheitsbedürfnis war dies ein Grund für das Pentagon, ein eigenes und geschlossenes Netz für seine Zwecke aufzubauen. Die Wissenschaftler prägten bald danach den Begriff Internet und einigten sich untereinander auf bestimmte Datenübertragungsnormen, die sogenannten Protokolle. Das wichtigste Protokoll heißt Transmission Control Protocol/Internet Protocol (TCP/IP). Der Einsatz dieses Protokolls in der ganzen Welt ist der Hauptgrund für den großen Erfolg des Internets. Die U.S.-Wissenschaftler begannen nach dem Ausstieg des Pentagons damit, ihre Rechner mit anderen Rechnern in aller Welt zu vernetzen. Dies funktioniert bis heute, weil alle Internet-User das Datenübertragungs-Protokoll TCP/IP nutzen. Das war auch die Grundlage für die Entstehung der Internet-Dienste, E-Mail, File-Transfer-Protocol (ftp) und das Usenet. Auf diese Dienste wird hier nicht näher eingegangen.

World Wide Web (www)

Ende der achtziger Jahre wurde von dem britischen Physiker Tim Berners Lee am Kernforschungszentrum CERN bei Genf ein Programm entwickelt, mit dem verschiedene Daten verknüpft werden können. Hierbei ist es völlig egal, ob die Daten in Tokio, Washington D.C. oder Düsseldorf auf einem Server (das ist ein Rechner, der ans Internet angeschlossen ist) abgelegt sind. Die Entwicklung des Hyperlinks (Hypertext oder einfach nur Link) war die Innovation, die heute allen Internet-Usern das Surfen im Netz ermöglicht. Jeder Internet-Server hat eine eindeutig identifizierbare Adresse, die nur einmal im ganzen Internet vergeben wird. Der Uniform Resource Locator (URL) beschreibt diese Adresse.

Ein Beispiel zur Erklärung: Ein Dokument mit Beobachtungsdaten der Venus liegt auf einem Server in Darmstadt. Dieses Dokument beinhaltet Auszüge eines Dokuments, welches in New York auf einem Server gespeichert ist. Nun kann in das Dokument in Darmstadt eine Sprungstelle oder ein Hyperlink mit der Server-Adresse (URL) des New Yorker Internet-Servers eingefügt werden, der eine Verbindung mit diesem Dokument via Internet herstellt. Klickt der User auf den Link in Darmstadt, wird er automatisch mit dem Server in New York verbunden.

Die Erfindung des CERN-Wissenschaftlers war die Geburtsstunde des grafisch orientierten Internet-Dienstes World Wide Web (WWW oder W3). Mit der grafischen Oberfläche wurde der Internet-Dienst geschaffen, der später ein Grund für die exponentiellen Zuwachsraten der Internet-Nutzer werden sollte.

Mit der Verbreitung eines weiteren Programms konnten auch Online-Laien im WWW navigieren. Der so genannte Browser übersetzt die für den Unkundigen kryptischen Befehle, die zur Steuerung der Server, die oftmals mit dem Betriebssystem UNIX betrieben werden, notwendig sind. Die grafische Oberfläche des Browsers erinnert an die MS-WINDOWS-Oberfläche.

Das World Wide Web ist der einzige Dienst, der Graphiken, Bilder, Ton und Videosequenzen zulässt. Die Darstellungsmöglichkeiten der anderen Internetdienste basieren auf dem ASCII-Zeichensatz. Mit der Verbreitung des WWW entstand die Programmiersprache Hyper-Text-Markup-Language (HTML), die bis heute Standard für die Programmierung von WWW-Seiten im Internet ist.

Das Internet gehört niemandem, es besteht aus unzähligen Netzen, die von ebenfalls unzähligen Servern betrieben werden. Im Internet herrschen eigene Regeln, die in der so genannten Netiquette zusammengefasst sind. Eine Netzpolizei wird von der Net-Community strikt abgelehnt. Das Netz reguliert sich selbst. Die völlige Meinungsfreiheit ermöglicht ein unüberschaubares Angebot. Es gibt wohl kein Thema, das im Internet nicht erwähnt wird. War die Nutzung von Inhalten, neudeutsch auch Content genannt, im Internet bislang überwiegend kostenlos, so zeichnet sich mittlerweile ein Trend zur Abgabe von Inhalten gegen Bezahlung ab. Dies geschieht insbesondere vor dem Hintergrund der weitgehend unbefriedigenden Erlössituation vieler Internetangebote von Verlagen und der damit verbundenen Entwicklung von Abrechnungssystemen für die Nutzung von Content.

Grundsätzlich haben sich zwei Geschäftsmodelle entwickelt: Beim so genannten Pay per document oder Pay per view, wird ein Entgelt pro abgerufenem bzw. gesehenem Dokument berechnet. Demgegenüber steht das zeitraumbezogene Geschäftsmodell. Hier wird der Zugang zu Informationen für einen bestimmten Zeitraum – ähnlich einem Abonnement – gegen Entgelt zur Verfügung gestellt. Diese Verwertungsformen stecken noch in den Kinderschuhen und müssen sich bezüglich der Akzeptanz durch die Nutzer ebenso in der Praxis bewähren wie in technologischer Hinsicht.

Der Zugang ins Internet war bis Anfang der neunziger Jahre überwiegend durch Einwahl in die Rechenzentren der Universitäten, Hoch- und Fachhochschulen möglich. Seit 1991 bieten auch kommerzielle Provider und Online-Dienste den Zugang ins Internet an. Diese Firmen verfügen über breitbandige Zugänge ins Internet und stellen diese Unternehmen und Privatleuten gegen Entgelt zur Verfügung.

Verlage im Internet

Mit der wachsenden Popularität des Internets entstanden die ersten WWW-Angebote von Verlagen. Anfänglich waren es Textauszüge aus dem Printobjekt, die im Internet ihre Zweitverwertung fanden. Nach diesen Test- und Spielphasen haben zahlreiche ZZ-Verlage erkannt, dass im Internet neue Formen des Informationsangebotes und der Interaktion mit dem Leser einsetzbar sind. So kann das Online-Informationsangebot ständig aktualisiert und mit weiteren Informationsquellen – meist in Form von Datenbanken - verknüpft werden. Hierzu haben die großen Verlage eigene Online-Redaktionen für die einzelnen Zeitungen und Zeitschriften eingerichtet. Außerdem können Informationsangebote, anders als im Printobjekt, mit originalen Sprachmitschnitten und Videosequenzen beziehungsweise Animationen unterstützt werden, wie die Auftritte der Nachrichtensender im Internet zeigen. Schon heute bieten Tageszeitungen permanent aktualisierte Nachrichten im Web an. Wöchentlich erscheinende Publikumszeitschriften betreiben Web-Angebote mit tagesaktuellen Informationen und reichhaltigen Serviceangeboten.

Leser-Blatt-Bindung elektronisch

Heute funktioniert die Leser-Blatt-Bindung in beide Richtungen: Die Leser der Printausgabe erfahren durch die Online-Medien einen Mehrwert. Umgekehrt wird im Netz eine neue Zielgruppe angesprochen, die über das elektronische Angebot zum Printobjekt geführt werden soll.

Auch ist das Internet zu einem zusätzlichen Bestellkanal für ZZ-Objekte geworden. Im Abo-Shop werden neben Probeheften und Abonnements auch Nebenprodukte wie Bücher, CD-ROMs, Studien etc. angeboten, die eine Bindung zum Objekt schaffen sollen.

Weitere Instrumente der Leser-Blatt-Bindung im Internet sind die Stellen- und Rubrikmärkte. So bieten Zeitungen ihren Stellen- oder Automarkt auch im Internet an und eröffnen damit gezielte Recherchemöglichkeiten. Es können beispielsweise bestimmte Rubriken von Stellenanzeigen kostenlos abonniert werden. Jede neu eingehende Stellenanzeige, die zur abonnierten Rubrik gehört, wird dann per E-Mail direkt zugestellt. Auch traditionelle Rubrikanzeigen wie der

Automarkt können im Internet mit besonderen Recherchemöglichkeiten wie der Suche nach dem entsprechenden Autotyp, dem Baujahr, der Farbe oder der Ausstattung verbunden werden. Die gezielte Suche stellt einen besonderen Nutzen dar, den der User mit dem Titel des jeweiligen ZZ-Objektes positiv verbindet. Natürlich bergen solche neuen Angebote auch Risiken. Möglichweise kauft ein Teil der Einzelkäufer das ZZ-Objekt nicht mehr, weil er die benötigten Informationen kostenlos im Internet erhält. Hier ist letztlich die strategische Entscheidung des Verlags gefordert. Nicht zuletzt vor dem Hintergrund eines neuen Wettbewerbs, der mit dem Internet begonnen hat. So sind zahlreiche findige Anbieter im Web mit Angeboten für die Jobsuche bzw. die Personalsuche gestartet. Auch gibt es heute zahlreiche Rubrikmärkte im Internet, die den Verlagen einen Teil des Geschäfts abnehmen. Dies ist vor allem der Tatsache geschuldet, dass viele – insbesondere die Tageszeitungsverlage – sich zu spät mit der Entwicklung des Internets und den damit verbundenen Geschäftsmodellen und veränderten Nutzungsverhalten ihrer Leser auseinandergesetzt haben.

Geschäftsmodelle im Internet

Der Betrieb von aktuellen und gut gepflegten Internetangeboten ist aufwändig und teuer. Die tatsächlichen Online-Umsätze hinken den Erwartungen vielerorts hinterher. Die Konsequenz: Oftmals sind die Online-Angebote noch spärlich. Glücklich schätzen kann sich jeder Anbieter, der graue Zahlen oder gar eine schwarze Null vorweisen kann. Doch auch dies reicht dauerhaft unter betriebswirtschaftlicher Betrachtung nicht aus.

Für den dauerhaft wirtschaftlich rentablen Betrieb sind langfristig erfolgreiche Geschäftsmodelle notwendig. Sehr viele publizistische Web-Sites sind überwiegend auf das Erlösmodell der Online-Werbung aufgebaut. Doch diese Umsatzsäule alleine wird den wirtschaftlichen Erfolg im Internet nicht gewährleisten können.

Überträgt man die klassischen Geschäftsmodelle auf das Internet, dann ergeben sich die folgenden Umsatzsäulen:

- Online-Werbung
- Online-Abo
- E-Commerce
- Zusatzmärkte

Online-Werbung

Der Verkauf von Banner, Button und Co. ist eine wichtige Umsatzquelle. Ebenfalls sehr interessant sind Sonderwerbeformen wie das Sponsoring oder eigens für den Werbekunden produzierte „Contentcontainer". Das sind von der Redaktion zusammengestellte Nachrichten und Artikel zu einem bestimmten Thema. Die Textanzeige in E-Mail-Newslettern hat sich ebenfalls etabliert. Mehr dazu siehe Kapitel XXX.

Online-Abo

Der Verkauf von Inhalten im Internet gleicht vielfach einem Dilemma, das mit dem Siegeszug des Internets seinen Lauf genommen hat und allen Verlagen heute schwer zu schaffen macht: Dem Bestreben, einen möglichst hohen Nutzen anzubieten, steht die Anspruchshaltung der Internet-User gegenüber, dass Content im Netz kostenlos sein muss. Hier müssen die Verlage eine konsequente Gegenstrategie entwickeln.

Dazu sind Abo-Modelle erforderlich, die den Zugang zu besonders hochwertigem Content gegen Entgelt sicherstellen. Damit diese Abo-Modelle bei den Nutzern eine ausreichende Akzeptanz finden, muss ein klar formulierbarer Zusatznutzen entwickelt werden, der deutlich über die Erbringung der verlegerischen Bringschuld bei E-Mail-Diensten hinausgeht. Hierzu zählen topaktuelle Nachrichten, komfortable Online-Archive und attraktive Preisangebote für Printabonnenten.

E-Commerce

Die Seifenblase der rasch anwachsenden Umsatzsäule E-Commerce ist geplatzt. Dennoch haben die Verlage eine gute Ausgangssituation für den Verkauf von Abonnements, CD-ROMs und je nach Gattung auch Musik-CDs, Konzertkarten oder themenspezifischen Business-Chart-Sammlungen über das Internet geschaffen. Hierzu zählt natürlich auch der obligatorische Buchshop.

Zusatzumsätze

In der Printwelt verfügen beispielsweise viele Fachzeitschriften über einen branchenspezifischen Rubrikmarkt (Stellenangebote, Kleinanzeigen etc.), der auch im Internet weitere Umsatzpotenziale durch die kostenpflichtige Übernahme der Anzeigen bietet. Dies erfordert sinnvolle Datenbankanwendungen, die im Internet für den Nutzer durch die erweiterten Recherchemöglichkeiten einen klaren Mehrwert offerieren.

Ein Online-Stellenmarkt kann den Printtitel ideal ergänzen, wenn die Veröffentlichung im Internet frühzeitiger als im Printtitel erfolgt und eine sinnvolle Verschlagwortung der einzelnen Anzeigen nach spezifischen Kriterien gegeben ist.

In den Kinderschuhen steckt derzeit noch die Syndication von Content. Dies meint den Verkauf eigener Inhalte an andere Web-Sites. Beispiel: Ein Zeitschriftenverlag produziert Zeitschriften für den Innenausbau von Wohnungen und hat gleichzeitig ein Internetangebot, das Do-it-yourself-Anleitungen für den Innenausbau enthält. Wenn der Verlag seine Anleitungen etwa an einen virtuellen Baumarkt im Internet verkauft, wird dies Syndication genannt. Beide Partner haben einen Vorteil: Der Verlag kann durch den Verkauf zusätzlichen Umsatz generieren und die Markenbekanntheit steigern, der Baumarkt erhält Inhalte, mit denen er seinen Shop im Internet für seine Kunden attraktiver gestalten kann und braucht selbst keine Redaktion aufzubauen.

An wachsender Bedeutung gewinnt auch die Fortbildung über das Internet. Es entstehen neue Formen der Wissensvermittlung. In sogenannten Webinars werden zeitgleich mehrere Teilnehmer von einem Lehrer online unterrichtet. Dazu loggen sich alle Teilnehmer auf einer speziell vorbereiteten Website ein. Dort sehen sie beipielsweise die Präsentation des Vortragenden. Darüber können die Zuhörer mit dem Lehrer über eine Telefonkonferenz zusammengeschaltet werden und sich ganz einfach über das Telefon untereinander austauschen.

Für alle Verlagsaktivitäten im Internet gilt: Nur der Umsatzmix sichert dauerhaft den wirtschaftlichen Erfolg von Web-Sites.

4 Auf welchem Kanal kommt Ihre Zeitung oder Zeitschrift? Der Vertrieb von ZZ-Objekten

Kurt Tobermes

Das weite Feld – Der ZZ-Vertrieb

Der Versuch, den Vertrieb von Zeitungen und Zeitschriften zu definieren, ist von vielen auf die unterschiedlichste Art unternommen worden. Als sehr gelungen erscheint der Versuch des ehemaligen Vertriebschefs der *WELT*, Hans-Joachim von Ehren, der nur leicht abgewandelt worden ist:

Der Vertrieb hat die Aufgabe,
das von der Redaktion gestaltete,
mit Anzeigen ergänzte,
von der Technik produzierte Objekt
bei Ausnutzung aller Vertriebswege
und unter Beachtung aller kommerziellen Forderungen
zeitgerecht an den Leser, der dieses Objekt
lesen will, kann, muss oder soll,
zu liefern und den Service zu leisten,
der das Fundament dafür ist,
dass die Leistung der Redaktion
voll zur Wirkung kommen kann.

Unter Vertrieb sind also, anders ausgedrückt, alle Tätigkeiten und Einrichtungen zu verstehen, die dazu dienen, Zeitungen und Zeitschriften am Markt zu entwickeln und abzusetzen. Um dies zu gewährleisten, hat das Vertriebsmarketing in einem ZZ-Verlag vier wichtige Aufgaben zu erfüllen:

- Akquisition
- Distribution
- Verwaltung
- Werbung

Hauptproblem des Vertriebs ist die Logistik, das heißt die Überbrückung der räumlichen und zeitlichen Differenz zwischen Produktion und Leser. Die aus der militärischen Versorgungstheorie entwickelte Wissenschaft umfasst alle Tätigkeiten, die auf die Verteilung der Produkte an die Konsumenten oder an die nächste

Abnehmerstufe sowie auf die Sicherstellung der für einen zielgerichteten und ungestörten Produktionsablauf benötigten Mittel ausgerichtet sind.

Für den ZZ-Markt stellt sich das logistische Problem konkret so dar:

Die richtigen Titel müssen zur richtigen Zeit in der richtigen Menge an den richtigen Ort gebracht werden. Dies geschieht bei ZZ auf fünf Absatzwegen:

- Abonnement
- Bahnhofsbuchhandel
- Einzelverkauf
- Lesezirkel (LZ)
- Werbender Buch- und Zeitschriftenhandel (WBZ)

Das Abonnement

Die Bestellung bzw. der Kauf einer Reihe künftig erscheinender Nummern eines periodischen Druckwerks zu festgelegtem Preis ist ein Abonnement (BGB: Sachkaufvertrag). Je nach Objekt spielt das Abonnement (Abo) im Vertrieb eine dominierende Rolle. Die folgende Tabelle unterstreicht die ökonomische Bedeutung des Abonnements auf dem Zeitungsmarkt.

	Abonnementanteil
Lokale und regionale TZ	ca. 85 %
Überregionale TZ	ca. 69 %
Wochenzeitungen	ca. 62 %

Auch das Anzeigengeschäft hängt indirekt am Abo, da ein hoher Abo-Anteil immer auf eine gute Leser-Blatt-Bindung schließen lässt.

Abo-Vorteile für den Bezieher:

- Regelmäßige Lieferung ins Haus
- Bargeldlose Bezahlung
- Günstiger Bezugspreis

Abo-Vorteile für den Verlag:

- Gesicherter Absatz
- Früher Geldeingang (Liquidität)
- Kein Verkaufsrisiko, keine Remission
- Verringerung der Unwägbarkeiten bei der Produktionsplanung (Auflagenbestimmung, Kalkulation)

Arten des Abonnements

Die Laufzeiten eines Abos können sehr unterschiedlich sein. Bei provisionspflichtig beworbenen Abonnenten liegen die Verpflichtungszeiten meist zwischen einem Halbjahr und zwei Jahren. Bei den Abonnements ohne Werbegeschenke für die Werber gibt es allerdings einen Trend, kürzere Laufzeiten quasi als Schnupperabo zwischen 14 Tagen und einem Vierteljahr anzubieten. Wird binnen einer Frist vor Ablauf nicht gekündigt, erfolgt die Weiterlieferung meist stillschweigend (Negativ-Option). Eine früher benutzte Art der Negativ-Option ist heute nicht mehr erlaubt: Aus Verbraucherschutzgründen wurde es verboten, Probeabos ohne Anforderung an Kunden zu versenden, die mit einer Negativ-Option versehen waren. Beim so genannten Open-End-Abo wird keine Mindestlaufzeit des Abos vereinbart.

Arten des Abonnements unter verschiedenen Aspekten:

Zustellung

Postabo	Botenabo	Abholabo	Gutscheinabo
Das Abo wird von der Post zugestellt	Stücke werden von einer Trägerorganisation zugestellt.	Die Zeitung oder Zeitschrift holt der Bezieher beim Verlag, einer Geschäftsstelle oder Buchhandlung ab.	Der Leser erhält Gutscheine, mit denen er den Titel bei jeder Einzelverkaufstelle, die den Titel führt, abholen kann.

Zugang

Thekenschein	Geschenkabo	Geworbenes Abo
Die Bezieher wenden sich von allein an den Verlag, haben keine Verpflichtungszeit, niemand erhält eine Werbeprämie.	Von einer Person für Dritte bestellt und bezahlt.	Abschluss eines Abonnements mit einer gewissen Verpflichtungszeit durch Mitarbeiter, Leser, Boten, Mailingaktionen, Probelieferungen oder Bezieherwerber.

Umfang

Vollabo	Teilabo
Lückenloser Bezug aller Ausgaben.	Abo eines Teils der Ausgaben (z.B. nur mittwochs und samstags bei Immobilienmaklern).

Die Verwaltung der Abonnements geschieht über EDV-Systeme (z.B. SAP Media-Solution), die mindestens folgende Abonnenten-Angaben enthalten:

- Name
- Adresse
- Objekt bzw. Ausgabe
- Trägerbezirk
- Verpflichtungszeitraum
- Belieferungsturnus
- Kontonummer bei Bankeinzug
- Angaben über Bezugsunterbrechung
- Leseranalytische Daten

Zweck dieser Datenbank ist es, den Vertrieb bei seinen folgenden Funktionen zu unterstützen:

- Aussetzer, d.h. Abonnenten, die für einen gewissen Zeitraum ihr Abo unterbrechen (Urlaub, Krankheit usw.)
- Zustellung und Abonnentenbetreuung
- Buchhaltung
- Ermittlung der Abonnementauflage
- Statistische Auswertung

So ist z.B. die Berechnung der Fluktuation für die Vertriebsabteilung besonders wichtig. Hier wird berechnet, wie viele Abonnenten dem Verlag verloren gingen und wie viele dafür neu geworben werden müssen. Die meisten Tageszeitungen haben mit einer jährlichen Fluktuation von rund 12 % im Abo-Bestand zu rechnen. Für kleinere Verlage ist es betriebswirtschaftlich nicht sinnvoll, eine eigene Abo-Verwaltung aufzubauen. Nationalvertriebe bieten hier als Dienstleistung an, gegen Entgelt den Abonnementvertrieb zu betreiben.

Springer

Viele Abonnenten werden durch Bezieherwerber oder andere Leser (LwL) gewonnen. Die Bezieherwerber erhalten für ihre Tätigkeit eine Provision, die werbenden Leser eine Prämie. Die beworbenen Abonnenten gehen eine gewisse Verpflichtungszeit ein, in der sie nicht kündigen können. Werden sie jedoch zahlungsunfähig, ziehen sie in eine Stadt außerhalb des Verbreitungsgebiets oder verweigern sie die Annahme, dann werden sie zu so genannten Springern. Bei professionellen Werbern wird deshalb ein gewisser Prozentsatz (Sprung- oder Stornoreserve) der Werbeprovision vom Verlag einbehalten, um hinfällig gewordene Provisionen für die Werbung von Abonnenten, die sich als Springer erwiesen haben, zurückzuverrechnen.

Arten des Sprungs

Teilsprung	Nur ein Teil der Abo-Verpflichtungszeit wird eingehalten (mindestens eine Zahlung)
Vollsprung	Abo wurde keinen Monat durchgehalten
Anlaufsprung	Vor der Belieferung treten Vertragsstörungen auf
Sofortsprung	Innerhalb der gesetzlichen Frist widerruft der Geworbene seinen Vertrag

Der Einzelverkauf

Unter Einzelverkauf (EV) versteht man den Verkauf einzelner Exemplare; dieser steht im Gegensatz zum Verkauf einer Reihe fortlaufender Nummern (Abonnement). Im Einzelverkauf muss sich jeder Titel mit jeder Ausgabe von neuem dem Kunden attraktiv darstellen. Dies hat auch Konsequenzen für den redaktionellen Inhalt und das Layout. Der EV ist bei einer Reihe von Objekten der wichtigste Vertriebsweg.

Der Einzelverkauf von Zeitungen und Zeitschriften ist wie folgt strukturiert:

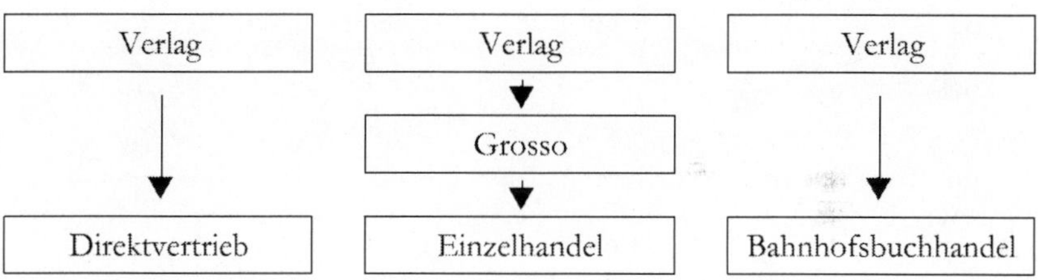

Der Direktverkauf

- Der Einzelverkauf kann vom Verlag selbst betrieben werden. Hierbei wendet sich der Absatz von Einzelnummern direkt an den Endverbraucher (ab Geschäftsstelle oder Verlag).
- Straßenverkäufer (Kolporteur)
- Stumme Verkäufer

Der Kunde kann hierbei Geld in einen a) Automaten b) Halbautomaten oder eine c) Geldeinwurfbox für einen Verkaufsbeutel werfen. Die letzte Variante ist vom Bundesgerichtshof als Verstoß gegen das Gesetz gegen unlauteren Wettbewerb (UWG) gerügt worden. Da hier Diebstahlquoten von rund 60 % auftreten, gilt dies als unzulässige Abgabe von kostenlosen Zeitungen. Die bei Halbautomaten gegebene Diebstahlquote wird rechtlich als Wertreklame gesehen.

Der Großhandel (Presse-Grosso)

Der Absatzweg über Groß- und Einzelhandel hat eine vorrangige Bedeutung, denn im Durchschnitt wird jedes zweite Presseexemplar hierüber abgesetzt. Um die Marketingbemühungen der Grossisten und der Verlage abzustimmen und Konflikte zu minimieren, wurde mit dem „Koordinierten Vertriebsmarketing" ein gemeinsamer Leistungsrahmen für Grossisten und Verlage geschaffen. Die Verlegerverbände VDZ und BDZV haben dieses Konzept zusammen mit dem Presse-Grosso erarbeitet. Eine ganze Reihe von Besonderheiten kennzeichnet die Arbeit des Presse-Grosso, die mit der eines üblichen Großhändlers (z.B. für Lebensmittel) nicht viel gemeinsam hat, zum Vergleich:

Presse-Grosso	**Lebensmittelgroßhändler**
Belieferungspflicht und Verwendungsbindung	Freie Kundenwahl
Bezugspflicht	Lieferantenwahl
Derivatives Dispositionsrecht	Dispositionsrecht
Festgelegte Verkaufsperiode	Freie Angebotsfrist
Gebietsbeschränkung, -monopol	Wahl des Geschäftsgebietes
Preisbindung	Freie Kalkulation
Remissionsrecht	Festbezug

Gebietsmonopol

In einer festgelegten Region ist ein einziger Grossist konkurrenzlos tätig. Im Rahmen dieses Kartells von rund 100 Grossogebieten verzichten die Verlage auf die direkte Belieferung des Einzelhandels. Ziel ist es, alle Gebiete der Bundesrepublik mit Presserzeugnissen zu versorgen. Diese oft kritisierte Ausnahme vom Verbot der Gebietskartellbildung (GWB) wurde von der Bundesregierung 1993 noch einmal bestätigt. „Die Bundesregierung geht davon aus, dass das derzeitige Pressevertriebssystem (...) einen wesentlichen Beitrag zu der in Europa einzigartigen Pressevielfalt geleistet hat. Die Monopolkommission hält das bestehende System der Gebietsmonopole beim Presse-Grosso für hinnehmbar. Sie geht davon aus, dass das bestehende Vertriebssystem eine rasche, umfassende und flächendeckende Versorgung mit allen Objekten der Verlage bietet und ist sich der Gefahren bewußt, die eine Aufhebung des Gebietsmonopols oder des Sortimentsmonopols bei Objekttrennung, insbesondere durch Vergünstigung einer weiteren Vorwärtsintegration der großen Verlage zur Folge haben könnte."

Vorwärtsintegration meint, dass Verlage mehr und mehr darum bemüht sind, Anteile an Grossofirmen zu erwerben. Dies ist leider bei 13 Grossisten nicht zu verhindern gewesen. Besonders in den neuen Bundesländern sind an der Hälfte der Grossisten Verlage beteiligt. Als Folge davon ist eine Bevorzugung der eigenen Titel zu befürchten. Insgesamt ist schon jetzt festzustellen, dass sowohl das Ordersortiment als auch das Präsenzsortiment bei Grossisten mit Verlagsbeteiligungen deutlich geringer ist. Sollte die Pressevielfalt nicht erhalten werden können, ist das Gebietsmonopol in Gefahr.

Preisbindung

Das Presse-Grosso ist horizontal und vertikal preisgebunden. Erstens ist der Verkaufspreis für den Endverbraucher (Einzelverkaufspreis = EVP) festgelegt (horizontale Preisbindung). Zweitens sind die Abgabepreise (AGP) an die beiden Handelsstufen Grosso und Einzelhandel gebunden (vertikale Preisbindung). Rechtliche Grundlage dafür ist § 16 des Gesetzes gegen Wettbewerbsbeschränkungen (GWB), der nur noch Verlagserzeugnissen eine Preisbindung erlaubt. Diese Ausnahme wird allerdings nur so lange in Kraft bleiben wie die Branche die Lückenlosigkeit der Preisbindung garantieren kann. Der Grossist darf deshalb nur solche Einzelhändler beliefern, die sich schriftlich nach § 34 GWB zur Einhaltung der Preisbindung verpflichtet haben (Preisbindungsrevers). Der ordnungspolitische Sündenfall, den die Preisbindung eigentlich darstellt, wird vom Kartellamt aufgrund der kulturpolitischen Leistung des Pressevertriebs hingenommen. Ob das System der Preisbindung den Prozess der europäischen Integration überleben wird, kann noch nicht gesagt werden. Die schlechten Erfahrungen nach Freigabe der Preise in Frankreich (1979-1981) und Schweden (seit 1970) haben nicht alle Partnerländer von der Notwendigkeit der Preisbindung für Zeitungen und Zeitschriften überzeugt. Die Verlage sind allerdings nicht verpflichtet, ihre Produkte preislich zu binden. Sie können durchaus auch unverbindliche Preisempfehlungen aussprechen. Für Partworks, Fachzeitschriften oder Special Interests, bei denen eine CD, Diskette oder MC das Hauptprodukt und nicht nur eine Beigabe darstellt, ist eine Preisbindung nicht möglich.

Die Preise und damit die Funktionsrabatte werden zwischen Verlag und Grossist je nach Distributionskosten und Umsatzerwartung festgelegt. Eine schriftliche Anmeldung oder Genehmigung ist nicht erforderlich. Die Verlage sind letztlich in ihrer Entscheidung autonom. An die Stelle eines Verlages kann auch der entsprechende Nationalvertrieb oder, bei ausländischen Presseerzeugnissen, der Importeur treten.

Hier exemplarisch die Preis- und Rabattverteilung einer Zeitschrift:

Ladenverkaufspreis:	2,20 €	
7% MwSt.:	0,14 €	
Nettowarenwert:	2,06 €	100,0 %
Vertriebskosten vom Verlag zum Grosso	0,20 €	9,7 %
Funktionsrabatt Grosso	0,52 €	25,2 %
Funktionsrabatt Einzelhandel	0,52 €	25,2 %
Druck, Papier, Litho	0,52 €	25,2 %
Verlagserlös:	0,30 €	14,6 %

Bezugspflicht

Als Gegenleistung zum Gebietsschutz ist der Grossist verpflichtet, jedem Titel einen ungehinderten Marktzutritt zu verschaffen. Daraus leitet sich eine grundsätzliche Bezugspflicht des Grossisten gegenüber den Verlagen ab. Nur wenn dauerhaft keine Rentabilität des Objektes vorliegt, kann der Grosso den Bezug beenden. Da nicht jeder Verlag mit jedem Grosso direkt in Kontakt treten kann, lassen sich kleinere Verlage von den Nationalvertrieben betreuen. Auch im Einzelverkauf übernehmen diese die Aufgaben von Vertriebsabteilungen.

Belieferungsanspruch

Ebenso ist es beim Gebietsschutz aus Sicht des Einzelhandels notwendig, dafür zu sorgen, dass ein Grossist keinen Einzelhändler von der Belieferung ausschließen kann. Deshalb besteht ein grundsätzlicher Belieferungsanspruch des Einzelhandels gegenüber dem jeweiligen Grossisten.

Remission

Das Remissionsrecht ist rechtlich gesehen eine Option auf einen Rückkaufvertrag. Abweichend vom gesetzlichen Leitbild des Kaufvertrages, bei dem der Verkäufer die Ware als Bringschuld anliefern muss, holt der Grosso als Käufer seine Ware ab. Dies ist nicht nur Ergebnis einer jahrzehntelangen Branchenübung, sondern garantiert dem Grosso auch die Vollständigkeit der zur weiteren Bezugsregulierung notwendigen Daten.

Der Rücklauf und die Gutschrift unverkaufter Zeitungs- und Zeitschriftenexemplare werden in zwei Stufen vom Einzelhandel an den Grosso und anschließend vom Grosso an den Verlag durchgeführt. An die Stelle des Verlages tritt bei kleineren Unternehmen der entsprechende Nationalvertrieb und bei ausländischen Presseerzeugnissen der Importeur. Der Verlag trägt das volle Absatzrisiko für seine Produkte. Der Grossist trägt als Risiko die Kosten seiner Logistik, der Einzelhandel die Kosten für Miete und Unterhaltung der Verkaufsstelle. Dabei ist festzuhalten, dass remittierte Zeitschriften höhere Kosten verursachen als verkaufte Stücke. Die Verlage legen je nach Image und Marktlage ein unterschiedliches Gewicht auf die Höhe der Remissionsquote (prozentualer Anteil der Remission an der EV-Lieferung). Die Remissionsquote wird einmal mengenmäßig (ca. 30 %) und zum anderen wertmäßig (ca. 37 %) berechnet. Als Tendenz ist festzustellen, dass Verlage bei höherpreisigen Titeln eine etwas höhere Remission in Kauf nehmen, um dem Objekt eine bessere Verkaufschance zu eröffnen. So liegt der Durchschnittspreis eines verkauften Exemplars bei rund 0,75 EUR, während der Durchschnittspreis eines remittierten Titels bei fast 1,05 EUR liegt. Die Entscheidung über die obere und die untere Grenze der Remission richtet sich nach der Marketingstrategie des Vertriebes. Zu hohe Remi-Quoten belasten die Finanzen von Grosso und Verlag, zu niedrige beinhalten das Risiko von Ausverkäufen und damit der Nichtausschöpfung des Absatzpotenzials. Ein niedriger Wert verringert auch die werbende Präsenz des Objekts am Point of Sale (POS).

Das „Koordinierte Vertriebsmarketing" sieht folgende Remissions-Richtwerte vor:

Verkaufsdurchschnitt je Verkaufsstelle	Remissionsquote in %
1,0	50
1,5	46
2,0	42
2,5	39
3,0	37
3,5	35
4,0	33
4,5	31
5,0	29
6,0	27
7,0	25
9,0	24
10,0	23
12,5	22
15,0	21
20,0	20

Die Abwicklung der Remission wird nicht bei allen Objekten gleich durchgeführt. Der Titelaufruf des A-Scheins enthält die namentlich aufgeführten gängigen Produkte wie Tageszeitungen. Die sogenannte B-Schein-Remission verzichtet auf die Nennung der einzelnen Titel. Die so remittierten Objekte werden nach Preisgruppen gesammelt. Bei RCR-Produkten wird diese vereinfachte Remission angewendet.

Die Remission kann auf unterschiedliche Arten durchgeführt werden:

Körperliche Remissionen

- Ganzstückremission
  Die kompletten Zeitschriften werden an den Verlag zurückgegeben. Dieser kann sie im Phasenvertrieb, für Werbezwecke oder für den LZ wiederverwenden.
- Titelseitenremission
  Um die Objekte unverkäuflich zu machen, werden die Titelblätter entfernt. Zu Kontrollzwecken zählt der Verlag die eingegangenen Seiten, hat aber weniger hohe Transportkosten als bei Einholung des gesamten Papiervolumens.
- Kopfleistenremission oder Titelkopfremission
  Ähnlich der Titelseitenremission, aber eine weitere Reduzierung des Papiergewichtes.

Um die Remission zu zählen, werden im Grosso drei Verfahren eingesetzt:

- Optronische Remissionsverarbeitung (ORV)
  Die Objekte werden einzeln einer Lesestation mit Kamera zugeführt. Die Titelseiten werden von der Kamera erkannt und die Zählergebnisse in der EDV gespeichert.
- Remissionsverarbeitung mittels Scanner

Alle Presseerzeugnisse, die der Preisbindung unterliegen, sollten mit dem Presse-Code versehen sein. Die mit diesem 13-stelligen Strich-Codes versehenen Titel können mit einem Scanner gezählt werden. Falls die Stellenzahl für den Verlag nicht ausreichen sollte, kann er den Pressecode mit einem zwei- oder fünfstelligen Zusatzcode (Add-on-Code) ergänzen.

Beim zweistelligen Add-on wird ergänzend die Erscheinungsnummer durch zwei Zahlen rechts vom Pressecode codiert.

Die Zusatzzahlen geben die Heftnummer in Abhängigkeit von der Erscheinungshäufigkeit an.

Erscheinungsweise

Wöchentlich	01 bis 53
14-täglich	01 bis 27
Monatlich	01 bis 13
2-monatlich	01 bis 06
Quartalsweise	01 bis 04
Aperiodisch	01 bis 99

Sollen bei einer Publikation weitere Informationen vom Scanner mitgelesen werden, muss ein 5-stelliger Add-on-Code aufgedruckt werden. Bei einer Tageszeitung werden die Stellen wie folgt belegt:

1. Stelle	2. Stelle	3. Stelle	4. Stelle	5. Stelle
Wochentag	Regionalausgabe		Erscheinungswoche	

Bei Zeitschriften findet sich eine andere Stellenbelegung.

1. Stelle	2. Stelle	3. Stelle	4. Stelle	5. Stelle
0	Regionalausgabe		Heftnummer	

Wie bei der ORV werden auch beim Scannereinsatz die Zählergebnisse direkt an die EDV weitergeleitet. Bei Grossisten, die mit dieser Hardware ausgestattet sind, wird die B-Schein-Remission damit in Zukunft überflüssig.

- Manuelle Zählung
  Bei einigen Titeln bleibt allerdings die manuelle Zählung unumgänglich. Gründe hierfür sind fehlende Codes oder Titelblätter, die von der Kamera nicht unterschieden werden können, weil sie sich zu ähnlich sind.

Körperlose Remissionen

- KR-Verfahren
  Das Grosso meldet dem Verlag lediglich die Zahl der Remittenden, die der Verlag gutschreibt. Ein lückenloses Warenflussprotokoll und die Überspielung der EDV-Daten über den Intermedia Standard Press Code (ISPC) ermöglichen den Verlagen das Nachvollziehen und die Kontrolle der Grossoaktivitäten. Voraussetzung ist der Abschluss eines KR-Vertrages zwischen Grosso und Verlag. Um Kosten zu sparen, wird von einigen Grossisten erprobt, ob nicht auch zwischen Einzelhandel und Grossist eine körperlose Remission eingeführt werden kann. Besonders bei abgelegenen Verkaufsstellen kann dies ökonomisch und ökologisch sinnvoll sein.

- Vertrauensremission
  Bei dieser Vereinbarung muss der Verlag dem Grossisten ohne Kontrollmöglichkeiten vertrauen. Lediglich eine Mitteilung über die Zahl der verkauften Exemplare geht an den Verlag und wird damit zur Grundlage der Abrechnung. Dies ist heute häufig im Exportgeschäft in ausländische Feriengebiete anzutreffen.

Dispositionsrecht

Da der Verlag das letztliche Absatzrisiko trägt, besitzt er das originäre Dispositionsrecht. Das heißt, er kann entscheiden, wo, wann und in welcher (Höchst-) Menge er sein Produkt vertreiben will. Ferner bestimmt er den Erstverkaufstag (A-Tag) und die Länge der Verkaufsperiode. Der Grossist dagegen sammelt in seinem regionalen Umfeld so viel Marktkenntnis, dass es ihm überlassen ist, Sortiment und Menge (derivatives Dispositionsrecht) des Einzelhandels festzulegen. Dies ist sinnvoll, da so auch die Einzelhändler, die über keinen vollständigen Überblick des Presseangebots verfügen, ein verkaufsoptimiertes Angebot präsentieren können. Der Großhandel ist zur Neutralität verpflichtet, er darf keinen Verlag bei der Titel- oder Mengendisposition bevorteilen. Bei unabhängigen Grossisten ohne Verlagsbeteiligung kann dies unterstellt werden. Sie werden ihre Dispositionen einzig und allein an dem optimalen ökonomischen Ergebnis ihres Einzelunternehmens ausrichten.

Die Disposition für den Einzelhandel erfolgt in der Regel über EDV-Programme, in die bei Abweichungen (Ferien, Großereignisse usw.) manuell eingegriffen werden kann.

Einige Beispiele:

- Astra II
- Bezugsregulierung kleinauflagiger Objekte (BKO)
- Intermedia Standard Press Code (ISPC)
- Marktorientierte Bezugsregulierung (MBR)
- Templates zur SAP Media Solution.
- Vertriebs-Informationssystem (V.I.S.) (zwischen Grosso und Verlag)

Hier wird exemplarisch die marktorientierte Bezugsregulierung vorgestellt. In die Berechnung fließen folgende Variablen und Konstanten ein:

Die Variablen:			Die Konstanten:		
VH	=	Verkaufsvorhersage	α	=	Glättungsfaktor der Vorhersage
D	=	Betrag der Differenz von Vorhersage und Verkauf	β	=	Glättungsfaktor des Standardfehlers
V	=	Letztbekannter Verkauf			
MAD	=	Mittlere Absolute Differenz (mean absolute deviation)			
LM	=	Liefermenge			

Der Rechenweg:

Zunächst wird eine neue Verkaufsvorhersage ermittelt, die auf Basis der bisherigen Vorhersagen erstellt wird. Der Glättungsfaktor α steuert die Gewichtung der neuesten Verkaufszahlen in der Formel. Je größer α ist, umso mehr wird die neueste Verkaufszahl berücksichtigt. Je kleiner α ist, desto näher bleibt man bei den Werten der alten Vorhersage. Werte um 0,3 für α haben sich in der Praxis bewährt.

$$VH_{(neu)} = VH_{(alt)} \times (1-\alpha) + V \times \alpha$$

Da aber immer Verkaufsschwankungen auftreten, muss der Grosso sicherheitshalber eine Reserve hinzugeben, wenn er das gesamte Verkaufspotenzial eines Titels ausnutzen möchte. Diese Zuschlagsmenge berechnet sich aus den Fehlern der Vergangenheit. Je größer die Verkaufsschwankung (D) einer Verkaufsstelle ist, umso größer muss die Zuschlagsmenge sein. Der Glättungsfaktor β steuert die Gewichtung zwischen dem Wert aus den alten Fehlern und dem neuesten Fehler.

$$MAD_{(neu)} = MAD_{(alt)} \times (1-\beta) + |D| \times \beta$$

Die Liefermenge setzt sich jetzt aus der Verkaufsvorhersage und der Zuschlagsmenge zusammen:

$$LM = VH_{(neu)} + MAD_{(neu)}$$

Folgende Zeitreihe zeigt die Berechnung der Liefermengen eines Titels für eine Verkaufsstelle über vier Tage:

	1. Tag	2. Tag	3. Tag	4. Tag
$VH_{(alt)}$	300	294	297	283
V	280	305	250	290
$VH_{(neu)}$	294	297	283	285
α	0,3	0,3	0,3	0,3
$MAD_{(alt)}$	10	17	13	37
β	0,7	0,7	0,7	0,7
$D = \lvert VH - V \rvert$	20	11	47	7
$MAD_{(neu)}$	17	13	37	16
LM	311	310	320	301

Anschließend kann noch eine Mengenanpassung (MA) durchgeführt werden, wenn die Gesamtauslieferungsmenge von den MbH-Werten abweichen soll. Dann werden die MbH-Zahlen für den Einzelhändler mit einem Faktor multipliziert, der sich aus dem Verhältnis von gewünschter Auslieferungsmenge und MBR-Liefermenge ergibt.

$$\text{MA-Faktor} = \frac{Gesamtauslieferungsmenge}{MBR - Bezuggesamt}$$

Einzelhandelsstrukturanalyse (EHASTRA)

Die EHASTRA ist eine Totalerhebung, die alle drei bis vier Jahre vom Verband der Grossisten durchgeführt wird. Ähnlich angelegt ist auch die Bahnhofsbuchhandelsstrukturanalyse (BA-STRA). Erfasst werden alle wichtigen Formen des Einzelhandels:

- Zeitungsverkaufsstellen, an denen der ZZ-Verkauf nur nebenbei erfolgt. Hier werden nur wenige Titel geführt
- Vollkunden, die dem Leser ein breiteres und tieferes Angebot an Zeitungen und Zeitschriften präsentieren
- Zeitschriften-Spezialverkaufsstellen wie Computershops, Videotheken, Tierhandlungen, Fachgeschäfte usw., die häufig ein schmales, aber tiefes Angebot an Special Interests und Fachzeitschriften führen

Die Einzelhandelsbetriebe werden nach Angaben über folgende Kriterien befragt:

- Größe
- Öffnungstage
- Öffnungszeiten
- Ortsgröße
- Selbstbedienung
- Theke
- Umsatz
- Verkaufshilfen
- Vollsichtregale
- Waren

Einzelhandelsgerechtes Marketing

Die Vorteile der EHASTRA für den Einzelverkauf in den rund 110.000 Presse-Verkaufsstellen sind offenkundig. Zum einen wird das Marketing der Verlage besonders bei der Einführung neuer Objekte mit wichtigen Marktdaten versorgt. Zum anderen helfen die ausgewerteten Daten, die passende Ausstattung für den Einzelhandel zu finden und ihm Tipps zur Verkaufsförderung zu geben. Nach der Volkszählung ist die EHASTRA die größte Vollerhebung Deutschlands.

Die EHASTRA ist Beispiel für das vereinte Bemühen von Presse-Grosso und Verlagen, das Marketing beim Einzelvertrieb von Presseerzeugnissen zu optimieren. Auch die bereits erläuterte Codierung hilft dem mit Scannerkassen ausgestatteten Einzelhandel in vielerlei Hinsicht:

- Beschleunigung beim Kassiervorgang
- Erkennung der Verkaufspreise
- Erkennung des verminderten Mehrwertsteuersatzes
- Keine Anlage oder Pflege von Artikeldateien im Warenwirtschaftssystem
- Vermeidung von Handlingfehlern
- Verminderung von Inventurdifferenzen

Bahnhofsbuchhandel

Über eine halbe Million Menschen besuchen täglich einen Bahnhofsbuchhandel (BaBu). Vertrieblich bildet er eine Besonderheit im Einzelverkauf. Die BaBu sind Nebenbetriebe der Deutschen Bahn (DB), die an selbständige Unternehmer verpachtet sind. Da der BaBu eine hohe Pacht an die DB zahlen muss, benötigt er eine größere Handelsspanne als der übrige Einzelhandel. Auch die Personalkosten sind hier weit höher. Die DB hat ein massives Interesse, Reisende mit Presseerzeugnissen zu versorgen (§ 41 Bundesbahngesetz), deshalb ist der BaBu von der Gewerbeordnung freigestellt, d. h. er ist nicht den Bestimmungen der Ladenschlusszeiten unterworfen. Im Klartext bedeutet dies sehr lange Öffnungszeiten an 365 Tagen im Jahr. Betriebsferien oder Schließungen an Feiertagen sind ausgeschlossen. Auch die täglichen Ladenschlusszeiten gehen weit über die im Einzelhandel üblichen hinaus. Sie unterliegen auch nicht den betriebswirtschaftlichen Erwägungen der Inhaber. Die Öffnungszeiten werden von der DB festgelegt und betragen meist 100, jedoch nie weniger als 90 Stunden pro Woche. Damit BaBu nicht dazu missbraucht werden, das Ladenschlussgesetz zu umgehen, indem sie hauptsächlich andere Waren vertreiben, müssen sie sich schon äußerlich als Presseverkaufsstellen präsentieren: Die Angebotsfläche für Bücher, Zeitungen und Zeitschriften hat mindestens 70 % der Gesamtfläche zu betragen.

Trotz des erheblich höheren Umsatzes durch die starke Besucherfrequenz könnte der BaBu zu den normalen Einzelhandelsbedingungen wirtschaftlich nicht überleben. Im Gegensatz zum normalen Einzelhandel wird der BaBu deshalb ohne Einschaltung des Grosso direkt von den Verlagen beliefert. Auch unterliegt der Babu dem Grundsatz der Bezugspflicht, um jedem Titel eine Verkaufschance zu eröffnen. Um als „echte" Bahnhofsbuchhandlung in den Genuss der Direktbelieferung zu kommen, müssen über 1.000 Titel im Angebot geführt werden.

Aus logistischen Gründen bringt häufig dennoch der ansässige Grossist die Ware zum BaBu, die Abrechnung erfolgt allerdings auch dann gesondert. Die meisten Verlage haben ein starkes Interesse an der Präsenz ihrer Objekte an solch stark frequentierten Orten, da der Werbeeffekt groß ist. Auch deshalb gewähren sie höhere Funktionsrabatte. Für die Leserinnen und Leser bietet der BaBu ein breites Sortiment, welches zusätzlich durch ausländische Presseerzeugnisse ergänzt wird. Diese werden direkt von Presse-Importeuren bezogen.

Ähnlich wie bei Grossisten wird die Remission vom Bahnhofsbuchhandel zum Verlag mehr und mehr mittels KR-Verfahren abgewickelt, die die bisher häufig verwendete Kopfleistenremission verdrängt. Lediglich bei hochpreisigen Titeln lohnt ein Rücktransport der nicht verkauften Exemplare.

Nicht jede auf einem Bahnhofsgelände befindliche Presseverkaufsstelle ist jedoch eine „echte" Bahnhofsbuchhandlung. Die oben genannten Bedingungen wollen oder können nicht alle Unternehmen erfüllen. Deshalb beziehen sie ihre Ware über das Presse-Grosso und nicht direkt über den Verlag.

Lesezirkel

Lesezirkel (LZ) sind selbstständige Unternehmen, die von Zeitschriftenverlagen Teilauflagen zu sehr günstigen Konditionen beziehen. Unterschiedliche Titel stellt der LZ zu Lesemappen zusammen, die er an seine Abonnenten vermietet. Die spezifisch deutsche Institution des Lesezirkels hat eine lange Vorgeschichte.

Im 17. und 18. Jahrhundert entstanden Lesegesellschaften, in denen man sich durch gemeinsamen Bezug sonst unerschwinglicher Bücher und Zeitschriften Zugang zum aktuellen Bildungsstand verschaffte. Heinrich Laube, ein Zeitgenosse der Revolution von 1848, erinnerte sich: „Jene belletristischen Zeitschriften hatten einen gar bescheidenen Absatz. Man war anders eingerichtet: Ein Exemplar befriedigte eine ganze Stadt. Dafür hatte man die Lesezirkel erfunden, aus denen die einzelne Nummer wochenlang von Haus zu Haus wanderte."

Aus diesen vereinsartigen Gesellschaften entstanden die kommerziellen Lesezirkel. Zunächst waren sie nur Nebenbetriebe von Buchhandlungen und Leihbibliotheken. Mit der Zeit baute der Lesezirkel seine eigene Vertriebslogistik auf, mit Lager, Expedition, Kundenkartei, Marktforschung und Vertriebswerbern.

Der Lesezirkel ist durch einige Besonderheiten gekennzeichnet. Die Titel werden mit sehr hohen Rabatten (bis zu 90 %) eingekauft; ein Remissionsrecht wird nicht gebraucht, da es sich um eine Abo-ähnliche Abnahme handelt (auch wenn die IVW dies anders sieht!). Die Vermietung erfolgt allgemein wochenweise, wobei der Mietpreis mit abnehmender Aktualität sinkt. Die teuerste Mappe ist die so genannte Erstmappe, die die aktuellen Titel enthält. Eine zweite Einnahmequelle für das LZ-Unternehmen stellt der Verkauf von Werbeflächen auf den Schutzumschlägen dar.

Die Mappen sind häufig bei Ärzten, Friseuren, Anwälten usw. im Wartebereich zu finden, wo der Leser die Titel in ruhiger Atmosphäre lesen kann. Bei einigen LZ-Unternehmen erreichen allerdings die privaten Mieter bis zu 30 % des Mappenvolumens.

In zwei Versionen bieten die meisten der rund 300 LZ-Unternehmen ihre Produkte an:

- Festmappe
  Hierbei stellt das Unternehmen die verschiedenen Titel zusammen und bietet sie den Kunden an. Eine Familienmappe enthält z.B. eine Fernsehzeitschrift, eine Illustrierte, ein Comic-Heft, eine Frauenzeitschrift usw.

- Punktemappe oder Wunschmappe
  Die Leser und Leserinnen erhalten bei diesem System keine feste Zusammenstellung von Objekten, sondern eine Punktzahl. Die verschiedenen Titel im LZ-Angebot besitzen nun, je nach Preis, eine bestimmte Punktzahl: Hochpreisige Titel viele Punkte, niedrigpreisige wenige. Die Kundschaft kann sich so viele Titel zu einer persönlichen Mappe zusammenstellen, bis alle Punkte belegt sind. Diese Zusammenstellung kann aus einigen teuren Objekten bestehen oder aus zahlreichen preisgünstigen Titeln, ganz nach Lesebedürfnis.

Da die Zeitschriften im LZ viele Leser pro Exemplar (LpE) erreichen und so werblich Besonders interessant sind, werden die LZ-Exemplare in der IVW-Auflagenliste gesondert ausgewiesen und in der MA analysiert. MA 2004/II

	LZ-Leser in Mill.	Reichweite in %	Zusammensetzung in %	
			LZ-Leser	Ges. Bevölk.
LZ Leser insgesamt	12,10	18,7	100	100
Männer	5,02	16,2	42	48
Frauen	7,08	21	58	52

Werbender Buch- und Zeitschriftenhandel (WBZ)

Die rund 200 Unternehmen, die Bücher oder Teilauflagen von Zeitschriften zu günstigen Konditionen ohne Remissionsrecht beziehen, werden als Werbender Buch- und Zeitschriftenhandel bezeichnet. Der WBZ vertreibt diese Periodika im Abonnement an die von ihm beworbenen Abonnenten weiter. Der Vertriebsmitarbeiter des WBZ besitzt durch sein breites Angebot eine bessere Abschlusschance als der Vertriebswerber, der nur für einen Verlag tätig ist. Für die Kunden ergibt sich beim Abschluss mehrerer Abonnements der Vorteil, dass für alle Titel bei Problemen nur ein Ansprechpartner zuständig ist. Außerdem verfügen rund 35 % dieser Firmen über einen eigenen Zustellapparat. Die allgemeine Geringschätzung des Haustürgeschäftes macht natürlich auch in diesem Vertriebsgebiet den Unternehmen des Pressevertriebs zu schaffen. Deshalb setzen viele Unternehmen vermehrt Direct-Mailings und Gewinnspiele zur Kundenwerbung ein.

Rund vier Prozent des Zeitschriftenumsatzes werden vom WBZ erzielt. Aufgrund der Strukturprobleme erfolgt häufig gleichzeitig eine Akquisition für Buchgemeinschaften oder Versicherungen. Verlagsbeteiligungen finden sich bei einer ganzen Reihe von WBZ-Unternehmen – nach dem Motto: „Wenn ich nicht mein eigenes Produkt verkaufen kann, dann verdiene ich wenigstens am Konkurrenzprodukt ein Stück mit".

Zustellung der Titel

Verlagseigenes Trägernetz

Traditionell wird die lokale oder regionale Abonnementzeitung durch eigene Boten zugestellt. Ein eigenes Trägernetz lohnt sich betriebswirtschaftlich nur dann, wenn im Hauptverbreitungsgebiet eine ausreichende Bezieherdichte (Bezieher/km²) gegeben ist. In ländlichen Gebieten scheidet deshalb eine Botenzustellung aus, falls dem nicht das Vertriebsargument der frühen Zustellung entgegensteht.

Die Aufgaben der Boten (Träger) umfassen traditionell folgende Tätigkeiten:

- ordnungsgemäße Zustellung der Zeitschrift oder Zeitung (regelmäßig, rechtzeitig, beanstandungslos)
- Inkasso
- Abo-Werbung
- mit Wegfall des Briefmonopols werden die Boten auf Aufgaben der Zustellung von Briefen übernehmen

Durch die von den meisten Verlagen angestrebte bargeldlose Bezahlung fallen jedoch die beiden letztgenannten Aufgaben mehr und mehr weg. Bei der Arbeit benutzt der Träger das sogenannte Boten- bzw. Zustellbuch, in dem das Verzeichnis der Abonnenten im jeweiligen Zustellbezirk, die Reihenfolge des Zustellweges und Vermerke über Bezieher (Sonderwünsche, Unterbrechungen) vermerkt werden. Dieses Botenbuch ist Eigentum des Verlages, damit bei Urlaub oder Krankheit auch eine andere Person den Bezirk austragen kann. Die Boten holen sich meist die Pakete bei einer Ablagestelle ab, die ein Spediteur im Rahmen seiner Tour abfährt. Um eine schnelle Orientierung der Zusteller zu ermöglichen, werden vom Verlag zwei Arten von Paketen vorbereitet. Zunächst sind dies die Vollpakete, die an einem Tag alle die gleiche Anzahl von Exemplaren beinhalten (Tagesteiler). Es kann aber nicht jeden Tag dieselbe Zahl Zeitungen in ein Paket gepackt werden, denn die würde samstags zu sehr vielen schweren Paketen führen, die nicht zu bewältigen wären. Deshalb erhält jeder Zusteller ein Spitzenpaket, mit dem die restlichen Exemplare geliefert werden. In diesem Paket findet der Träger auch tagesaktuelle Informationen bei Änderungen. Sind beispielsweise 435 Abonnenten in einem Bezirk und ein Vollpaket enthält 32 Exemplare (Tagesteiler), so wird der Bote an der Ablagestelle ein Spitzenpaket (mit 19 Exemplaren) und 13 Vollpakete vorfinden.

Unterstützt werden die Zusteller von einem Vertriebsaußendienstler, der früher unter der Berufsbezeichnung Vertriebsinspektor tätig gewesen ist. Seine Aufgabe besteht darin, die Zustellung zu organisieren.

Schwerpunkte seiner Arbeit bilden:

- Bezirkseinteilung
- Botenbeschaffung
- Botenbetreuung
- Botenkontrolle
- Konkurrenzbeobachtung
- Inkasso
- Recherche
- Reklamationsannahme

Gemeinschaftsauslieferung

In Gebieten, in denen ein einzelner Verlag keine betriebswirtschaftlich ausreichende Bezieherdichte aufweist, aber dennoch auf die frühe Abo-Zustellung als Service nicht verzichten will, bietet es sich an, mit mehreren Verlagen zu kooperieren.

Eine solche Kooperation kann in einer gesellschaftsrechtlich losen Form erfolgen (Vertriebsgemeinschaft, Vertriebsring) oder in einer rechtlich selbständigen Vertriebsgesellschaft. Dies ist ein von mehreren Verlagen – möglicherweise unter Beteiligung Dritter – gegründetes Unternehmen, das den ganzen Abo-Vertrieb, Zustellung, Nachlieferung, Verwaltung und Inkasso der betreffenden Titel durchführt. Diese Gesellschaften übernehmen auch die Zustellung von überregionalen Abonnementtiteln gegen Entgelt, da sie aufgrund ihrer Konzeption und Leserschaft nicht als Mitbewerber eingestuft werden.

Die Weiterentwicklung der o.g. Konzeption wird zu einem eigenständigen Zustelldienst (AZD = Alternativer Zustelldienst) führen, der allen Verlagen offensteht und dessen Verwirklichung vor allem durch die negativen Entwicklungen bei der Post beschleunigt wird. Hierbei sollen die bürokratischen Hindernisse, die auch die neue Post hegt und pflegt, z.B. Beilagenbeschränkung und Höchstgewicht, fallen. Zwei Richtungen testet der gegenwärtige Versuch:

Einerseits kann der Presse-Grosso als Zustellpartner eingebunden werden, andererseits der Zustelldienst des Versandhandels.

Vertriebswerbung

Die Werbung für Printmedien nimmt heute eine besonders wichtige Rolle ein, da der Markt hart umkämpft ist und Marktnischen in der Regel gleich von mehreren Mitbewerbern besetzt werden. Die Fluktuation der Leserschaft liegt im Abo-Bereich bei den meisten Titeln zwischen 4 % und 20 %, die durch neue Käufer aufgefangen werden muss. Die Vertriebswerbung muss je nach Lebenszyklusphase des Objektes andere Kommunikationsziele erfüllen: Einführungswerbung beinhaltet Werbemaßnahmen im Zusammenhang mit der Neueinführung bzw. dem Relaunch eines Titels. Unter Durchsetzungswerbung dagegen werden die Werbemaßnahmen zusammengefasst, die das Ziel haben, einen im Markt eingeführten Titel gegen andere Objekte durchzusetzen und einen größeren Marktanteil für das Produkt zu erobern. Ist dies erfolgreich umgesetzt worden, muss mit Stabilisierungswerbung versucht werden, den bereits erreichten Marktanteil zu verteidigen. Ist ein Titel seit vielen Jahren auf dem Markt, dann muss mit Erinnerungswerbung die Zeitschrift den Leserinnen und Lesern in bestimmten Abständen immer wieder in Erinnerung gerufen werden.

Werbung in Printmedien

Die preisgünstigste Art, Werbung für die eigenen Titel zu schalten, sind Eigenanzeigen im beworbenen Objekt oder in anderen Objekten des Verlages. Diese Anzeigen sind auch wichtig, um die Leser-Blatt-Bindung zu erhöhen und Kaufreue vorzubeugen. Fremdanzeigen, d.h. Anzeigen in Objekten anderer Verlage, sind zwar teuer, dafür wird hier ein Leserpotenzial angesprochen, welches den Titel bisher noch nicht liest. Allerdings nehmen nicht alle Verlage Anzeigen von Titeln ihrer Mitbewerber mit, da hier logischerweise ein Interessenkonflikt vorliegt.

Werbung in elektronischen Medien

Während Hörfunk- und Fernsehspots bisher zumeist für überregionale Zeitungen und Publikumszeitschriften eingesetzt wurden, wird das private Lokalradio mehr und mehr als Werbeträger für Commercials regionaler Zeitschriften und Zeitungen entdeckt. Internet und Online-Dienste eignen sich im Augenblick dagegen eher für Fachzeitschriften und Special Interests. Die hohe Akzeptanz der Datennetze wird aber in absehbarer Zeit auch diese elektronischen Medien für andere Printmedien werblich relevant werden lassen.

Kinowerbung

In den letzten Jahren wird Kinowerbung wieder häufiger eingesetzt, da hier die interessante junge Zielgruppe angesprochen werden kann. Auch die besondere Nutzungssituation spricht für diese Art der Werbung, zumal sie bei vielen Verlagen auch durch Gegengeschäfte (Filmsekunden gegen Anzeigenraum) finanziert wird.

Direktwerbung

Werbung, die den Kunden unmittelbar anspricht, hat in den letzten Jahren auch in der Vertriebswerbung an Bedeutung gewonnen. Die schriftliche Direktwerbung in Form von Mailings (Werbebriefen) eignet sich zur Darlegung der Vorteile eines Abonnements des jeweiligen Objektes. Diese Art der Direktwerbung wird häufig auch bei der Nachbearbeitung von Kündigungen eingesetzt.

Telefonwerbung ist in der privaten Kundenwerbung aufgrund der Rechtslage nur dann erlaubt, wenn bereits ein geschäftlicher Kontakt mit dem Verlag bestand oder der Kunde der fernmündlichen Kontaktaufnahme zugestimmt hat. „Kaltes Telefonmarketing", das heißt beispielsweise eine Anrufaktion nach Abgleichung des Telefonbuchs mit der Abonnentendatei, ist rechtlich verboten.

Sponsoring

Auch das weite Feld von Sport-, Sozial-, Umwelt- und Kultursponsoring steht den Verlagen als Kommunikationsinstrument zur Verfügung. Als besonders effektiv erweist sich hier die Patronage von Spielfilmen im Fernsehen durch Programmzeitschriften. Hiermit kann auch die veraltete Werbezeitbeschränkung in den öffentlich-rechtlichen Anstalten umgangen werden.

Bezieherwerber

Angestellte des Verlages oder auf Provisionsbasis arbeitende Vertriebsmitarbeiter werben Abonnenten für Objekte des Verlages. Die selbstgegebenen Vertriebsrichtlinien beugen Missbräuchen vor, um die Leser zu schützen und einen Imageverlust von den Verlagen fernzuhalten. Die Verlage haben beim Vertrieb grundsätzlich alles zu vermeiden, was gesetzlich unerlaubt ist oder gegen die guten Sitten verstößt. Desweiteren sind sie angehalten, Informationen und Zeugnisse über die Person einzuholen, die als Bezieherwerber eingestellt werden soll. Deshalb müssen Bezieherwerber einen Ausweis des Verlages bei sich tragen. Auch dürfen sie kein Mitleid erregen oder Bedürftigkeit vortäuschen. Genauso wenig ist es ihnen gestattet, Abonnenten anderer Verlage abzuwerben oder Prämien zu verteilen. Abonnements, die durch Verstöße gegen diese Richtlinien geworben wurden, sind einzustellen. Deshalb beschäftigen einige Verlagen Vertriebsaußendienstler als Rechercheure, die die Rechtmäßigkeit sowohl der eigenen als auch der fremden Vertriebsmitarbeiter beobachten. Beim Haustürverkauf von Abonnements haben sich zwei Strategien durchgesetzt:

Die „Foot-in-the-door-Technik" beruht darauf, den potenziellen Kunden um eine kleine Gefälligkeit wie das Ausfüllen eines Fragebogens zu bitten. Kommt der Angesprochene dieser kleinen Bitte nach, so steigt die Wahrscheinlichkeit, dass er auch einer umfangreicheren Forderung offener gegenübersteht. Psychologen erklären den Erfolg dieser Vorgehensweise so: Wer eine kleine Bitte erfüllt, eine größere danach jedoch verweigert, setzt sich einer inneren Dissonanz aus. Denn eigentlich möchten die meisten Menschen vor sich selbst kontinuierlich als hilfsbereit oder nett erscheinen.

Den umgekehrten Weg geht die „Door-in-the-face-Technik", die allerdings in der Praxis nicht mehr so häufig eingesetzt wird. Hier fordert der Bezieherwerber den potentiellen Kunden z.B. dazu auf, ein sehr umfangreiches Paket von Titeln auf einmal zu bestellen. Danach wird ihm ein Einzeltitel mit der üblichen Laufzeit angeboten. Die Theorie hinter dieser Technik besagt, dass nach Verweigerung einer größeren Bitte die Bereitschaft steigt, eine kleinere zu erfüllen.

Probelieferungen

Probelieferung bedeutet die Zustellung von kostenlosen Werbestücken. Sie sind beim Verlag zu bestellen und werden von diesem kostenlos verteilt. Manchmal sind solche Probeabos mit einer so genannten Negativ-Option verbunden. Nach den Vertriebsrichtlinien, die vom Kartellamt überwacht werden, darf die Probelieferung bei Tageszeitungen nicht länger als 14 Tage (= 10 Lieferungen) andauern. Zwischen zwei Probelieferungen muss mindestens ein Monat Pause liegen.

Leser-werben-Leser (LwL)

Hierbei werden Leser einer Zeitschrift (meist durch Eigenanzeigen) aufgefordert, neue Abonnenten gegen eine Sachprämie aus ihrem Bekanntenkreis zu werben. Bei einigen Verlagen muss der Laienwerber selbst Abonnent sein, um Neuleser werben zu können. Der Laienwerber verpflichtet sich in dieser Variante, für einen bestimmten Zeitraum ebenfalls sein Abonnement zu behalten. Die Werbeprämie darf in keinem Fall in ihrem Wert den Preis eines halbjährigen Abonnements übersteigen. Möchte ein Verlag eine höherwertige Werbeprämie anbieten, so muss der Werbende eine Zuzahlung leisten.

Sinn dieser Einschränkung nach den Vertriebsrichtlinien ist es, kleinere Verlage zu schützen. Ein finanzstarker Verlag könnte sonst wertvolle Prämien anbieten, so dass ein Wettbewerb über die vertriebliche oder redaktionelle Leistung nicht mehr stattfinden würde. Schon bei der jetzigen Regelung sind die Werbungskosten pro Abonnement (CpO = Cost per Order) so hoch, dass eine Amortisierung (Break-even) erst bei einer mehrjährigen Bezugszeit (Haltedauer) erreicht wird.

Mitarbeiter-werben-Leser (MwL)

Ähnlich wie LwL arbeitet auch Mitarbeiter-werben-Leser (MwL). Die Abonnentenwerbung geschieht durch „normale" Mitarbeiter (nicht Bezieherwerber) des Verlages. Hausintern erhalten sie hierfür Geld- oder Sachprämien.

Außenwerbung

Die Außenwerbung ist keinem Absatzweg besonders zuzuordnen. Sie dient dem Einzelverkauf, dem Abonnement und indirekt auch dem Anzeigenverkauf. Die hier meist eingesetzten Werbeträger sind:

- Leuchtreklame
- Plakate (z.B. 18/1)
- City-Light-Poster/Mega-Lights
- Verkehrsmittel

Vertriebswerbung im Einzelverkauf

Um den Einzelhandel bei seinen Verkaufsbemühungen zu unterstützen, stellen die Verlage ihm eine Palette von Werbemedien zur Verfügung, die hier nur als Auswahl wiedergegeben werden kann. Der vertrieblichen und werblichen Phantasie der Verlage ist fast keine Grenze gesetzt:

- Displaymaterial
- Drehständer
- Händlerschürze
- Zahlteller
- Zeitungsbeschwerer
- Zeitungsklammer
- Zeitungsständer

Eine weitere Art der Einzelverkaufskommunikation geschieht durch Dekorationswettbewerbe, die von der Verkaufsförderungsabteilung (VKF) organisiert werden. Durch verkaufsaktive Präsentation des Titels können die Einzelhändler an einem Wettbewerb teilnehmen. Angestrebt wird eine augenfällige Platzierung im Kassenbereich (POS = Point of sale/POP = Point of purchase).

Obwohl Stumme Verkäufer eigentlich eine verkaufende Funktion haben, sollen sie durch die farbliche Gestaltung und Platzierung auch eine werbliche Aufgabe wahrnehmen.

Vertriebsmarketing

Wendet man das allgemeine Marketing-Modell isoliert auf den Vertrieb von Online- und Printprodukten an, so ergibt sich folgende Entscheidungsmatrix. Basis ist eine umfassende Marktforschung, die alle auf den Vertrieb einwirkenden ökonomischen und gesellschaftlichen Veränderungen erfasst.

- Negative Bilanz aus Geburts- und Todesfällen
- Schrumpfen der deutschsprachigen Bevölkerung
- Zunehmende Single-Haushalte
- Abnehmende Lesefähigkeit der jüngeren Bevölkerung
- Finanzielle Belastungen durch Solidaritätszuschlag und Sozialversicherungen
- Zunahme der Hartz IV-Empfänger

Produkt-Politik

Doch vor dem Wagnis der Entscheidung über die Absatzwege muss sich jede Vertriebsabteilung bei ihrem Objekt einige Fragen stellen und natürlich beantworten. Viele Titel scheitern am Markt, weil die Ideal-Positionierung im Vorfeld für die Leserinnen und Leser nicht eindeutig abgeklärt wurde. Als Faustregel lässt sich sagen, dass ein Titel, der Erfolg haben möchte, möglichst nahe am Idealbild des Lesers und möglichst weit von der Konkurrenz liegen soll. Alle Titel, die sich verkaufen wollen, müssen einen definierten Nutzen für den Leser (Consumer Benefit) besitzen. Zur Erarbeitung einer Unique Selling Proposition (USP), eines einzigartigen Produktversprechens, muss die Marktsituation analysiert werden.

Was soll verkauft werden?

- Bilder
- Fach- und Sachwissen
- Informationen
- Kultur
- Lifestyle
- Meinungen
- Nachrichten
- Unterhaltung

Wer ist die Zielgruppe und wo liegt sie?

- geografisch
- sozial
- psychisch
- politisch

Welche Position hat das Objekt am Markt?

Mit welcher Konkurrenz muss ich rechnen?

- Wer ist in der Spitzengruppe?
- Wer ist Marktführer?
- Gibt es einen Verdrängungswettbewerb?

Das Ergebnis ist ein Produkt-Mix.

Kontrahierungs-Politik

In welcher Preisklasse und mit welcher Strategie trete ich an?

In welcher Größenordnung müssen die Vertriebserlöse absolut und prozentual liegen?

Welche Wettbewerbsregeln gelten für mein Objekt?

Das Ergebnis ist der Kontrahierungs-Mix.

Distributions-Politik

Über welche Kanäle soll der Titel vertreiben werden?

Über wie viele Stufen soll der Vertrieb gehen?

Das Ergebnis ist der Distributions-Mix.

Kommunikations-Politik

Wie wird die Werbung für den Leser ausgerichtet?

Wie gestaltet sich die Business-to-Business Kommunikation mit Agenturen, Grossisten und BaBu?

Wird das Verlagsimage durch Sponsoring unterstützt?

Wie erzielt der Verlag eine gute Investor-Relationship?

Das Ergebnis ist der Kommunikations-Mix.

Die obigen Aspekte sind exemplarisch gemeint und dienen der Konkretisierung des allgemeinen Modells aus Kapitel 1. Zusätzlich ist darauf zu achten, dass die Submixbereiche aufeinander abgestimmt sind und sich keinesfalls widersprechen. Nur dann kann von einem wirklichen integrierten Vertriebsmarketing gesprochen werden. Dieses wiederum muss mit dem Anzeigenmarketing und dem Redaktionsmarketing auf einer strategischen Linie liegen.

5 Presse Distribution National und International – Deutsche Post AG und alternative Zustellmöglichkeiten mit Kommentaren und Tipps

Eckhard Bremenfeld

Einleitung

Allgemeine Geschäftsbedingungen der Deutsche Post AG – Presse Distribution National

Nach der Postzeitungsordnung (gültig bis 1990) und der ersten AGB PP aus 1991 wurde 1998 eine völlig überarbeitete Ausgabe vorgelegt.

Im Rahmen der Neuformulierung der Haftungsklauseln aufgrund des zum 1.07.98 geänderten Transportrechtsreformgesetzes wurde die AGB PD zum 1.01.1999 noch übersichtlicher gegliedert und am 1.01.2000 an die neue Organisationsstruktur der Post angepasst. Bis Ende 2004 wurden eine Reihe von redaktionellen, aber wenige sachliche Änderungen vorgenommen. Zum 1.01.2005 wurden die Abschaffung des separaten Beilagenentgeltes und der Mehrfachversand neu getextet. Ab 1.01.2006 ist eine Neuregelung für Kennziffernzeitschriften gültig. Zum 1.01.2007 wird neben dem derzeitigen elektronischen Adressupdateverfahren das Produkt PREMIUMADRESS eingeführt.

Die AGBPrD National umfassen drei Teile

1. Grundsätzliche Allgemeine Geschäftsbedingungen

- Geltungsbereich
- Vertragsverhältnis
- Obliegenheiten des Vertragspartners
- Leistungen der Deutschen Post
- Anforderungen an Presseerzeugnisse
- Pressesendung
- Postvertriebsstück
- Verbreitungsweise
- Sondernummern

- Beilagen
- Streifbandzeitung
- Leistungsangebot
- Zustellung/Adressupdate
- Entgelt/Abrechnung
- Haftung
- Verjährung
- Sonstige Regelungen

2. Produktbroschüren

- Postvertriebsstück
- Beilagen
- Pressesendung
- Streifbandzeitung
- Werbeversand Postvertriebsstück
- Versandservice
- Presse Distribution Handling
- Adress Update Leistungen

3. Preisverzeichnis Pressedistribution

Aus dem einstigen Schrecken der Auszubildenden und Verlagsmitarbeiter ist ein praxisorientiertes Vertragswerk entstanden, welches Mitarbeiter der Deutsche Post AG und Vertreter der Verlegerverbände gemeinsam überarbeitet haben.

Die Originaltexte aus der *AGB Presse Distribution National* wurden um Kommentare und Tipps aus der Praxis ergänzt.

1 Geltungsbereich

(1) Die vorliegenden AGB gelten für Verträge mit der Deutsche Post AG, nachfolgend Deutsche Post genannt, über den Transport und die Zustellung von Presseerzeugnissen im Inland ohne Nachweis über den Verbleib der Einzelsendungen. Für die Auslandsauflage gilt darüber hinaus die AGB BRIEF INTERNATIONAL sowie die Produktbroschüre *Presse und Buch International.*

(2) Die Sendungen einschließlich Beilagen, dürfen das Höchstgewicht von 1.000 g und eine Höhe von 50 mm nicht überschreiten. Bei einer Überschreitung werden Besondere Entgelte berechnet. Diese und weitere Besondere Entgelte siehe Broschüre Presse Distribution Preise.

Es besteht eine Toleranzgrenze bis 1.004 g. Ab 1.005 g. bis 1.100 g handelt es sich um eine vertragswidrige Sendung. Zusätzlich zum normalen Entgelt der Postvertriebsstücke bzw. der Pressesendung verlangt die Post je volle und angefangene 10 g zurzeit 0,05 EUR.

Die Beförderung erfolgt innerhalb der Pressedistribution. Über 1.100 g wird das Objekt als Päckchen befördert.

(3) Bestandteil dieser AGB sind die in den Produktbroschüren Postvertriebsstück, Werbeversand Postvertriebsstück, Pressesendung, Streifbandzeitung, Beilagen, Versandservice und den Broschüren Presse Distribution Handling und Adressupdate Leistungen aufgeführten Bedingungen sowie das Preisverzeichnis Presse Distribution.

Die AGB BRIEF NATIONAL finden Anwendung in Bezug auf

- ausgeschlossene Güter (Abschnitt 2 Abs. 2),
- Behandlung der Sendungen bei Nichterfüllung der AGB PrD National (Abschnitt 2 Abs. 3),
- Haftung des Absenders (Abschnitt 3 Abs. 5)
- Die vorgenannten AGB werden in allen Geschäftsstellen der Deutschen Post zur Einsichtnahme bereitgehalten.

2 Vertragsverhältnis

(1) Rechte und Pflichten im Geltungsbereich dieser AGB werden durch den Abschluss eines Vertrages Presse Distribution zwischen der Deutschen Post und dem Vertragspartner (Verleger/Herausgeber) begründet.

(2) Der Vertrag wird auf einem Formblatt abgeschlossen. Für jedes Presseerzeugnis wird jeweils nur ein Vertrag geschlossen. Erscheint ein Presseerzeugnis in mehreren, sich inhaltlich unterscheidenden, je für sich zu beziehenden Unterausgaben, muss für jede Ausgabe ein eigener Vertrag geschlossen werden. Dem Datenblatt zum Vertrag Presse Distribution ist ein aktuelles Musterexemplar des Presseerzeugnisses beizufügen.

Bei Neugründungen von Presseerzeugnissen akzeptiert die Post auch ein redaktionelles Konzept oder eine Nullnummer.

(3) Die Beendigung oder Änderung des Vertragsverhältnisses bedarf der Schriftform.

(4) Die Vertragsparteien können den Vertrag Presse Distribution mit einer Kündigungsfrist von vier Wochen zum Monatsende kündigen oder ändern.

(5) Eine Kündigung durch den Absender gemäß § 415 HGB nach Übergabe/Übernahme der Sendungen in die Obhut der Deutschen Post ist ausgeschlossen.

3 Obliegenheiten des Vertragspartners

(1) Der Vertragspartner ist verpflichtet, die Sendungen mit einer Aufschrift zu versehen und nach Maßgabe der Versandbedingungen (Broschüre Presse Distribution Handling) für den Transport zusammenzufassen.

(2) Der Vertragspartner ist verpflichtet, einen geeigneten Bevollmächtigten (Formblatt) zu bestimmen, wenn er seine Verpflichtungen nicht in ausreichendem Maße erfüllen kann.

(3) Änderungen, die Inhalt und Umfang des Vertragsverhältnisses betreffen, sind der zuständigen Organisationseinheit des Vertriebs der Deutschen Post unverzüglich schriftlich mitzuteilen.

Nach verschiedenen Namensgebungen wie Verlagspostamt, Zeitungspostamt, Pressepostvertriebszentrum, oder regionale PrD ist jetzt diese neutrale Begrifflichkeit entstanden.

4 Leistungen der Deutschen Post

Die Deutsche Post ist verpflichtet, Exemplare des Presseerzeugnisses, das Gegenstand des Vertrages Presse Distribution ist, einschließlich der Beilagen zu den vereinbarten Bedingungen zu transportieren und zuzustellen. Die Auslieferung erfolgt innerhalb der in Abschnitt 4.2 und den Versandbedingungen (siehe Broschüre Presse Distribution Handling) genannten Regellaufzeiten, sofern die vereinbarten Einlieferungsstellen und -zeiten eingehalten wurden. Die Deutsche Post behält sich vor, Sendungen auch gemäß Abschnitt 4.3 dieser AGB und Abschnitt 4 der AGB BRIEF NATIONAL (Ersatzzustellung/Benachrichtigung/Abholung anders zu behandeln. Ist eine Auslieferung nicht möglich, verfährt die Deutsche Post nach Abschnitt 4.3 Abs. 2 und 3 (Unzustellbarkeit/Mitteilung der neuen Adresse).

4.1 Anforderungen an Presseerzeugnisse

(1) Presseerzeugnisse sind Zeitungen und Zeitschriften, die eine kontinuierliche innere und äußere Gestaltung aufweisen.

(2) Presseerzeugnisse bestehen überwiegend aus formatgleichen und beidseitig bedruckten Blättern (mindestens 9 cm x 14 cm). Sie werden durch Falzung oder durch eine buchbinderische Verarbeitung zu einer Einheit zusammengefasst.

Das Mindestformat ist sehr klein. Es gibt tatsächlich einige wenige Objekte in dieser Größe. Zeitungen werden in der Regel gefalzt. Zeitschriften werden geheftet oder gebunden.

(3) Presseerzeugnisse müssen als identische Vervielfältigungen in einem presseüblichen Druckverfahren hergestellt sein, jedermann zugänglich sein sowie periodisch – mindestens einmal im Quartal – erscheinen.

Presseübliche Druckverfahren sind z.B. Offsetdruck, Tiefdruck, Hochdruck mit identischen Vervielfältigungen. Fotokopien gehören nicht dazu.

Die bisherige Anforderung einer „presseüblichen Typografie" besteht nicht mehr. Das ergibt Spielräume für neue Layouts.

Die Erscheinungsweise „mindestens einmal im Quartal" ist wörtlich zu nehmen. Vier Hefte im Jahr z.B. zwei Hefte im 1. Quartal und zwei Hefte im 4. Quartal sind nicht zulässig.

(4) Auf der Titelseite der Presseerzeugnisse müssen der Titel und die Nummer oder die Bezeichnung „Sondernummer" angegeben sein. Der Erscheinungstag oder eine der Erscheinungsweise entsprechende Bezeichnung können aus der Titelseite oder aus dem Impressum hervorgehen.

Früher musste diese Angabe zwingend auf der Titelseite gemacht werden.

4.1.1 Pressesendung

4.1.1.1 Herausgabezweck / Vertragsausschließende Herausgabezwecke

(1) Presseerzeugnisse, die als Pressesendung versandt werden sollen, müssen zu dem Zweck herausgegeben werden, Informationen oder Unterhaltung öffentlich zu verbreiten.

Hierzu zählen beispielsweise Bastelhefte, Comics, Romanserien und Kundenzeitschriften.

(2) Der Herausgabezweck des Absatzes 1 wird insbesondere nicht erfüllt von folgenden Druckerzeugnissen:

1. Prospekte, Werbepost (direct mail) oder Bestellkatalogen
2. Sammelwerken, deren Texte überwiegend nicht aus sich heraus verständlich sind.

4.1.1.2 Mindesteinlieferungsmenge

Die Mindesteinlieferungsmenge je Nummer beträgt 1.000 Exemplare.

4.1.2 Postvertriebsstück

4.1.2.1 Herausgabezweck Vertragsausschließende Herausgabezwecke

(1) Presseerzeugnisse, die als Postvertriebsstück versandt werden sollen, müssen zu dem Zweck herausgegeben werden, die Öffentlichkeit über Tagesereignisse, Zeit- oder Fachfragen, durch redaktionelle Beiträge, die keine geschäftliche Werbung enthalten, zu unterrichten (presseübliche Berichterstattung). Sie müssen Mannigfaltigkeit der Beiträge, Aktualität, Publizität sowie Kontinuität aufweisen.

Bei einem Streitfall ist das redaktionelle Gesamtkonzept hinsichtlich des Herausgabezwecks und nicht der einzelne Beitrag oder Passagen desselben zu begutachten.

Die folgenden Absätze beschreiben konkret, in welchen Fällen der Herausgabezweck nicht erfüllt wird.

(2) Der Herausgabezweck des Absatzes 1 wird nicht erfüllt von Druckerzeugnissen, die durch ihr redaktionelles Konzept erweisen, dass sie unmittelbaren geschäftlichen Interessen dienen. Indizien dafür können sein:

1. Werbesprache
2. Offensichtlich von Firmen herausgegebene Beiträge
3. Kaufempfehlungen, Ordertips und Bestellnummern
4. Katalogartige Vorstellungen von Produkten oder Dienstleistungen mit oder ohne Kontaktangabe
5. Der Umfang des Druckerzeugnisses besteht aus weniger als 30 % presseüblicher Berichterstattung

Hat eine Sondernummer z.B. anlässlich einer Messe einen zu geringen redaktionellen Anteil, kann die Sondernummer als Pressesendung versandt werden. Die folgenden normalen Ausgaben gelten wieder als Postvertriebsstück (siehe auch Abschnitt 4.1.3).

Die ISBN (Internationale Standard Buch Nummer) zählt nicht zu den „Bestellnummern".

(3) Unmittelbaren geschäftlichen Interessen dienen Druckerzeugnisse, die

1. zu ihrer Kennzeichnung auf der Titelseite Namen von geschäftlichen Unternehmen oder Erzeugnissen, Firmen- oder Markenzeichen im geschäftlichen Interesse dieser Firmen tragen oder
2. Kunden- oder Mitarbeiterzeitschriften sind.

Diese können als Pressesendung versandt werden.

Kennzifferzeitschriften, die die Kriterien von Postvertriebsstücken erfüllen, können seit 1.1.2006 als solche versandt werden. Vorher wurden sie der Sendungsart Pressesendung zugeordnet.

(4) Druckerzeugnisse in Form von Sammelwerken, deren Texte nicht aus sich heraus verständlich sind, dürfen nicht als Postvertriebsstücke versandt werden.

4.1.2.2 Verbreitungsweise

(1) Presseerzeugnisse, die als Postvertriebsstücke versandt werden sollen, müssen entgeltlich verbreitet werden. Der Anteil der gegen Entgelt verbreiteten Auflage muss mindestens 10 % der Druckauflage betragen.

Bei neuen Objekten gilt eine Anlaufzeit von fünf Jahren. In dieser Zeit muss eine stetige Steigerung der verkauften Auflage erkennbar sein.

(2) Presseerzeugnisse, die als Postvertriebsstücke versandt werden sollen und unentgeltlich abgegeben werden, dürfen weder geschäftliche Werbung noch bezahlte Anzeigen enthalten.

4.1.3 Sondernummern

Sondernummern, die als Postvertriebsstück oder Pressesendung versandt werden, müssen die Voraussetzungen der Abschnitte 4.1 *(Anforderungen an Presseerzeugnisse)* und 4.1.1 *(Anforderungen an Pressesendung)* bzw. 4.1.2 *(Anforderungen Postvertriebsstück)* erfüllen. Vertragswidrige Postvertriebsstücke werden als Pressesendung, vertragswidrige Pressesendungen als INFOPOST berechnet.

Werbeversand Postvertriebsstück

Der Werbeversand ist ein Instrument, um neue Abonnenten zu gewinnen. Die Presse Distribution der Deutschen Post macht den Werbeversand mit günstigen Preisen und neuen Gestaltungsmöglichkeiten attraktiv.

Original oder Leseprobe

Im Rahmen des Werbeversandes können Originalhefte oder Leseproben versandt werden.

Eine Leseprobe gibt nur Inhaltsauszüge des Originals wieder. Sie ist seiten- und umfangreduziert und hat daher ein wesentlich geringeres Heftgewicht. Allerdings muss das Titelblatt von der Grundgestaltung her mit dem Original übereinstimmen, und die Sendung muss die Anmutung einer Zeitschrift haben.

Die Frequenz des Werbeversandes richtet sich nach der Erscheinungsweise der Druckschrift (maximal hälftige Erscheinungsweise).

Bedingungen

- Der Werbeversand richtet sich ausschließlich an Empfänger, die nicht Regel- oder Wechselversandbezieher (unterschiedliche Empfänger aus Adresspool nach drei Werbeversanden) sind.
- Die Sendung muss ein Responseelement (*auch lose*) zur Abonnentenwerbung enthalten.
- Die beworbene Publikation muss ein Postvertriebsstück sein und mindestens einmal im Quartal erscheinen. Die aktuelle Einlieferung des regulären Versandes muss mindestens die Durchschnittsmenge der letzten vier Einlieferungen, ersatzweise der letzten sechs Monate erreichen.
- Beilagen im Originalheft sind möglich.
- Neu gewonnene Abonnements müssen durch die Presse Distribution zugestellt werden.
- Mindestmenge des Werbeversandes: 1.000 Stück pro Einlieferung. Höchstmenge: Der Werbeversand darf nicht mehr als dreimal hintereinander den Regel/Wechselversand überproportional übersteigen (200 % oder mehr).
- Bei der Leseprobe sind Formatabweichungen vom Original möglich, Mindestformat ist jedoch DIN A5 im Umfang von 8 Seiten. Fremdbeilagen sind nicht möglich.

Ablauf

- 10 Werktage vor Versand mittels Formular schriftlich bei PrD anmelden. Für Leseprobe Muster beilegen.
- Es gelten die gleichen Versandbedingungen wie für normale Postvertriebsstücke.
- Sind die Voraussetzungen erfüllt, erhält der Kunde innerhalb von drei Arbeitstagen eine Bestätigung.
- Sind die Voraussetzungen nicht erfüllt, wird das Heft als vollbezahltes Postvertriebsstück befördert.

Entgeltbeispiel (1.01.2007)

Monatstitel als Postvertriebstück 250 g
Entgelt 0,4135 €

im Werbeversand mit Originalheft
Entgelt 0,2763 €

im Werbeversand als Leseprobe z.B. 60 g
Entgelt 0,2303 € *Preisvorteil über 30 %*

4.1.4 Beilagen

(1) Beilagen (Druckerzeugnisse und Gegenstände) können mit dem Trägerobjekt versandt werden. Hauptversandgegenstand muss das Trägerobjekt sein. Die Sendung muss transportgerecht und sicher verpackt sein. Beilagen werden mit dem Gewicht der Sendung abgerechnet. Für Gegenstände mit einer Höhe von 3 mm bis 30 mm werden Zusatzentgelte berechnet. Gegenstände dürfen eine Höhe von 30 mm nicht überschreiten. Beilagen müssen in der Regel inhaltsgleich sein.

(2) Mit den Trägerobjekten versandte Rechnungen und Zahlungsverkehrsvordrucke, die ausschließlich das Bezugsentgelt für das Trägerobjekt betreffen, sind vertragsgemäß. Sie müssen den gleichen Betrag ausweisen und werden mit einem Zusatzentgelt abgerechnet.

4.1.5 Streifbandzeitung

Pressesendungen und Postvertriebsstücke können als Streifbandzeitungen versandt werden.

4.2 Leistungsangebot

Die Deutsche Post bietet den Transport und die Zustellung von Presseerzeugnissen im second-day-service, next-day-service und same-day-service an.

Laut der Deutsche Post AG verwendet sie die englischen Begriffe aus Marketinggründen.

4.2.1 second-day-service (Express-Logistik-Netz)

Die Zustellung erfolgt grundsätzlich am zweiten Werktag nach Übernahme der Sendungen.

Die Distribution der Presseerzeugnisse erfolgt über das „second-day-Netz" mit derzeit zehn Depots und einem „Hub" in Bad Hersfeld.

Die richtige Übersetzung aus dem Englischen ist „Nabe". Die Verbindungen zu den Depots sind mit den Speichen eines Rades zu vergleichen. Die Deutsche Post übersetzt „Hub" in „Hauptumschlagsbasis".

Zeitfenster im second-day-service (Beispiel)

Montag
17.00 – 19.00 Abholung vom Drucker oder Selbsteinlieferung durch Drucker
18.00 – 20.00 Erreichen des Quelldepots (am Ort oder in der Nähe des Druckers)

Dienstag
23.00 – 02.00 Erreichen der Hauptumschlagsbasis
bis 06.00 Erreichen des Zieldepots
bis 12.00 Erreichen der Briefzentren

Mittwoch
Ab 08.00 Zustellung beim Empfänger

4.2.1.1 Abholung

(1) Die Abholmenge kann sich aus verschiedenen Titeln sowie Infopostsendungen zusammensetzen. Für Presse Distributions- und Infopostsendungen sind getrennte Paletten zu fertigen.

(2) Für die Abholung von Presse- und Infopostsendungen durch das ELN im Ausland ist eine Zusatzvereinbarung abzuschließen.

4.2.1.1.1 Unentgeltliche Abholung

Palettierte Sendungen mit einem Gesamtgewicht von mindestens 5 t je Einlieferung können unentgeltlich abgeholt werden. Bei Abholung dieser Sendungen ist der Einlieferungsdatensatz (EDS) nach Maßgabe des Handbuches EDS zu übermitteln.

4.2.1.1.2 Entgeltliche Abholung

Sendungsmengen unter 5 t je Einlieferung können gegen Entgelt abgeholt werden. Bei Abholung von Titeln mehrerer Vertragspartner bei einem Service-Leister ist ein Zusatzvertrag mit diesem erforderlich. Für die Abholung und Abrechnung gelten die Bedingungen des Formblattverfahrens.

4.2.1.2 Einlieferung

Sendungen, die nicht abgeholt werden, sind vom Vertragspartner nach vorheriger Absprache mit der zuständigen Organisationseinheit des Vertriebs der Deutschen Post bei der vereinbarten Einlieferungsstelle zu der vereinbarten Zeit einzuliefern.

4.2.1.3 Zusatzentgelte

(1) Wird die vereinbarte Abholung aus Gründen storniert, die der Vertragspartner zu vertreten hat, wird als pauschalisierter Aufwendungssatz das Abholentgelt in Rechnung gestellt. Es gilt die einfache Entfernung zwischen dem Depot und der vereinbarten Abholstelle.

(2) Wird die vereinbarte Abholzeit aus Gründen überschritten, die der Vertragspartner zu vertreten hat, werden Standgelder in Rechnung gestellt.

(3) Kann die vereinbarte Laufzeit aus Gründen, die die Deutsche Post zu vertreten hat, nicht eingehalten werden, erfolgt unverzüglich eine Information an den Vertragspartner. Die Deutsche Post wird alle wirtschaftlich vertretbaren Maßnahmen ergreifen, um möglichst eine Zustellung der Sendungen innerhalb der vereinbarten Laufzeit sicherzustellen.

4.2.2 next-day-service (Schnellläufernetz)

Die Zustellung erfolgt als Regelleistung am ersten Werktag nach Übernahme der Sendungen. Hierfür sind ein gesonderter Vertrag zu schließen und Zusatzentgelte zu entrichten.

Jedem Objekt steht das „next-day-Netz" zur Verfügung.

Die Mehrkosten betragen 4,30 ct für Postvertriebsstücke Tagestitel und 4,09 ct für Postvertriebsstücke Wochen- und Monatsstitel sowie Pressesendungen.

4.2.2.1 Abholung

Sendungsmengen über 1.000 Exemplare je Versand werden unentgeltlich abgeholt.

4.2.2.2 Einlieferung

Sendungsmengen unter 1.000 Exemplaren je Versand sind vom Vertragspartner nach vorheriger Absprache mit der zuständigen Organisationseinheit des Vertriebs der Deutschen Post bei der vereinbarten Einlieferungsstelle zu der vereinbarten Zeit einzuliefern.

Die Distribution der Presseerzeugnisse erfolgt mit dem Postpartner „Deutsche Post Express GmbH" (ehemals EMS Kurierpost) über Regionalniederlassungen (RNL).

Zeitfenster im next-day-service (Beispiel)

Montag
19.00 – 22.00 Abholung vom Drucker und Direktfahrten zu den Regionalniederlassungen in der Zustellregion.

Dienstag
bis 06.00 Erreichen der Briefzentren
ab 08.00 Zustellung beim Empfänger

4.2.3 same-day-service (Regelnetz)

Im Nah- und Regionalbereich erfolgt die Zustellung als Regelleistung am Tag der Übernahme der Sendungen in der Leitregion.

Dieser Service ist vor allem für die Zustellung von regionalen Tageszeitungen interessant.

4.2.3.1 Einlieferung

Die Einlieferung erfolgt durch den Vertragspartner nach vorheriger Absprache mit der zuständigen Organisationseinheit des Vertriebs der Deutschen Post zu den vereinbarten Zeiten in den Briefzentren oder Zustellstützpunkten.

4.3 Zustellung/Adressupdate

(1) Pressesendungen und Postvertriebsstücke werden wie gewöhnliche Briefsendungen nach den AGB BRIEF NATIONAL zugestellt. Sie werden – auch bei Vorliegen eines Nachsendeauftrag – nicht nachgesandt.

(2) Unzustellbare Sendungen werden vernichtet.

(3) Die Mitteilung über eine nicht erfolgte Zustellung, über Adressfehler sowie neuer Anschriften erfolgt ausschließlich an Versender, die Teilnehmer am Adressupdate sind oder das Produkt PREMIUMADRESS nutzen. Zum Zweck der Adressmitteilung können verschlossene Sendungen geöffnet werden. Neue Anschriften werden nicht mitgeteilt, wenn der Sendungsempfänger einer Anschriftenmitteilung an Dritte schriftlich widersprochen hat.

Die Post sandte bis 30.06.2005 das herausgetrennte Anschriftenetikett bzw. das Feld mit der Inkjetadressierung oder Anschriftenänderungskarte mit der neuen Anschrift an den Verlag.

Jetzt ist ein elektronisches Adressupdateverfahren der Deutschen Post im Einsatz. Voraussetzungen dafür sind z.B. die Benutzung gelber Etiketten bzw. freigehaltener gelber Raum für Ink-Jet-Adressierung (Etikettenform) und eine vorgegebene Anordnung der Adresse und Adresskennzahlen. Ab 1.1.2007 kann auch das Produkt PREMIUMADRESS, welches einen Matrixcode verwendet, für die Beanschriftung genutzt werden.

5 Entgelt/Abrechnung

(1) Der Vertragspartner ist verpflichtet, für die Leistungen der Deutschen Post Entgelte gemäß Preisverzeichnis Presse Distribution zu zahlen.

(2) Das Belegexemplar muss unverzüglich nach der Einlieferung der zuständigen Organisationseinheit des Vertriebs der Deutschen Post zugesandt werden. Das Belegexemplar ist als „Pressesendung“ oder „Postvertriebsstück“ zu versenden. Die zuständige Abrechnungsstelle der Deutschen Post Presse Distribution ist in

den Abonnenten-/Bezieherbestand des Vertragspartners aufzunehmen. Gleichzeitig ist die Versandliste der zuständigen Abrechnungsstelle unverzüglich vorzulegen. Die Abrechnung im manuellen Verfahren (ohne EDS) erfolgt mit einer Einlieferungsliste (in Papierform oder digital).

Bei Abrechnung im DV-Verfahren (mit EDS) gelten die Bedingungen des Handbuchs EDS.

(3) Das Belegexemplar (Gesamt-/Teilauflage) muss mit den zu versendenden Exemplaren übereinstimmen.

Bei Gewichtsabweichungen von Teilauflagen und durch Teilbelegung mit Beilagen sind zusätzliche Belegexemplare zuzusenden.

(4) Postvertriebsstücke und Pressesendungen im Mehrfachversand werden einzeln entsprechend Ihrer Sendungsart abgerechnet. Hierbei kann es sich um mehrere Exemplare eines oder verschiedener Presseerzeugnisse mit Vertrag PrD (Postvertriebsstücke/Pressesendungen) handeln. Die Abrechnung erfolgt zulasten des Trägerobjektes.

Siehe auch Beilagenregelung

(5) Bei Anmahnung wegen verspäteter oder unvollständiger Vorlage der Abrechnungsunterlagen wird ein Bearbeitungsentgelt berechnet. Dieses wird vier Tage nach Anmahnung und weiterhin bestehender Unvollständigkeit der Abrechnungsunterlagen eingezogen.

(6) Die Entgelte werden grundsätzlich im Lastschriftverfahren eingezogen.

(7) Bei Nichteinlösung einer Lastschrift werden Bearbeitungsentgelte und ggf. die Rückgabegebühr des jeweiligen Kreditinstituts berechnet.

(8) Die Deutsche Post AG kann in bestimmten Fällen (z.B. Einleitung des gerichtlichen Mahnverfahrens) zur Sicherung ihrer Entgeltansprüche eine angemessene Vorauszahlung verlangen.

(9) Kann der Vertragspartner eine Vorauszahlung gemäß Absatz 8 nicht erbringen, ist die Deutsche Post berechtigt, die Übernahme der Sendungen zu verweigern.

(10) Der Vertragspartner ist im Zweifelsfall für die Vollständigkeit und Richtigkeit der Abrechnungsunterlagen beweispflichtig. Weicht das Belegexemplar zum Nachteil der Deutschen Post von den versandten Exemplaren ab, wird für die Gesamtauflage das der Deutschen Post aufgrund dieser AGB zustehende Entgelt berechnet.

(11) Verpackte Sendungen der Presse Distribution dürfen zu Prüfzwecken geöffnet werden.

6 Haftung

(1) Die Deutsche Post haftet für Schäden, die auf eine Handlung oder Unterlassung zurückzuführen sind, die sie, einer ihrer Leute oder ein sonstiger Erfüllungsgehilfe (§ 428 HGB) vorsätzlich oder leichtfertig und in dem Bewusstsein, dass ein Schaden mit Wahrscheinlichkeit eintreten werde, begangen hat, ohne Rücksicht auf die nachfolgenden Haftungsbeschränkungen. Für Schäden, die auf das Verhalten einer ihrer Leute oder sonstigen Erfüllungsgehilfen zurückzuführen sind, gilt dies nur, soweit diese Personen in Ausübung ihrer Verrichtungen gehandelt haben.

(2) In allen anderen als den in Absatz 1 genannten Fällen ist eine Haftung der Deutschen Post, soweit nicht zwingende Rechtsvorschriften entgegenstehen, ausgeschlossen. Dies gilt auch für Ansprüche aus Nebenpflichtverletzungen und für alle außervertraglichen Ansprüche.

(3) Ansprüche nach Absatz 1 erlöschen, wenn der Absender oder Empfänger den Teilverlust, die Beschädigung oder eine sonstige Pflichtverletzung nicht innerhalb von 21 Tagen nach Ablieferung der Deutschen Post schriftlich anzeigt. Dies gilt nicht für Schäden, die auf ein vorsätzliches Verhalten zurückzuführen sind. § 438 Abs. 5 HGB gilt nicht.

(4) Eine Sendung gilt als verloren, wenn sie nicht innerhalb von 14 Tagen nach Einlieferung an den Empfänger abgeliefert ist und ihr Verbleib nicht ermittelt werden kann.

7 Verjährung

Alle Ansprüche im Geltungsbereich dieser AGB verjähren in einem Jahr.

Ansprüche nach Abschnitt 6 Abs. 1 verjähren in drei Jahren. Die Verjährung beginnt mit Ablauf des Tages, an dem die Sendung eingeliefert worden ist.

8 Sonstige Regelungen

(1) Ansprüche gegenüber der Deutschen Post können weder abgetreten noch verpfändet werden. Ausgenommen sind Ansprüche auf Schadenersatz und auf Erstattung von Leistungsentgelten, die abgetreten, aber nicht verpfändet werden können.

(2) Gerichtsstand bei einem Rechtsstreit gegen die Deutsche Post ist der Sitz der zuständigen Organisationseinheit des Vertriebs der Deutschen Post.

(3) Die Deutsche Post unterliegt bei der Verwendung der gespeicherten Daten den Bestimmungen der Postdienste-Datenschutzverordnung.

(4) Formblätter und Aufschriftzettel sind vom Vertragspartner auf eigene Kosten zu beschaffen. Ihre Gestaltung muss den in den Versandbedingungen dargestellten Mustern entsprechen.

Spezielle Leistungsbeschreibung

Versandbedingungen Pressepost

Vorbemerkungen

Die folgenden Bedingungen dienen vor allem einer leistungsgerechten Zustellung der Sendungen durch die Deutsche Post AG. Erläuterungen enthält auch die Broschüre „Presse Distribution Handling“.

1 Allgemeine Anforderungen an Pressesendungen und Postvertriebsstücke in allen Transportnetzen

(1) Die Sendungen – einschließlich Beilagen – müssen sich für den Transport eignen und dürfen die postbetriebliche Behandlung nicht erschweren.

(2) Die Sendungen müssen so beschaffen sein, dass sie zu stapelfähigen Bunden zusammengefasst werden können.

1.1 Aufschrift auf den Exemplaren

(1) Die Sendungen müssen mit einer Aufschrift versehen sein.

Muster:

> Sonnenschein & Co, 20170 Hamburg
> Postvertriebsstück, Deutsche Post AG, „Entgelt bezahlt“
>
> ZKZ, Kundennummer
>
> Herr
> Udo Mustermann
> Beethovenstraße 2
> 77654 Offenburg

Die Angaben können auch abgekürzt werden:

Postvertriebsstück	= PVSt
Pressesendung	= PSdg
Deutsche Post AG	= DPAG (Auch der Abdruck des Firmenlogos „Posthorn“ ist vertragsgemäß)
Zeitungskennzahl	= ZKZ

(2) Sind mehrere Exemplare eines Objekts für denselben Empfänger (Mehrfachbezieher) mit einer gemeinsamen Umhüllung versehen, kann davon abgesehen werden, auf jedem einzelnen Exemplar die Anschrift anzubringen. In diesem Fall ist die Sendung zusätzlich mit dem augenfälligen Hinweis „Nicht öffnen" zu kennzeichnen.

(3) Sendungen ohne Umhüllung müssen die Anschrift lesegerecht im oberen Bereich des Exemplars jeweils an der gleichen Stelle tragen, wenn sich der Bund oder die Falz an der rechten Seite befindet.

(4) Ist das Exemplar mit einer durchsichtigen Umhüllung versehen, so darf sich die Aufschrift sichtbar unter der Umhüllung befinden. Wird ein besonderes Blatt als Anschriftenträger verwendet, so müssen sich alle zur Aufschrift gehörenden Angaben auf diesem Blatt befinden.

1.2 Anforderungen an Bunde und Paletten

1.2.1 Bunde

(1) Die Bundebildung erfolgt nach Maßgabe der jeweils aktuellen Datei Zeitungsbunde (ZEBU). Bei Einlieferungen je Versand

1. von weniger als 5.000 Exemplaren nach ZEBU-manuell,

2. von mehr als 5.000 Exemplaren nach

   - ZEBU-ELN im second-day-service
   - ZEBU-SLN im next-day-service.

(2) Die einzelnen Bunde müssen sicher und den Erfordernissen der Transportnetze entsprechend verpackt sein. Sie können Exemplare verschiedener Objekte enthalten.

(3) Das Höchstgewicht eines Bundes soll 10 kg nicht überschreiten.

Ein wenig höheres Gewicht wird von der Deutschen Post AG toleriert.

1.2.2 Bundaufschrift

Die Bunde sind mit einer Aufschrift nach Maßgabe der „Gestaltung für Bundaufschriftzettel" zu versehen.

1.2.3 Palettenaufschrift

Paletten müssen mit den in der jeweiligen Datei ZEBU vorgegebenen Bezeichnungen versehen sein, die erkennen lassen, wo sie aufzulösen sind.

2 Express-Logistik-Netz (second-day-service)

2.1 Zusammenfassung der Bunde zu Paletten

(1) Bei entsprechenden Sendungsaufkommen müssen Paletten in folgender Reihenfolge gefertigt werden:

- Leitregion-Paletten (Erste und zweite Stelle der Postleitzahl).
- Leitzonen-Paletten (Erste der Postleitzahl).

(2) Leitzonen-Paletten dürfen nur gefertigt werden, wenn für Leitregionen-Paletten nicht mindestens ein Palettengewicht von 200 kg erreicht wird. Nach Abstimmung der Vertragspartner kann diese Gewichtsgrenze je nach Objekt auf 350 kg angehoben werden.

Die restlichen Bunde, für die keine Leitzonen-Paletten mit einem Gewicht von mehr als 200 kg gefertigt werden können, sind in aufsteigender Postleitzahlenfolge auf Deutschlandpaletten zusammenzufassen. Das Höchstgewicht einer Palette beträgt 900 kg, die maximale Gesamthöhe 1,80 m. Die Paletten können Bunde verschiedener Objekte enthalten.

(3) Für die einzelnen Versande werden Flachpaletten eingesetzt, die den „Allgemeinen Bestimmungen über den Tausch von Pool-Paletten mit den Eisenbahnen in der Bundesrepublik Deutschland“ und den „Grundsätzen für die Beurteilung der Gebrauchsfähigkeit von Pool-Paletten“ entsprechen. Die Flachpaletten-Gebinde müssen den Anforderungen des Transports entsprechend gesichert sein.

Abholung

(1) Bei der erstmaligen Vereinbarung des Gebindeplans oder bei nachträglicher Änderung wird grundsätzlich eine 2-Wochen-Frist zwischen der Mitteilung des Vertragspartners und der ersten Abholung zugrunde gelegt. Der Gebindeplan muss dem Depot 48 Stunden vor jeder Abholung vorliegen.

(2) Sollte sich die Zahl der Paletten oder die Uhrzeit der Abholung nach Zusendung des Gebindeplans ändern, sind die geänderten Daten bis 12 Uhr des Tages vor der Abholung per Fax auf dem Formblatt „Gebindeplan“ bekannt zu geben. Mit dieser Voranmeldung gilt die Abholung als verbindlich vereinbart. Der Vertragspartner hat sicherzustellen, dass zum Zeitpunkt des bevorstehenden Versandes ein für die Disposition der Sendungen verantwortlicher Ansprechpartner erreichbar ist.

(3) Sonderfahrten, die für eine zeitgerechte Zustellung z.B. bei spätem Druckende erforderlich werden, werden gegen Übernahme der Mehrkosten durch den

Vertragspartner in dessen Auftrag durchgeführt. Außerplanmäßige Aufträge sind vom Vertragspartner oder seinem Bevollmächtigten zu erteilen. Sie sind unverzüglich der Depotleitung zuzuleiten.

(4) Bei Verwendung des Einlieferungsdatensatzes siehe Handbuch EDS.

Einlieferung

(1) Auskünfte über die jeweiligen Einlieferungsstellen und -zeiten erteilen die zuständigen Organisationseinheiten des Vertriebs der Deutschen Post. Änderungen werden unverzüglich bekannt gegeben.

(2) Die gefertigten Bunde sind nach Leitzonen (Erste Stelle der Postleitzahl) bzw. Leitregionen (Erste und zweite Stelle der PLZ) vorsortiert einzuliefern. Die Bedingungen des Abschnitts 2.1 Abs. 2 gelten entsprechend. Vor der ersten Einlieferung ist der zuständigen Organisationseinheit des Vertriebs der Deutschen Post einmalig ein Gebindeplan zuzuleiten.

(3) Der Vertragspartner ist verpflichtet, der zuständigen Organisationseinheit des Vertriebs der Deutschen Post die von ihm gewählte Einlieferungsstelle mitzuteilen. Ein Wechsel der Einlieferungsstelle bzw. des Serviceleisters ist der zuständigen Organisationseinheit des Vertriebs der Deutschen Post rechtzeitig schriftlich mitzuteilen.

3 Schnellläufernetz (next-day-service)

Die Bedingungen für die Palettenfertigung, Abholung und Einlieferung der Sendungen sind im Sondervertrag SLN geregelt.

4 Regelnetz (same-day-service im Nah- und Regionalbereich)

(1) Der Vertragspartner ist verpflichtet, der zuständigen Organisationseinheit des Vertriebs der Deutschen Post die von ihm gewählten Einlieferungsstellen mitzuteilen.

(2) Die jeweiligen Versorgungsbereiche der Einlieferungsstellen ergeben sich aus der Datei Zeitungsbunde (ZEBU).

(3) Bei mindestens fünf Exemplaren je Bund sind die Exemplare regionaler Tageszeitungen zu ZBG- bzw. ZSP-Bunden zusammenzufassen. Die gefertigten Bunde oder Behälter der Größe 2 oder 3 sind in aufsteigender Postleitzahlenfolge geordnet einzuliefern.

(4) Bei Titeln mit hohen Auflagen behält sich die Deutsche Post AG vor, für bestimmte Briefzentren dem Verleger die Benutzung von Paletten und die Art der zu fertigenden Paletten vorzugeben.

5 Zustellung: Unzustellbare Sendungen

Sendungen gelten als unzustellbar, wenn der Empfänger seine Wohnung oder seine Geschäftsräume in den Zustellbereich eines anderen Zustellstützpunktes verlegt hat. An die Stelle der Rücksendung tritt eine Mitteilung über die Unzustellbarkeit an den Vertragspartner. Ist beim Zustellstützpunkt die neue Anschrift bekannt, so wird sie auf der Mitteilung angegeben. Ferner wird der Vertragspartner, auch wenn die Sendungen ausgeliefert werden können, über alle sonstigen Anschriftänderungen, soweit sie der Deutschen Post AG mitgeteilt wurden, sowie über Anschriftenmängel informiert.

6 Ersatzsendungen

Ersatzsendungen, die der Vertragspartner für verloren gegangene oder stark beschädigte Pressesendungen oder Postvertriebsstücke einliefert, sind einzeln mit einer Umhüllung zu versenden. In der Aufschrift ist außer der Zeitungskennzahl (ZKZ) und der Sendungsbezeichnung „Pressesendung“ oder „Postvertriebsstück“ die Bezeichnung „Ersatzsendung“ deutlich sichtbar anzugeben.

ZKZ Postvertriebsstück
-Ersatzsendung-

Frau
Christine Musterfrau
Musterstr. 1
12345 Musterstadt

Beilagenregelung für Postvertriebsstücke und Pressesendungen

1 Definition

- Mit Postvertriebsstücken und Pressesendungen können Beilagen (Druckerzeugnisse (auch Postkarten) und Gegenstände) versandt werden. Hauptversandgegenstand muss das Trägerheft sein.
- Das Gesamtgewicht aller Beilagen darf das Gewicht des Trägerheftes nicht überschreiten. Toleranz: In Ausnahmefällen wird eine Gewichtsüberschreitung der Beilagen von 10 % akzeptiert.

- Beilagen werden mit den Trägerobjekten gewogen.
- Für Rechnungen/Zahlungsverkehrsvordrucke für das Bezugsentgelt des Trägerobjektes werden Zusatzentgelte berechnet.
- Für Gegenstände über 2 mm bis 30 mm Höhe werden Zusatzentgelte berechnet.
- Druckerzeugnisse werden den Trägerobjekten lose beigefügt oder beigeklebt.
- Gegenstände müssen fest mit der Sendung verbunden sein.
- Überschreiten Beilagen das Format des Trägerheftes um mehr als 1 cm, sind die Sendungen unter Umhüllung zu versenden.
- Durch Beilagen dürfen das Höchstflächenformat der Sendung von DIN B4, die maximale Höhe der Sendung von 50 mm und das Höchstgewicht je Sendung von 1.000 g nicht überschritten werden.
- Beilagen können auch nur einem Teil der Auflage beigefügt werden.

Beilagen:

1. **Druckerzeugnisse**
   Druckerzeugnisse sind Werbeprospekte, Abonnementwerbung, Spendenaufrufe, Postkarten und Presseerzeugnisse <u>ohne</u> Vertrag Presse Distribution. Sie müssen in der Regel inhaltsgleich sein. Presseerzeugnisse <u>ohne</u> Vertrag PrD sind auf der Titelseite deutlich als Anzeige oder Werbebeilage zu kennzeichnen. Rechnungen und Zahlungsverkehrsvordrucke müssen ausschließlich das Bezugsentgelt für das Trägerobjekt betreffen. Sie müssen den gleichen Betrag ausweisen.

2. **Gegenstände bis 2 mm Höhe**
   Gegenstände mit einer Höhe bis 2 mm sind z.B. dünne Muster/Proben, CD/DVD in Papphüllen. Sind Gegenstände außerhalb der Trägerhefte angebracht, sind die Sendungen transportgerecht und sicher unter Umhüllung zu versenden.

3. **Gegenstände über 2 mm bis 30 mm Höhe**
   Gegenstände mit einer Höhe über 2 mm bis 30 mm sind z.B. Werbeartikel und Beigaben. Sendungen mit diesen Gegenständen müssen transportgerecht und sicher verpackt sein.

4. **Presseerzeugnisse mit Vertrag PrD**
   Presseerzeugnisse mit Vertrag PrD werden dann zur Beilage (Herausnahme aus Mehrfachversandregelung) wenn,
   - Es sich um einen neuen Titel handelt oder eine deutliche Kennzeichnung als Sonderdruck, Werbeexemplar, Werbebeilage, Anzeige, Sonderausgabe oder Special vorliegt.

- Titelseiten derartiger Hefte dürfen keine Heftnummer, keine Zeitungskennzahl, keinen Preis und keinen Barcode enthalten.

Streifbandzeitung

1 Versender von Streifbandzeitungen

Als Streifbandzeitungen können Vertragspartner (Herausgeber) ihre Presseerzeugnissse an Einzelempfänger versenden. Dies setzt den Abschluss eines Vertrages Pressepost voraus. Darüber hinaus können auch Zeitungsvertriebsstellen (Buchhandlungen, Kioske), die Presseerzeugnisse gewerbsmäßig vertreiben, Streifbandzeitungen an ihre Kunden versenden.

Diese Sendungsart gilt nur im Inland. Bei kleinauflagigen Titeln mit Laufzeiterwartung E plus 1, sowie Nach- und Probeheftversand kommt die Sendungsart zum Einsatz.

2 Zusätzliche Leistungen

Gegen Zahlung zusätzlicher Entgelte ist als Zusatzleistung die Eilzustellung möglich.

Zusatzleistung „Eilzustellung" ist seit 1.01.1998 nur nach vorheriger schriftlicher Vereinbarung mit der regionalen PrD möglich.

3 Einlieferung

Streifbandzeitungen sind an einer für die Erreichung der Laufzeit geeigneten Stelle einzuliefern. Die vom Vertragspartner gewünschte Einlieferungsstelle ist der zuständigen Organisationseinheit des Vertriebs der Deutsche Post AG mitzuteilen. Bei Vorliegen berechtigter Interessen der Deutsche Post AG kann es eine andere Einlieferungsstelle festlegen.

Streifbandzeitungen sollen leitgerecht zusammengefasst eingeliefert werden, wenn von einer Nummer mehr als 500 Sendungen zur Einlieferung gelangen. Die zuständige Organisationseinheit des Vertriebs der Deutsche Post AG berät den Vertragspartner darüber, für welche Leiteinheiten Bunde ggf. Beutel gefertigt werden sollen und wie diese zu kennzeichnen sind.

4 Auslieferung

Streifbandzeitungen werden wie gewöhnliche Briefsendungen nach den Regeln der AGB Briefdienst Inland an die Empfänger ausgeliefert. Die Regelungen der AGB Briefdienst Inland gelten darüber hinaus für die Nachsendung sowie Rücksendung unzustellbarer Streifbandzeitungen.

5 Vertragswidrige Streifbandzeitungen

Die Deutsche Post AG ist berechtigt, die Annahme von Streifbandzeitungen zu verweigern, die den Versandbedingungen Pressepost nicht entsprechen. Bereits eingelieferte Sendungen können dem Vertragspartner zu Beseitigung der Mängel zurückgegeben werden. Für Streifbandzeitungen, die nicht oder unzureichend freigemacht sind, wird der Fehlbetrag zuzüglich eines Einziehungsentgelts vom Empfänger nacherhoben. Bei vertragswidrigen Sendungen ist die Deutsche Post AG berechtigt, die Sendungen zu befördern und ein Nachentgelt vom Empfänger zu verlangen. Lehnt der Empfänger die Zahlung ab, so gilt dies als Verweigerung der Sendungsannahme. In diesem Fall wird die Sendung an den Vertragspartner zurückgesandt, der dann verpflichtet ist, das Nachentgelt (Leistungsentgelt für die Rücksendung und Einziehungsentgelt) zu zahlen, auch wenn er die Sendung nicht zurücknimmt.

6 Freimachung/Entgelte

Der Vertragspartner ist verpflichtet, jede Sendung vor der Einlieferung freizumachen (Freimachungsarten siehe AGB Briefdienst Inland). Die Höhe des Entgelts ergibt sich aus dem Gewicht der Sendung und der im Entgeltverzeichnis Presse Distribution festgesetzten Entgeltsätze.

7 Versandbedingungen

Inhalt

In einer Streifbandzeitung dürfen Exemplare verschiedener Titel eines Vertragspartners enthalten sein. Für diese Titel muss ein Vertrag Pressepost auf der Grundlage der AGB Presse Distribution vorliegen.

Format

Streifbandzeitungen dürfen das Höchstformat von B4 nicht überschreiten. Rollen sind nicht vertragsgemäß.

Gewicht

Das Höchstgewicht beträgt 1.000 g. Eine Überschreitung ist nicht vertragsgemäß; in diesem Fall wird ein höheres Entgelt berechnet.

Verpackung

Streifbandzeitungen müssen mit einer Umhüllung versehen sein, die den Inhalt vor dem Herausfallen sichert. Als Umhüllung gelten Umschläge sowie Papierbögen, die um das Exemplar gelegt und befestigt sind. Die Papierbögen müssen mindestens die beiden Längskanten auf der gesamten Länge verschließen. Kunststoffumhüllungen sollen nicht verwendet werden.

Zur Aufschrift einer Streifbandzeitung gehören:

Absenderangabe, Freimachung, Sendungsart „Streifbandzeitung", Vertriebskennzeichen und Empfängeranschrift. Zur Aufschrift gehören darüber hinaus Vermerke für die Zusatzleistung, Eilzustellung sowie über eine Vorausverfügung (z.B. „Nicht nachsenden, bitte mit neuer Anschrift zurück"). Sie sind oberhalb der Anschrift anzugeben.

Allgemeine Geschäftsbedingungen der Deutsche Post AG – Presse Distribution International

Für den Versand von Zeitungen und Zeitschriften ins Ausland bietet die Deutsche Post AG GLOBAL MAIL die Sendungsart „Presse und Buch International" an.

Voraussetzung ist ein „Vertrag Pressepost" für den Versand als Postvertriebsstück, Pressesendung oder Streifbandzeitung. Außerdem muss die Zeitung oder Zeitschrift mindestens viermal pro Jahr erscheinen.

Beilagen können grundsätzlich (gemäß den Bestimmungen im Inland) beigefügt werden. Das Höchstgewicht beträgt 2.000 g.

Empfohlen wird eine verschlossene Umhüllung, die zu Prüfzwecken geöffnet werden darf.

Die Aufschriftseite sollte folgende Angaben tragen:

- Absender
- Zeitungskennzahl oberhalb der Anschrift
- Vermerk „Presse und Buch International" oder „Journaux (JX)/press items" bei Tages- oder Wochenzeitungen.

Man kann zwischen drei Beförderungsleistungen wählen:

1. Luftpost
Die Sendungen werden mit dem Vermerk „LUFTPOST – PAR AVION – PRIORITAIRE versehen.

2. Welt Standard (SAL)
Die Sendungen werden ins außereuropäische Ausland in einer Kombination von Luft- und Landversand befördert. Die Sendungen werden mit dem Vermerk „Welt Standard“ und/oder „SAL“ versehen.

3. Europa Land
Ohne die obigen Kennungen werden die Sendungen in Europa und weltweit automatisch auf dem Land-/Seeweg befördert.

Die Sendungen können in den meisten Filialen der Deutschen Post in Behälter oder auf Paletten eingeliefert werden. Je nach Sendungsaufkommen holt die Deutsche Post auch ab.

Für jede Einlieferung ist eine vollständig ausgefüllte Einlieferungsliste nötig.

Man kann zwischen dem Einzeltarif und dem günstigen Kilotarif wählen.

Die Sortierung erfolgt nach Ländergruppe und Beförderungsleistung.

Mehrfachexemplare

Liefert ein Verlag mehrere Exemplare ins Ausland an denselben Empfänger unter derselben Anschrift, dann ist der „M“-Beutel eine gute Versandlösung.

Alternative Zustellung von Presse

Inland

Regionale und lokale Zeitungen werden schon lange über verlagseigene Trägernetze oder Zustellgemeinschaften an Abonnenten per Bote geliefert. Auch überregionale Zeitungen kooperieren bereits mit anderen Verlagshäusern in ausgewählten Regionen.

Mit Blick auf den Fall des Postmonopols Ende 2007 treten bereits jetzt neu gegründete Zustelldienste in den Markt ein. Es wird erwartet, dass sich eine B-Post entwickelt. Die derzeitige regionale Verlagspost entwickelt sich zur bundesweiten Vernetzung. Denkbar ist sogar der bundesweite Zusammenschluss mehrerer konkurrierender Zustelldienstleister. Eigene Briefkästen und Briefmarken sind in der Planung oder schon umgesetzt.

In der Regel werden die Zeitungen unadressiert anhand von Adresslisten zugestellt.

Für die alternative Zustellung von Zeitschriften haben sich ebenfalls Tochterfirmen von Großverlagen gegründet, die adressiert und mit ähnlichem Leistungsspektrum wie die Deutsche Post AG zustellt.

Ausland

Verschiedene ausländische Postgesellschaften bieten den Versand von Zeitungen und Zeitschriften von Deutschland ins Ausland an. Des Weiteren sind nationale Dienstleister (z.B. Presseservice Güll, Lindau oder GPD Global Press Distribution, Mörfelden) auf den Versand von Presse ins Ausland spezialisiert.

Zwei Sendungsformen sind statthaft:

1. ABB-Remailing. Hier werden die Pressesendungen von Land **A** (= Deutschland) nach Land **B** (= z.B. Schweiz) geliefert und in Land **B** zum hiesigen Tarif zugestellt.
2. ABC-Remailing. Die Sendungen werden von Land **A** (= Deutschland) nach Land **B** (z.B. Schweiz) befördert und nach Land **C** (z.B. Brasilien) abgeleitet.

Das ABA-Remailing ist nicht erlaubt. Land **A** (= Deutschland) nach Land **B** (= Schweiz) und wieder zurück nach Land **A** (= Deutschland).

6 Mehr als nur die Welt der bunten Bilder Die Anzeigenabteilung

Kurt Tohermes

Für den Verlag hat das Anzeigengeschäft eine starke wirtschaftliche Bedeutung. Denn neben den Vertriebserlösen sorgen besonders die Erlöse aus dem Anzeigengeschäft für die Unabhängigkeit eines Verlages von äußeren Einflüssen und tragen damit zur Erfüllung seiner publizistischen Aufgaben bei.

Was ist eine Anzeige?

Eine Anzeige ist der bezahlte Raum in einem Printmedium, der zu Werbezwecken dient. Die Veröffentlichung von Anzeigen, Annoncen, Offerten, Inseraten, Schaltungen und Insertionen dient dem Interesse eines Auftraggebers. Mit der Veröffentlichung seiner Anzeige in einer Druckschrift sucht dieser Kontakt zu einer breiten Öffentlichkeit auf internationalen, überregionalen, regionalen oder lokalen Märkten. Die Zeitungen und Zeitschriften bieten den Kommunikationskanal zu ihrer Leserschaft als bezahlte Dienstleistung an. Es gibt jedoch bei Zeitungen und Zeitschriften Ausnahmen, in denen Anzeigen kostenlos veröffentlicht werden. Es handelt sich hierbei fast ausschließlich um Anzeigen mit karitativem oder sozialem Engagement. Es fehlt diesen Anzeigen auch der erwerbswirtschaftliche Charakter. Beispiele dieser Art sind Anzeigen für *Misereor*, *Brot für die Welt*, *Kinderschutzbund*.

Die Anzeige besitzt einige Vorzüge, die andere Werbemittel nicht besitzen:

Kapazität	Sie kann eine nahezu unbegrenzte Menge von Informationen übermitteln, der Werberaum ist nicht begrenzt
Komplexität	Durch Wiederholbarkeit und Raum können vielschichtige Botschaften übermittelt werden
Anmutung/Qualität	Hochwertigkeit der Anzeige durch Farbe und Papier
Kontakt	Hohe Glaubwürdigkeit von Printmedien
Lebensdauer	Ein Werbespot z.B. ist nur für Sekunden präsent, eine Anzeige in Zeitschriften mindestens mehrere Tage
Produktionskosten	Absolut und relativ gering
Schaltungszeitraum	Kurze Vorlaufzeit zwischen Auftrag und Erscheinen
Unabhängigkeit von Ort und Zeit	Der Leser kann z.B. die Zeitschrift, in der sich die Anzeige befindet, lesen wann und wo es ihm beliebt

Die Anzeige erfüllt drei wesentliche Aufgaben:

- Informationsfunktion in Form von amtlichen Bekanntmachungen, kirchlichen Nachrichten/Gottesdienstanzeigen, Bilanzanzeigen, Familienanzeigen
- Werbungsfunktion für alle geschäftlichen Anzeigen
- Vermittlungsfunktion in Form von Bekanntschafts- und Heiratsanzeigen, An- und Verkaufsanzeigen etc.

Bestandteile der Anzeige

Anzeigen beinhalten je nach Zweck und Auftrag verschiedene Bestandteile, die in ihrem Zusammenspiel den Kommunikationsprozess zwischen Leser und Auftraggeber in Gang setzen. Natürlich kommen nicht in jeder Anzeige alle Elemente gleichzeitig vor.

Flyer	Dachzeile über einer Headline
Headline	Größte verwendete Schrift in einer Anzeige
Subheadline	Zwischenüberschrift, Zeile unter der Headline
copy(text)	Text einer Anzeige, auch bodycopy genannt
Eye-Catcher	Blickfang in der Anzeige
Packshot	Produktabbildung
Störer	Schräg in der Anzeige platzierter farbiger Schriftzug, der die eigentliche Tonality (s.u.) der Anzeige stört.
Slogan	Kurzer einprägsamer Satz (langlebig, kontinuierlich – auch Main Claim genannt)
Claim	Kurzer und kurzlebiger Werbesatz. Er wird in der Regel nicht einzeln verwendet und kann sich bei Erfolg beim Publikum zum Slogan entwickeln, wenn er besser memoriert wird als der gewünschte Slogan
Key Visual	Schlüsselreiz des Anzeigenmotives
Consumer Benefit	Nutzen des beworbenen Produktes
Unique Advertising Position (UAP)	Einzigartiges Werbekonzept, nur dieses (meist) austauschbare Produkt macht auf diese Art Werbung
Unique Selling Proposition (USP)	Einzigartiger Produktvorteil, der ein Werbeobjekt im Gegensatz zu seinen Mitbewerbern auszeichnet
Logo(type)	Gleichbleibender, stilisierter Schriftzug eines Unternehmens oder eines Produktes
Signet	Gleichbleibendes Firmen- oder Produktzeichen
Tonality/Flair	Farbabstimmung und Stilgestaltung des Textes, um das Ziel der Anzeige (Copy-Strategie) zu erreichen

Anzeigenarten

Die einzelnen Insertionen können aus verschiedenen Blickwinkeln betrachtet werden. Die Analyse des Anzeigenteils einer Zeitschrift gibt Auskunft über die Struktur der Leserschaft und der Anzeigenkunden.

Anzeigenarten unter dem Gesichtspunkt des Auftraggebers

Geschäftliche Inserenten

- Einzelunternehmen

  Einzelunternehmen suchen die Kommunikation mit den Kunden über die Vorzüge der Anzeige.

- Coop-Anzeige

  Ein Hersteller wirbt mit einem oder mehreren Händler/n gemeinsam für ein Produkt. Diese Anzeigen sollen Kaufinteresse wecken und gleichzeitig einen Quellennachweis liefern (Bsp.: Autohersteller und Händler).

- Kollektivanzeige

  Mehrere Anzeigen werden um einen verbindenden redaktionellen Text (Kollektiv) platziert, z.B. beim Bau eines größeren Gebäudes (Baukollektiv), bei einem Stadtteilfest (geografisches Kollektiv) oder wenn alle Handwerker eines Bereiches gemeinsam werben (Branchenkollektiv). Gemeinsam ist allen Formen des Kollektivs, dass die Unternehmen namentlich erscheinen, in der Regel mit Eigenanzeigen.

- Gemeinschaftsanzeige

  Die klassische Gemeinschaftswerbung geht einen anderen Weg: Hier werben Unternehmen eines Bereiches zusammen, verzichten aber auf Unternehmensprofilierung oder den Markenauftritt ihrer Produkte. Vielfach werden diese Anzeigen von Verbänden geschaltet, um das gemeinsame Marktsegment zu vergrößern oder die Akzeptanz ihrer Produkte zu verbessern (*Blumen, die schönste Sprache der Welt*; *Zucker macht das Leben süß*). Dies bietet sich immer an, wenn die gesamte Produktgruppe unter dem Druck der öffentlichen Meinung steht. In solchen Zeiten macht es wenig Sinn, sich auf Kosten der Mitbewerber zu profilieren. Auch bei Imageproblemen können Unternehmen gut beraten sein, nicht direkt unter ihrem Namen zu werben – nach dem Motto, wer sich verteidigt, klagt sich an. Hier hilft eine neutrale Kampagne eher.

- Verbundanzeige

  Die Idee für Verbundanzeigen kommt aus dem Cross-Marketing. Bei dieser Werbeart schließen sich als Auftraggeber die Hersteller von Komplementärgütern zusammen, die in einer Anzeige mit dem Verbraucher kommunizieren. Komplementarität wird dabei nicht nur im klassischen Sinne der Volkswirtschaftslehre verstanden, vielmehr sind hier alle Produkte gemeint, die praktisch zusammengehören oder psychisch zusammen empfunden werden können. Im modernen Marketing sollte es weniger um den Absatz einzelner isolierter Produkte gehen, sondern um das Anbieten von komplexen Problemlösungen. Nicht mehr hier eine Spülmaschine und dort ein Spülmittel, sondern ein optimales System gegen das Problem „schmutziges Geschirr".

Eigenanzeige des Verlages

Natürlich kann und soll der Verlag auch sein eigenes Medium zur werblichen Kommunikation nutzen. Dies reicht vom Angebot der Leserreise über Aufrufe zur LwL-Aktion bis zur Präsentation anderer Verlagserzeugnisse.

Private Inserenten

Neben den gewerblichen Auftraggebern sind für den Verlag die privaten Anzeigen sehr wichtig. Erstens stellen sie einen interessanten Lesestoff dar, zweitens verdeutlichen gerade sie eine gute Leser-Blatt-Bindung, drittens erhöhen sie den Nutzen der Zeitschrift. Im Unterschied zu den Preislisten für gewerbliche Kunden müssen Tarife für Privatkunden die Umsatzsteuer mit ausweisen, gleichgültig, ob es sich um eine Familienanzeige, ein Stellengesuch oder eine Verkaufsanzeige handelt.

Inhaltliche Differenzierung

Auch nach Art des Inhalts können Anzeigen differenziert werden:

Die Einzelhandelsanzeige oder Konsumanzeige wird mit Spitznamen auch „Schweinebauchanzeige" genannt. Diese Verkaufsanzeigen für Konsumgüter enthalten in der Regel die für den sofortigen Kauf wichtigen Informationen über Produkte, Preisangaben, Bezugsquellen.

Die Herstellerwerbung dagegen konzentriert sich weitgehend auf das Produkt, dessen Image und Vorzüge.

Die Finanzanzeige dient wiederum einem Unternehmen zur Veröffentlichung seiner finanziellen Situation. Für größere Unternehmen gesetzlich vorgeschrieben, wirkt sie heute gleichzeitig als wichtiges Instrument der Öffentlichkeitsarbeit. Deshalb finden sich vielfach auch freiwillige Veröffentlichungen der Unternehmen in Anzeigenform, um z.B. die Aktionäre zu unterrichten (Investor Relations).

Anzeigenarten unter den Gesichtspunkten Gestaltung und Platzierung

Als ungestaltet werden Anzeigen bezeichnet, die im laufenden Fließsatz (Brotschrift) der Satzanlage erscheinen. Auch wenn die ersten drei Buchstaben oder das Suchkriterium fett erscheinen, bleibt dies eine Fließsatzanzeige. Unter gestalteter Anzeige oder Display-Anzeige werden die Insertionen zusammengefasst, bei denen der Kunde Schrift, Schriftgrad, Rand, Bildelement usw. selbst wählt.

- Anzeige allein, unter oder neben Text
- Chiffre-Anzeige

  Anzeige, in der der Inserent nicht namentlich genannt werden will. Die Zuschriften gehen an den Verlag, der sie zum Inserenten weiterleitet.
- Eckanzeige

  Anzeige in einer der Ecken einer Seite.
- Griffecke

  Anzeige auf der ersten Produktseite unten rechts.
- Flexform

  Anzeige, die nicht die klassische Viereckform hat, sondern ein flexibles Format. Beispiele sind hier Anzeigen in Treppen-, Ring- oder L-Form.
- Inselanzeige

  Anzeige, die von allen vier Seiten von Redaktion oder Fließtext umgeben ist.
- Satelliten-Anzeigen

  Inhaltlich zusammenhängende Anzeigen eines Auftraggebers auf einer Seite.
- Stufenanzeige

  Mehrspaltige Anzeige, von Spalte zu Spalte stufenartig höher werdend.
- Textanschließende Anzeige
- Textteil-Anzeige

  Anzeige im redaktionellen Teil, die von mindestens drei Seiten von redaktionellem Text oder einem Foto umgeben ist.
- Titelkopfanzeige

  Anzeige am oder im Titel der Zeitung oder Zeitschrift. Sie wird auch oft Kopfleistenanzeige genannt.
- Umschlagseite
- Testimonialanzeige

  Eine Person (z.B. Frau Antje oder Klementine) spricht einer Ware oder einer Firma ihr Vertrauen aus, sie benutzt das Produkt oder die Dienstleistung der Firma selbst. Die Person ist in der Regel mit Namen und Foto abgebildet. Bei prominenten Personen spricht man von „VIP-Anzeige“ oder „Presentern“.

Anzeigenarten unter technischen Gesichtspunkten

- HiFi-Anzeige

  Da Zeitungsverlage mit Hochdruckanlagen keine gute Druckqualität bei Farbanzeigen garantieren können, werden bei diesem Verfahren einseitig im Tief- oder Offsetdruck bedruckte Papierrollen angeliefert. Diese werden in die Produktion eingefahren und von der anderen Seite bedruckt. Da bei diesem Verfahren das Motiv nicht satzspiegelgetreu gesteuert werden kann, wird ein Endlosmotiv – wie auf einer Tapete – verwendet. Die gestalterische Konsequenz ist ein Motiv, das nicht größer als eine halbe Seite sein darf, wenn es in jedem Exemplar vollständig abgedruckt sein soll. Es erfolgt eine Papierrückvergütung an den Kunden. Diese Anzeigenart ist heute fast ausgestorben. Zeitschriftenverlage definieren high fidelity anders. Bei ihnen bedeutet HiFi erhöhte Farbtreue durch aufwändige Verfahren in der Druckvorstufe und beim Druck (z.B. Hexachrome = Sechsfarbendruck).

- Panorama-Anzeige

  Eine über den Bund gedruckte Anzeige. Der Verlag berechnet dem Kunden für die schwierigen Anpassungsarbeiten meist eine zusätzliche Spalte oder einen prozentualen Aufschlag.

- Aufschlagbare Anzeige

  Die Anzeige geht nicht nur über den Satzspiegel hinaus, sondern auch – meist in der Breite – über das Seitenformat. Der überstehende Teil ist gefalzt und somit ein- und ausklappbar. Eine Sonderform ist die French Door, wo hinter zwei, je nach rechts und links aufklappbaren Seiten eine weitere darunterliegende Anzeigenseite zum Vorschein kommt.

- Flappe

  Bei geklebten Zeitschriften wird vor das Titelblatt ein Werbeträger in der Größe der halben Titelseite eingearbeitet.

- Halbtitel (Half Cover)

  Hierbei wird ein Zeitungsblatt um das Produkt gefalzt. So entsteht ein aufmerksamkeitsstarkes Werbemittel.

- Schatten-Anzeige (Shadow-Anzeige)

  Dabei wird redaktioneller Text mit einem farbigen Raster, einem hellen Vollton oder gar einem 4-c-Photo unterlegt. Hier kann z.B. das Logo eines Unternehmens dargestellt werden. Obwohl gerade mancher Teil der Zeitschrift (z.B. Börsenkurse, Sportteil) optisch dadurch gewinnen würde, wird dieser Anzeigentyp nur von wenigen Verlagen angeboten. Dabei müsste die Shadow-Anzeige eigentlich der Verlegertraum sein: Derselbe Raum wird redaktionell und werblich genutzt.

- Mehrfarb- und Vierfarb-Anzeige
- Anzeigenstrecke

  Mindestens drei Seiten eines Auftraggebers auf aufeinanderfolgenden Seiten. Meist sehr hoch rabattiert.
- Prospekt/Beilage
- Warenproben
- See and write

  Eine Anzeige, die einen Coupon oder eine in der Anzeigenseite integrierte perforierte Postkarte (mind. 150 g/m^2) beinhaltet. Sie soll den Betrachter dazu bewegen, an den Werbetreibenden zu schreiben. Meist werden Gewinne für die Antworten ausgesetzt. Diese Anzeigen sind besonders dazu geeignet, die Werbewirksamkeit zu überprüfen.
- Add-a-Card oder Tip-on-Card

  Auf eine Anzeige geklebte Postkarte. (mind. 150 g/m^2)

Anzeigenverkauf

Innenorganisation

Der Verkauf von Anzeigen wird von den Anzeigenabteilungen der Verlage durchgeführt. Bei größeren Verlagen werden vielfach aus betriebswirtschaftlichen Gründen die Anzeigenabteilungen in selbstständige Tochtergesellschaften ausgegliedert. Die formale Organisation ist aber in der Regel ähnlich.

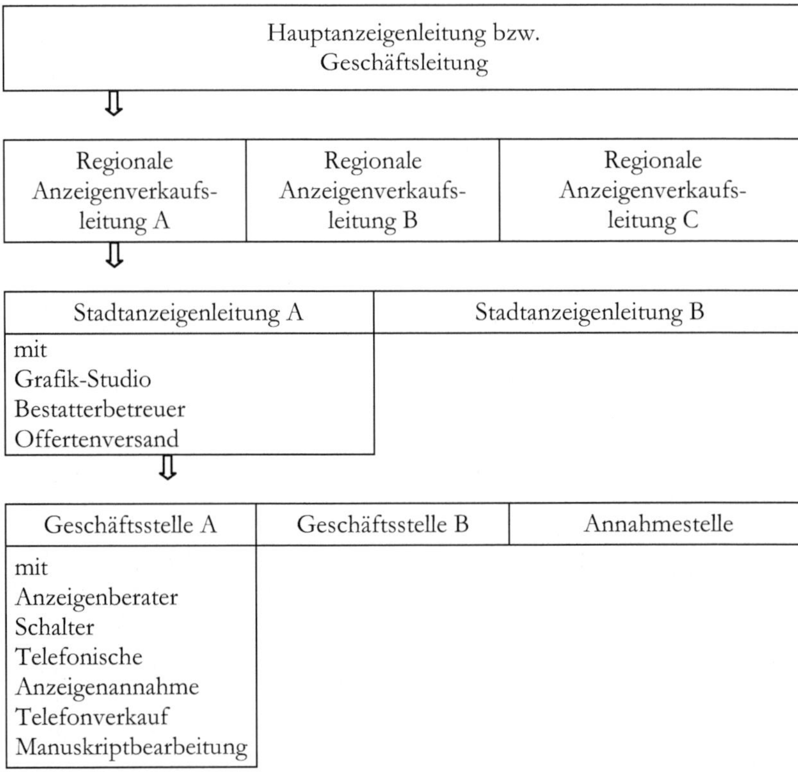

Für die Vermittlung von Anzeigen werden Provisionen gezahlt. Die Höhe der Provision ist nicht in einem festen Prozentsatz zu benennen, sondern richtet sich nach Gegebenheit des zu provisionierenden Auftrages bzw. nach der in einem Gebiet geleisteten Arbeit. In der Praxis finden sich Provisionssätze zwischen 0,7 und 25 %. In der Regel ist das Umsatzvolumen eines bestimmten Gebietes Basis für die Höhe der zu vergütenden Provision. Die Erfahrungswerte bezüglich der Umsatzerzielung stehen weitestgehend im groben Rahmen fest. Der Anzeigenberater kann durch seinen persönlichen Einsatz das Umsatzvolumen in vielen Fällen entscheidend beeinflussen. Ein Anzeigenberater, Verlagsvertreter oder Generalvertreter, der dem Verlag aus einem ihm zugewiesenen Gebiet Aufträge vermittelt, erhält dafür eine vorher vereinbarte Provision. Je nach Auftrag kann es sich hierbei auch um unterschiedliche Provisionshöhen handeln.

Es gibt zwei verschiedene Vertragsverhältnisse:

- Freier Handelsvertreter

  Der Verlag bezahlt eine Provision, aus der der Vertreter alle ihm erwachsenden Kosten selbst trägt, so z.B. Sozial-, Kranken- und Lebensversicherung etc.

- Angestellter Anzeigenberater/Verlagsvertreter

  In diesem Fall setzt sich das monatliche Entgelt aus einem Fixum und einer Provision zusammen. Kosten für die Sozial-, Kranken- und Altersvorsorge werden mit der Provisionsabrechnung einbehalten wie bei einem Verlagsangestellten.

Es ist schwer zu entscheiden, welches Vertragsverhältnis für den Verlag mehr Vorteile bringt. Einerseits stellt der freie Handelsvertreter ein geringeres Fixkostenmoment dar, andererseits kann der Angestellte eine höhere Identifikation mit dem Unternehmen entwickeln und ist außerdem im stärkeren Maße durch die Anzeigenleitung weisungsgebunden.

Außenorganisation

Damit kleinere Verlage im Anzeigengeschäft mit den größeren Medienkonzernen konkurrieren können, schließen sie sich immer häufiger zusammen zu:

- Anzeigenringen
- Tarifgemeinschaften
- Anzeigen-Kooperationen

Sie behalten so ihre wirtschaftliche Eigenständigkeit, ohne auf Synergieeffekte verzichten zu müssen. Damit wird den Anzeigenkunden die Möglichkeit gegeben, ZZ-Objekte flächendeckend zu belegen, ohne mit vielen Mediaunterlagen arbeiten zu müssen. Außerdem erhalten sie einen günstigen Gesamtpreis und die Mediaabrechnung wird erheblich vereinfacht.

Möglichkeiten der Werbung für den Anzeigenvertrieb (Kommunikations-Mix)

Auch der Verkauf von Anzeigen bedarf der Kommunikation mit den Werbetreibenden bzw. ihren Agenturen. Durch welche Kanäle diese Kommunikation betrieben wird, ist verlagsabhängig. Denkbar sind die folgenden:

- Ortsvertreter
- General- oder Verlagsvertreter
- Werbebriefe/Direct Mailing

- Eigenwerbung in Eigen- oder Fremdobjekten
- Informationsveranstaltungen
- Informelle Verlagsveranstaltungen für Mediaplaner in Agenturen, z.B. Bauer Agency Fußball Cup.
- Markt- und Media-Service. Die Bereitstellung von Media-Daten ist ein wesentlicher Punkt in der Kommunikation zwischen Verlag und Agentur. Stets sollten die neuesten Zahlen bereit gehalten werden bzw. auf Wunsch der Kunden kurzfristig zusammengestellt werden können.
- Messen und Ausstellungen
- Anzeigen-Copy-Test: Verfahren zur Ermittlung der Werbewirksamkeit von Anzeigen

Markt- und Mediaforschung

Jeder Verlag, der Anzeigen markorientiert verkaufen möchte, muss es seinen potenziellen Kunden so leicht wie möglich machen, die Medialeistungen der Titel zu finden. Dazu muss die Anzeigenabteilung für sorgen, dass das Objekt in möglichst allen einschlägigen Studien vertreten ist. Wer die Vielzahl der Markt- oder Mediastudien nur für ein „Sammelsurium" hält, wird die Verkaufschancen seiner Titel verschlechtern.

IVW

Die solideste Datenbasis für viele Mediaberechnungen liefert die IVW. Die Informationsgemeinschaft zur Feststellung der Verbreitung von Werbeträgern e.V. (IVW) hat ihren Sitz in Berlin. Zweck der IVW ist es, Klarheit, Wahrheit und Wirtschaftlichkeit in der Werbung zu fördern. Ihre Aufgaben bestehen im Prüfen, Beglaubigen, Informieren und Analysieren von Werbeträgern. Seit 1996 werden die Auflagenmeldungen auch ausgabenbezogen online publiziert, um den Werbetreibenden Auflagenschwankungen noch transparenter zu machen.

Im Printbereich werden die Ergebnisse dieser Arbeit in den wichtigsten Publikationen der IVW dokumentiert:

- Auflagenliste (vierteljährlich)
- Basisliste (jährlich)
- Verbreitungsanalyse (alle zwei Jahre geografisch und nach einzelnen Ausgaben).
- Heftbezogene Auflagen

Die unabhängigen IVW-Prüfer kontrollieren die Verlagsangaben zweimal jährlich.

IVW-Darstellung von Zeitungen:

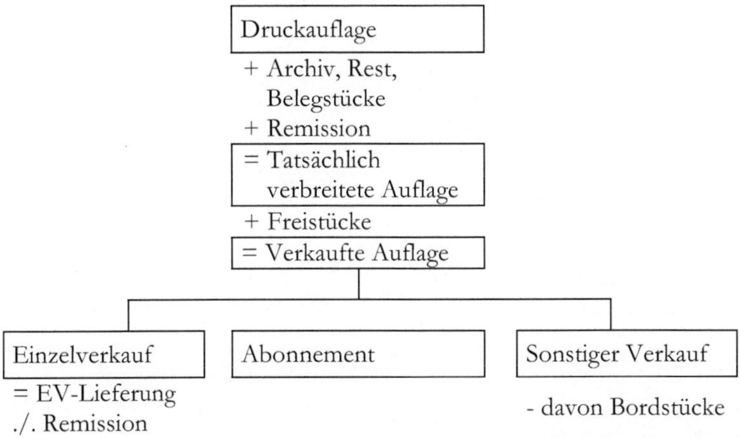

Bei dieser Darstellung werden die Werte von unten nach oben gerechnet. Möglich ist auch eine Rechnung von der Druckauflage nach unten, hier am Beispiel der IVW-Zeitschriftengliederung dargestellt.

IVW-Darstellung von Zeitschriften:

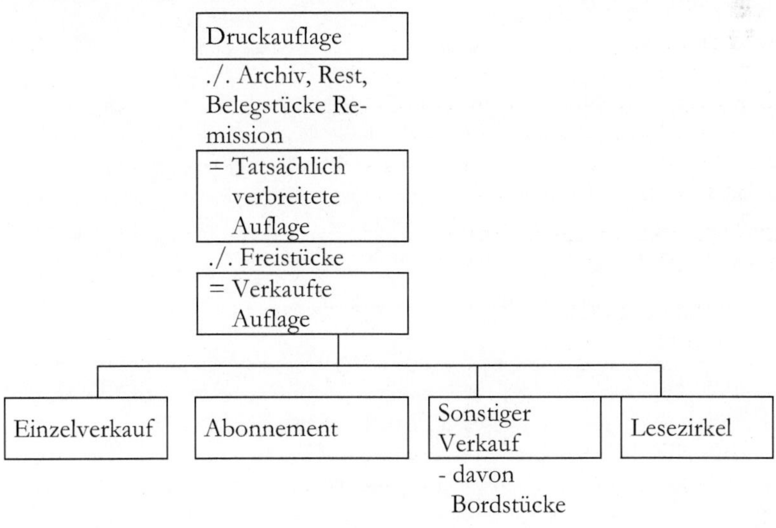

Zur Aboauflage gehören grundsätzlich alle zum Abo-Preis verkauften Exemplare an feste Bezieher, weiter werden hinzugezählt:

- Teilabonnements
- Mitgliederstücke
- Mehrfachlieferungen mit Ermäßigungen von nicht mehr als 25 %
- Studenten- und Schülerabonnements
- WBZ

Zum Einzelverkauf werden die Werte aus folgenden Vertriebswegen addiert:

- Grosso
- BaBu
- Stumme Verkäufer
- Straßenverkauf
- Abendverkauf
- Zustellhändler

Der Sonstige Verkauf umfasst:

- Bordstücke in Flugzeugen, Bussen und Bahnen
- Mehrfachlieferungen mit Ermäßigungen über 25 %

Die LZ-Exemplare werden separat ausgewiesen.

Media-Analyse (MA)

Die MA ist eine von der Arbeitsgemeinschaft Media-Analyse (AG.MA) jährlich durchgeführte Multi-Media-Analyse, deren Ziel die Untersuchung der Leistung von Werbeträgern (Print, Hörfunk, TV, Plakat, Kino) und deren Nutzern ist. Sie ist die wichtigste Datenquelle für die Mediaplanung von Print und Hörfunk. Neben der Mediennutzung werden hauptsächlich soziodemografische Merkmale und Einkaufsgewohnheiten erhoben. Die Daten werden zum einen in Form von Rohdatensätzen bzw. aufgearbeiteten Datensätzen (Basis für die Media-Planung) und zum anderen in Form von gedruckten Berichten zur Verfügung gestellt.

SINUS-Milieu-Modell

Das Milieu-Modell untersucht die deutsche Wohnbevölkerung nach den zwei Hauptvariablen Soziale Lage und Innere Grundorientierung. Beide Variablen werden weiter unterteilt. Dieses Modell kann zum einen den Verlagen in der Produktpolitik helfen, lesergerechte Zeitschriften zu entwickeln, zum anderen auch Anzeigenkunden Aufschluss über ihre Konsumenten geben.

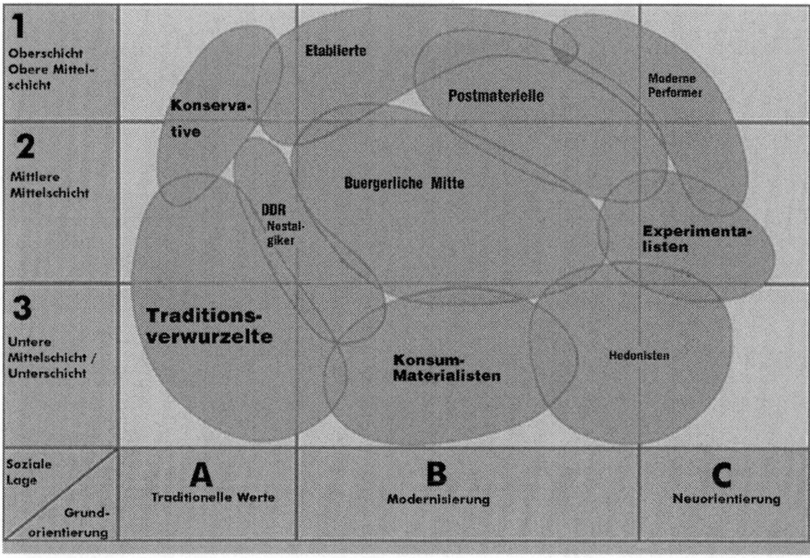

TdWI Typologie der Wünsche Intermedia

Die TdWI ist eine intermediale (Print, Funk und Fernsehen) Markt-Media-Analyse des Burda Verlages. Neben quantitativen Media- und Konsumdaten werden in dieser jährlichen Verbraucherumfrage auch psychografische Daten über die Einstellung des Befragten erhoben. Die TdWI ist eine Intermedia-Studie, die neben der Darstellung von demographischen Gruppen und Reichweiten in Bezug auf Produkinformationsinteressen und anderen Konsumdaten auch einen Vergleich der Medien untereinander zulässt.

LAE Leseranalyse Entscheidungsträger

Eine reine Leseranalyse ist diese vom Gesamtverband Werbeagenturen (GWA) herausgegebene Untersuchung der über 1 Million Entscheidungsträger in Wirtschaft und Verwaltung. Hierunter werden gefasst:

- Selbstständige ab fünf Beschäftigten
- Freiberuflich Tätige mit Arbeitgeberfunktion
- Höhere Angestellte
- Höhere Beamte

Untersuchungsgegenstand ist das Informationsverhalten dieser Premium-Zielgruppe und die Reichweite ausgewählter Zeitungen und Zeitschriften hierin. Weiterhin wird der Einflussgrad der Zielgruppe in wichtigen Entscheidungsbereichen ihres Tätigkeitsfeldes untersucht, aber auch deren privater Konsum von Gütern des gehobenen Bedarfs.

Die Untersuchung beschränkt sich bewusst auf eine kleinere Anzahl von Medien:

Zeitschriften

Börse Online, brand eins, Capital, Creditreform, €uro, Focus, Focus Money, Geldidee, Der Handel, Handwerk Magazin, Impulse, Karriere, manager magazin, Markt und Mittelstand, Der Spiegel, Stern, WirtschaftsWoche

Zeitungen

Euro am Sonntag, Financial Times Deutschland, Frankfurter Allgemeine Zeitung, Frankfurter Rundschau, Handelsblatt, Süddeutsche Zeitung, VDI nachrichten, Die Welt, Welt am Sonntag, DIE ZEIT

Die Ergebnisse werden als Tabellenband und Datenträger veröffentlicht.

AWA Allensbacher Werbeträgeranalyse

Die AWA ist eine kombinierte Werbeträger-Analyse/Marktanalyse, die vom Institut für Demoskopie Allensbach jährlich herausgegeben wird. Als Grundgesamtheit untersucht sie Personen ab 14 Jahre, deutsche Wohnbevölkerung in Privathaushalten in der Bundesrepublik. Rund 20.000 Personen werden mit einer Quota-Stichprobe untersucht im Hinblick auf:

- Reichweiten und Rezipientenstrukturen von klassischen Werbeträgern
- Besitz- und Konsumdaten von rund 500 Märkten
- Psychologische Merkmale
- Interessengebiete

Die Ergebnisse der untersuchten Medien Publikumszeitschriften, regionale und überregionale Zeitungen, Werbefernsehen, Werbefunk und Kino werden in sieben Bänden oder auf Datenträger veröffentlicht.

AMF-Karten

Wenn ein Titel zu klein ist, um Gegenstand einer aufwändigen Marktforschung zu werden, bleibt die Möglichkeit, wenigsten die Mediaunterlagen einheitlich zu gliedern, um den Kunden das Handling zu erleichtern. Dies geschieht bei Fachzeitschriften durch einheitliche Struktur der Mediainformationen. Die Karten 1

und 2 enthalten die beschreibenden Merkmale einer Fachzeitschrift, während Karte 3 die Empfängerstrukturen aufzeigt.

Copy-Test

Neben Mediaangaben zum Werbeträger ist es für jeden Werbetreibenden wichtig, für seine konkreten Schaltungen eine Kontrolle der Aufmerksamkeits- und Kommunikationsleistung zu erhalten. Viele Zeitschriften und Zeitungen bieten deshalb von Zeit zu Zeit ihren Kunden den Service an, Anzeigen auf ihre Erinnerungsfähigkeit (Recall) hin zu prüfen. In diesen sogenannten Copy-Tests wird einer Stichprobe von Leserinnen und Lesern ein Exemplar zum Durchblättern gegeben. Anschließend werden die Teilnehmer gefragt, an welche Anzeigen und Texte mit welchen Bestandteilen sie sich erinnern. Der Copy-Test liefert so Daten für das Anzeigen- und das Redaktionsmarketing.

Dieses Verfahren zur Ermittlung der Werbewirksamkeit von Anzeigen wird im TZ-Bereich häufig um Einkaufsstatistiken ergänzt, die die Kaufkraft und das Einkaufsverhalten dokumentieren. Schwieriger ist es, genau zu selektieren, welche Wirkung (Response) die Anzeige hervorgerufen hat. Couponanzeigen oder Anzeigen mit Aufforderung zum Telefonkontakt (Direct-Response) sind die einfachsten Lösungen. Besteht das Kommunikationsziel allerdings beispielsweise in einer Imageverbesserung, kann die Werbeerfolgskontrolle seriös nur von Marktforschungsinstituten durchgeführt werden.

Wege einer Anzeige vom Inserenten zum Verlag

Der eigentliche Anzeigenauftrag kann auf verschiedenen Wegen zur Ausführung gelangen:

- Agenturen

  Verlage, die stark im nationalen Anzeigengeschäft arbeiten, richten in Großstädten eigene Verlagsagenturen ein, die die dort ansässigen Werbetreibenden und Werbeagenturen betreuen.

- Annahmestellen

  Diese sind hauptsächlich bei Tageszeitungen anzutreffen. In Großstädten und ländlichen Gebieten kann der Weg für private Inserenten und kleinere Gewerbetreibende zur nächsten Geschäftsstelle weit sein. Deshalb können hier Kioske oder Lotto-Annahmestellen auch als Annahmestellen für Anzeigen fungieren.

- Anzeigenschalter in Geschäftsstellen

  Lokale und regionale Tageszeitungen haben in ihrem Verbreitungsgebiet Geschäftsstellen, die neben vertrieblichen Aufgaben auch den Anzeigenverkauf betreuen. Das Schaltergeschäft hat als Schwerpunkt die privaten Anzeigenkunden. In einigen Fällen ist die Geschäftsstelle aber auch Sitz der Anzeigenvertreter.

- Bädervertreter

  Die meisten Tageszeitungen, aber auch einige Zeitschriften veröffentlichen einen umfangreichen Reise- und Touristikteil. Bestimmte zusammenhängende Feriengebiete (z.B. Harz, Ostfriesische Inseln) werden von einem Mitarbeiter betreut, der die Hotels, Pensionen, Campingplätze, Freizeitparks und Gastronomen im Hinblick auf Insertionen berät.

- Bestatterbetreuer

  Ein hoher Anteil Familienanzeigen ist immer ein sicheres Zeichen für eine gute Leser-Blatt-Bindung. Wie Copy-Tests ergeben haben, gehören sie auch zu den besonders häufig genutzten Teilen der Objekte. Deshalb müssen sich Verlage intensiv um diese Art der Anzeigen bemühen. Da Todesanzeigen (privat) und Nachrufe (gewerblich) in der Regel von den Bestattern abgewickelt werden, werden diese meist durch besonders geschulte Berater betreut, die verlagsintern manchmal wenig respektvoll als „Kistenwillis" bezeichnet werden. Die Bestatter erhalten in der Regel eine hohe AE-Provision für ihre Arbeit.

- Coupon

  Ein praktikabler Weg zum Verlag ist der Abdruck eines Coupons, der dem Inserenten die Arbeit erleichtert und ihn zudem den Preis der Anzeige schon im Voraus selbst ausrechnen lässt.

- Media-Agenturen

  Da die Erstellung von Mediaplänen umfangreiche Kenntnisse und kostspielige Ausstattung mit Hard- und Software verlangt, wenden sich Werbetreibende oder Agenturen, die sich auf die Kreation von Werbemitteln spezialisiert haben (Kreativ-Agenturen), an Spezialdienstleister. Diese Media-Agenturen sind nicht immer unabhängig, sondern oft Töchter von Netzwerkagenturen, die ihre Media-Abteilungen ausgegliedert haben. Ohne Daten in den großen Media-Untersuchungen kann ein Verlag nur schwerlich erwarten, im Anzeigenbereich berücksichtigt zu werden.

- Ortsvertreter/Verlagsvertreter

  Das tägliche Anzeigengeschäft einer lokalen oder regionalen Tageszeitung wird in ihrem Verbreitungsgebiet von Damen und Herren betrieben, die als

Anzeigenberater bezeichnet werden. Von ihren Fähigkeiten menschlicher und fachlicher Art hängt in hohem Maße der Erfolg des örtlichen Anzeigenaufkommens ab.

- Telefon, Telefax, E-Mail, ISDN, FTP

  Die telefonische Anzeigenannahme ist ein traditionell kundenfreundlicher Weg, Anzeigen entgegenzunehmen. Um Missbrauch auszuschließen, werden vom Verlag auf diesem Wege keine Todes- oder Vermählungsanzeigen sowie sonstige Anzeigen sensibler Art angenommen. Ähnliches gilt für Fax und E-Mail.

  E-Mail-Anhänge eignen sich aufgrund der langsamen und relativ unsicheren Übermittlung nur für kleinere Datenmengen.

  Bei ISDN-Übermittlung schickt der Inserent die Druckdaten auf einen Rechner des Verlages und hat damit das Übermittlungsrisiko.

  Eine Risikoumkehr erfolgt mit FTP-Servern. Hierbei legen Agenturen ihre Anzeigen zum Abruf auf ihrem Server ab. Der Verlag erhält eine Benachrichtigung und ein Passwort, mit denen er sich die Druckdaten herunterladen muss/kann.

- Werbeagenturen (Full-Service-Agenturen)

  Die klassische Werbeagentur, die ihren Kunden den kompletten Service von der Kreation bis zur Abrechnung anbietet, arbeitet in ihrer Media-Abteilung die Streupläne aus. Diese werden entweder direkt mit dem Verlag oder dessen Repräsentanten abgestimmt.

Gründe für die Ablehnung von Anzeigen

Natürlich ist es die Hauptaufgabe von Anzeigenabteilungen, Anzeigen zu veröffentlichen und nicht, abzulehnen. Trotzdem kann es vorkommen, dass Zeitschriften oder Zeitungen sich gezwungen sehen, bestimmte Inserate abzulehnen. Der Anzeigenleiter trägt stellvertretend für den Verleger sowohl zivilrechtlich als auch strafrechtlich die Verantwortung für die in seinem Verlagsobjekt erschienenen Anzeigen, Fremdbeilagen bzw. Verlagsbeilagen (AGB PP: Beilagen ohne oder gegen Gebühr). Da er jedoch nicht das Anzeigengeschäft allein betreibt, geht die Verantwortung für eine ordnungsgemäße Abwicklung des Anzeigengeschäftes in eingeschränkter Form auch auf die Mitarbeiter über. Jedoch bleibt die Entscheidung darüber, ob eine Anzeige veröffentlicht wird oder nicht, letztlich beim Anzeigenleiter, auch dann, wenn sie von einem Mitarbeiter schon angenommen wurde. Es geht hierbei um die Abwägung der Interessen von Verlag, Inserenten und Lesern.

Rechtliche Gründe (StGB, OWiG, UWG, HGB)

Die Anzeige enthält beispielsweise ungesetzliche Inhalte wie Aufforderungen zum Rassenhass o.ä., die ein Strafverfahren nach sich ziehen. Ein solcher Auftrag darf nicht ausgeführt werden.

Hausinterne Gründe

Grundsätzlich gehören alle Verlage zu den Tendenzbetrieben, da alle Medienunternehmen eine bestimmte politische, weltanschauliche oder konfessionelle Orientierung vermitteln. Deshalb darf ein Verlag Anzeigen ablehnen, um sich nicht selbst zu schädigen. So würde z.B. ein Titel, dessen Leserschaft sich schwerpunktmäßig der bürgerlichen Demokratie verbunden fühlt, mit Sicherheit Verluste im Abo-Geschäft und Anzeigenbereich machen, wenn er gezwungen wäre, Inserate rechtsradikaler Gruppen aufzunehmen. Auch würde daraus ein langfristiger Imageschaden entstehen. Deshalb gibt es im Anzeigenbereich keinen Kontrahierungszwang (d.h. Zwang, alle Anzeigen zu veröffentlichen).

Technische Probleme

Erfüllen Druckunterlagen nicht die technischen Voraussetzungen zur Reproduktion (z.B. falsches Raster), kann die Anzeige nicht veröffentlicht werden.

Kaufmännische Erwägungen

Weist ein Kunde mangelnde Bonität auf, sodass der Verlag seinen Umsatz mit hoher Wahrscheinlichkeit nicht realisieren kann, wird die Anzeige nicht veröffentlicht.

Anzeigenpreisliste (Media-Daten, Anzeigentarife)

Um die Anzeigenpreisliste vergleichbar zu machen, hat der ZAW Gliederungsvorschläge gemacht:

Inhalte einer Anzeigenpreisliste

- Titel des Objektes
- Tarifnummer und Gültigkeit
- Erscheinungsort (Nielsen-Gebiet)
- IVW-Zugehörigkeit
- Tarife
- Grundpreis
- Preis für Ortskunden

- Abweichende Preise
- Mal- und Mengenstaffel
- Erweiterte Mengenstaffel/Bonusstaffel
- Aufschläge
- Verbreitungsgebiet, nach Möglichkeit mit Landkarten
- Verlagsanschrift einschließlich aller wichtigen Daten wie Telefon, Telefax, E-Mail, Bankverbindungen etc.
- Anzeigenschluss/Rücktrittstermin
- Belegungsformen
- Druckverfahren/Raster/Druckunterlagen
- Allgemeine Geschäftsbedingungen
- Zusätzliche Geschäftsbedingungen des Verlages

Anzeigen-Preise

- Anzeigen-Millimeterpreis

  Dieser bezieht sich auf 1 mm Höhe in einer Spalte. Bei den meisten Tageszeitungen und vielen Zeitschriften ist die Spaltenbreite einheitlich auf 45 mm = 10 Cicero = 120 Punkt festgelegt.

- Text-Millimeterpreis

  Ist eine Anzeige im Textteil auf drei Seiten von redaktionellen Beiträgen (dazu gehören auch Fotos) umgeben, wird sie wegen des höheren Aufmerksamkeitswertes und den oftmals breiteren Textspalten bei Zeitungen zu einem höheren Text-Millimeterpreis abgerechnet.

- Preis für Ortskunden

  Regional verbreitete Zeitungen gewähren ihren Kunden aus dem Verbreitungsgebiet günstigere Preise, wenn sie sich direkt, d.h. ohne Agentur, an den Verlag wenden.

- Ermäßigter Preis für Klein- und Familienanzeigen

  Privatanzeigen haben bei fast allen Titeln stark ermäßigte Preise. Im Vordergrund steht hierbei eher die Leser-Blatt-Bindung als die Optimierung der Anzeigenerlöse.

Zuschläge

- Farbzuschläge
- Platzierungszuschlag

Die Zuschläge für favorisierte Platzierungen, z.B. auf Titel- oder Umschlagseiten (U1 bis U4), werden bei zahlreichen Objekten erhoben.

- Teilbelegung und Anzeigensplitting

  National verbreitete Zeitschriften gewähren ihren Anzeigenkunden manchmal die Möglichkeit des Splittings. Innerhalb einer Ausgabe erscheinen zwei verschiedene Anzeigen desselben Kunden. Angeboten werden zwei Möglichkeiten:

a) Motivsplitt (zwei verschiedene Motive erscheinen jeweils in der Hälfte der Auflage gleichmäßig verteilt).

b) Regionalsplit oder geographischer Split (in unterschiedlichen Gebieten erscheinen verschiedene Anzeigenmotive). Hier werden von den Verlagen meist die Nielsen-Gebiete als Einheiten angeboten, die bei vielen Titeln auch als sogenannte Teilbelegungen einzeln gebucht werden können.

   Der Mehraufwand für Bearbeitung und Technik führt zu einem höheren Preis des Inserats.

- Zuschläge für technische Leistungen (Druck über Bund, Anschnitt)
- Umrechnungsfaktor 1

  Der Umrechnungsfaktor tritt in der Praxis unter zwei Bedingungen auf: Er gilt für Anzeigen im Textteil, die aber nicht von drei Seiten mit redaktionellen Beiträgen umgeben sind. Deshalb kann hier nicht zum Textteil-mm-Preis abgerechnet werden. Dazu kommt, dass bei einigen Zeitungen die Zahl der Textspalten von denen der Anzeigenspalten abweicht. Wenn die Anzeigenpreisliste keinen Umrechnungsfaktor enthält, wird er mit der untenstehenden Formel ermittelt:

$$\text{Umrechnungsfaktor 1} = \frac{\text{Anzahl der Anzeigenspalten}}{\text{Anzahl der Textspalten}}$$

Nachlässe, Rabatte, Provisionen

- Ausgaben-Nachlass

  Hat eine Zeitschrift mehrere regionale Ausgaben, so wird ein Nachlass für die Belegung mehrerer Ausgaben gewährt.

- Bonus

  Am Ende des Abschlussjahres wird Großkunden eine Vergünstigung eingeräumt.

- Erweiterte Mengenstaffel

  Für Großkunden, die weit über die letzte Stufe der Mengenstaffel hinausgehen, wird von einigen Verlagen eine entsprechende Staffel angeboten. Meist Alternative zum Bonussystem.

- Kombinationsrabatt

  Hat ein Verlag mehrere Titel, so wird bei deren Belegung ein Rabatt gewährt.

- Konzernrabatt

  Ist ein Unternehmen in mehrere kleinere zerlegt worden, so werden die Anzeigenaufträge aller Töchter des gesamten Konzerns (z.B. Holding) zur Ermittlung der Mal- oder Mengenstaffel herangezogen.

- Mal- und Mengenrabatt

  Die Malstaffel soll eine hohe Schaltungsfrequenz unabhängig von der Anzeigengröße rabattieren und so besonders Anbietern mit kleineren Schaltungen einen Anreiz geben. Die Mengenstaffel hingegen richtet sich ausschließlich nach der Menge der gekauften Millimeter oder Seiten. Besteht die Wahl zwischen beiden, muss stets der für den Kunden günstigste Rabatt herangezogen werden.

  Voraussetzung für die Gewährung der o.g. Rabatte von der ersten Anzeige an ist ein Anzeigenabschluss. Dies ist die Verpflichtung des Kunden, innerhalb einer bestimmten Zeit (meist ein Jahr) eine bestimmte Anzahl oder eine bestimmte Menge an Anzeigenraum abzunehmen. Als Gegenleistung gewähren viele Verlage den Abschlusskunden bei Preiserhöhungen eine Karenzzeit (bis zu drei Monate), in der noch der alte Anzeigenpreis gilt.

  Ist ein Abschluss getätigt worden und der Kunde schaltet Anzeigen im Textteil, so werden diese mit dem Faktor zur Abschlusserfüllung und zur Rabattermittlung angerechnet, um der der Text-mm teurer ist.

$$\text{Umrechnungsfaktor 2} = \frac{\text{Preis des Text-mm}}{\text{Preis des Anzeigen-mm}}$$

Beispiel: Kostet ein Text-mm 12,- EUR und ein Anzeigen-mm 4,- EUR (Umrechnungsfaktor 2 = 3), so werden 25 Textteil-Anzeigen 4 Spalten /200m = 25 x 4 x 200 = 20.000 mm für die Rabattermittlung wie 60.000 mm gerechnet. Grund ist der dreifach höhere Umsatz, den der Verlag mit den Textteil-Anzeigen macht.

- Skonto
- Wiederholungsnachlass

- AE-Provision
  Vermittlungsgebühr/Agenturprovision (selten abgedruckt)

Druckunterlagen

- Anzeigenmanuskript
- Auto-Strich (kombiniert)
- Anzeigendatei auf Datenträger oder per ISDN
- Dias oder Fotos
- Lithofilme (Positiv- bzw. Negativfilm)
- Reinzeichnung
- Repro

Preislistentreue

Eine wesentliche Voraussetzung für die Abwicklung eines ordnungsgemäßen Anzeigengeschäfts ist die Einhaltung der in der Preisliste ausgewiesenen Preise und Rabatte. Dies läuft unter der Bezeichnung Preislistentreue. Es soll erreicht werden, dass für vergleichbare Anzeigen-Dispositionen verschiedener Inserenten gleiche Preis- und Rabattkonditionen angewendet werden; denn für ein ordnungsgemäßes Anzeigengeschäft ist die Gleichbehandlung aller Kunden unabdingbar. Ausgeschlossen ist dadurch nicht die Ausnutzung aller sich aus der Preisliste ergebenden Varianten der Preis- und Rabattgestaltung. Hier steckt das Rabattgesetz den Rahmen ab. Die Vergangenheit hat gezeigt, dass unangemessene Sonderkonditionen nicht mehr zurückgenommen werden können. Der Kunde sagt: „Was gestern ging, geht auch heute und morgen!" Damit sind die Weichen gestellt, die schnell zur Unglaubwürdigkeit der Verlage und zur Erpressbarkeit der Anzeigenleitung führen können.

Preisdruck auf und von Werbeagenturen

Bei den Verlagen, die hauptsächlich auf dem Sektor der Publikums- und Fachzeitschriften tätig sind, wird das Anzeigengeschäft sehr stark von Agenturaufträgen geprägt. Je nach Marktstellung des Verlages und seiner Objekte kommt es dabei immer wieder zu einem Preisdruck seitens der Agenturen. Auch Kunden drängen manchmal ihre Agenturen, einen Teil der AE-Provision an sie abzutreten und fordern damit zugleich ein Abweichen von der Preislistentreue, das das gesamte Anzeigengeschäft nachhaltig beeinträchtigt. Insgesamt sollte dem Wunsch nach freier Preisverhandlung nicht stattgegeben werden, weil dadurch der Gleichheitsgrundsatz leidet. Sicherlich wird sich das Anzeigengeschäft in den nächsten Jahren stark verändern, doch sollten stets die mit einer Abweichung von der bisherigen Norm verbundenen Risiken bedacht werden.

Anzeigenpreisberechnung

Um einen konkreten Anzeigenauftrag durchzurechnen, bedient man sich des folgenden Grundmusters. Die Begriffe in den Klammern sind Synonyme. Ein solches Abrechnungsschema kann leicht mit einem Tabellenkalkulations- oder Datenbankprogramm „nachgestrickt" werden.

Rechnung an den Kunden

Grundpreis (Tarifbrutto, Kundenbrutto)
./. Rabatte
= Kundennetto (Tarifnetto)
+ gesetzl. MwSt.
= Kundennetto inkl. MwSt.
./. 2 % Skonto
= Kundenüberweisung

Rechnung an die Agentur

Grundpreis (Tarifbrutto, Kundenbrutto)
./. Rabatte
= Agenturbrutto (Kundennetto)
./. 15 % AE-Provision
= Agenturnetto
+ gesetzl. MwSt.
= Agenturnetto inkl. MwSt.
./. 2 % Skonto
= Agenturüberweisung

Folgendes Beispiel soll dieses Schema mit Leben füllen:

Sechs Einschaltungen in einer Tageszeitung mit der Größe 1/1 Seite und der Zusatzfarbe Gelb aus der Euroskala stehen an. Es sollen die Überweisungsbeträge des Kunden und der Agentur berechnet werden. In den Mediaunterlagen der Zeitung finden sich folgende Angaben:

Preis für 1/1 Seite s/w = 12.000,00 EUR für 1/4 Seite s/w = 3.500,00 EUR

Zuschläge (rabattfähig)

je Skalenfarbe 1.000,00 EUR, je Sonderfarbe außerhalb der Euroskala 2.000,00 EUR.

Anschnitt und Bunddurchdruck jeweils 10 % auf den Grundpreis.

Nachlässe:

3 Seiten:	6 Seiten:	8 Seiten:	10 Seiten:
5 %	10 %	15 %	20 %

Die Rechnung an den Kunden entsteht durch folgende Rechenschritte:

6-mal Grundpreis 1/1 Seite	6 x 12.000,00 €
6-mal Farbzuschlag	+ 6 x 1.000,00 €
Tarifbrutto =	78.000,00 €
./. Rabatt (10 %)	7.800,00 €
Kundennetto =	70.200,00 €
+ gesetzl. MwSt. (16 %)	11.232,00 €
Kundennetto inkl. MwSt. =	81.432,00 €
./. 2 % Skonto	1.628,64 €
Kundenüberweisung =	79.803,36 €

In der täglichen Praxis beim Kunden empfiehlt sich zur schnellen und sicheren Errechnung am Taschenrechner das Arbeiten mit Faktoren. So kann z.B. ein Abzug von 10 % durch die Multiplikation mit 0,9 errechnet werden. Die 16 %-ige MwSt. wird durch den Faktor 1,16 eingerechnet; der 2 %-ige Skontoabzug geschieht durch die Multiplikation mit 0,98. Obige Rechnung lässt sich so mit dem Taschenrechner ab Tarifbrutto wie folgt errechnen:

78.000,00 € x 0,9 x 1,16 x 0,98 = 79.803,36 €

Diese Rechenweise beantwortet auch die oft gestellte Frage nach der Reihenfolge der Rechenoperationen. Nach dem Vertauschungsgesetz ist das Endergebnis immer gleich, egal, ob zuerst die MwSt., dann der Rabatt, dann das Skonto und zum Schluss der Anschnitt berücksichtigt wird. Für programmierte Prüfungen, wo nur das Endergebnis gesucht wird, brauchen kaufmännische Gesichtspunkte nicht berücksichtigt werden. In der Praxis (und in nicht programmierten Prüfungen) ist es jedoch wichtig, die obige Reihenfolge einzuhalten, da sonst sämtliche Zwischenergebnisse falsch werden. Für die spätere Verbuchung des Auftrags muss man sich noch vergegenwärtigen, dass das obige Schema ein Bruttoskonto ergibt, welches entsprechende Korrekturbuchungen nach sich zieht.

Agenturrechnung:

6-mal Grundpreis 1/1 Seite	6 x 12.000,00 €
6-mal Farbzuschlag	+ 6 x 1.000,00 €
Tarifbrutto	=78.0000,00 €
./. Rabatt (10 %)	7.800,00 €
Agenturbrutto =	70.200,00 €
./. 15 % AE-Provision	10.530,00 €
= Agenturnetto	59.670,00 €
+ gesetzl. MwSt. (16 %)	9.547,20 €
Agenturnetto inkl. MwSt. =	69.217,20 €
./. 2 % Skonto	1.384,34 €
Agenturüberweisung =	67.832,86 €

Auch hier die Faktorenreihe zur schnellen Berechnung:

78.000,00 € x 0,9 x 0,85 x 1,16 x 0,98 = 67.832,86 €

Werden beide Berechnungen verlangt, so empfiehlt sich nach Abschluss eine einfache Überprüfung. Die Faktorenreihen zeigen, dass lediglich die 15 % AE-Provision (= 0,85) beide Rechnungen unterscheidet. Also muss das Ergebnis der Kundenrechnung minus 15 % die Summe der Agenturrechnung ergeben. In diesem Falle:

79.803,36 € x 0,85 (oder minus 15 %) = 67.832,86 €

7 Media-Planung – Wer die Wahl hat, braucht den Plan

Kurt Tobermes und Holger Knapp

Media-Planung hat die Aufgabe, für die optimale Erreichung eines Kommunikationsziels die geeignetsten Werbeträger auszuwählen. Hierbei muss bedacht werden, dass die Kommunikationsziele relativ spät im hierarchischen Marketingprozess festgelegt werden.

Zunächst legt ein Unternehmen seine Unternehmensziele fest, dann seine Marketingziele und erst dann seine Kommunikationsziele. Es ist wichtig, dies herauszustellen, wenn z.B. enttäuschte Anzeigenkunden klagen, „ihre Anzeige habe nichts gebracht“ und damit meinen, der Verkauf habe sich nicht erhöht. Die Steigerung der Verkaufszahlen ist aber ein Marketingziel. Eine Anzeige kann zunächst einmal direkt nur Werbeziele erfüllen.

Sie kann z.B.:

- den Bekanntheitsgrad steigern
- die Akzeptanz für ein Produkt erhöhen
- ein Image aufbauen bzw. verändern
- ein Produkt gegenüber anderen profilieren
- Interesse für eine Dienstleistung wecken
- Kaufreue vorbeugen
- Markenbewusstsein aufbauen

Um als Printobjekt in den Mediaplan eines Werbetreibenden zu gelangen, muss die Medialeistung des Printobjekts zwei Prüfungen standhalten. Zunächst muss sich die Gattung Zeitschrift und Zeitung gegen andere Medien behaupten (Inter-Medien-Vergleich), dann, in einem zweiten Schritt, muss sich ein konkretes Objekt gegen seine Mitbewerber am Printmarkt durchsetzen (Intra-Medien-Vergleich).

Inter-Media-Vergleich

Der Werbemarkt ist weltweit sehr umkämpft. Die verschiedenen Mediengattungen stehen im direkten Konkurrenzkampf. Dabei zeigt sich seit einigen Jahren, dass die Printmedien nur bedingt in der Lage waren, ihre Kommunikationsleistung der werbenden Wirtschaft deutlich zu machen. Bevor festgelegt werden kann, zu Gunsten welcher Zeitschrift die Entscheidung fällt, muss die Agentur sich dazu durchringen, überhaupt Printprodukte in die Planung mit einzubeziehen. Dabei sind häufig Variablen zu berücksichtigen, die sich einer strengen mathematischen Bewertung entziehen:

- Nutzungssituation
- Funktion für die Nutzer
- Inhaltliches (redaktionelles Umfeld)
- Datenquellen
- Marktleistung
- Zielgruppenselektion
- Zeitlicher Einsatz
- Verfügbarkeit
- Wirtschaftlichkeit (TKP)
- Produktionskosten des Werbemittels
- Bedeutung des Mediums im Media-Mix

Computerprogramme sind deshalb an dieser Stelle nur bedingt einsetzbar. Selbst ein scheinbar sicherer Wert wie der Tausender-Kontakt-Preis bleibt hier umstritten.

$$\text{Tausenderkontaktpreis} = \text{TKP} = \frac{\text{Preis des Werbemittel x 1.000}}{\text{Kontakte}}$$

Denn welche Preise sollen hier verglichen werden? Meist werden folgende Setzungen in ihrer Wirkung als gleichwertig angesehen, was aber je nach methodischen Ansatz fraglich bleibt.

Zeitungen: Preis für 1/4 Seite s/w oder: 4 Spalten 250 mm 4c
Zeitschriften: Preis 1/1 Seite 4c
Fernsehen: Preis für 30 Sek. Spot

Hier muss eine ständige Kommunikation mit den Werbetreibenden die Vorteile von Print verdeutlichen.

Intra-Media-Vergleich

Hat sich die Werbeagentur oder das werbende Unternehmen in der Werbekonzeption für Print als geeignete Mediengattung entschieden, so wird im Intra-Media-Vergleich der konkrete Werbeträger ermittelt. Drei Kriterien muss eine Zeitschrift erfüllen, wenn sie ein erfolgreicher Werbeträger am Markt sein will: Sie muss viele Menschen erreichen (Reichweite), diese Menschen müssen der Zielgruppe des Werbetreibenden entsprechen (Affinität), und dazu soll die Schaltung auch noch wirtschaftlich sein (Vergleichspreis). Die Aufgabe der Intra-Media-Selektion wird in der Regel mit Programmen wie MDS (Media-Dialog-System), GTI (Graphisches Tageszeitungsinsertionsprogramm) oder Regio-MDS bewältigt. In ihnen werden normalerweise große Markt-Mediauntersuchungen (VA, MA) als Datenbanken hinterlegt.

Ein Beispiel soll den Planungsvorgang verdeutlichen. Ein Unternehmen möchte als Zielgruppe die Menschen erreichen, die täglich Cappuccino trinken. Die Verbraucher-Analyse 2004/3 gibt hierzu folgendes Ergebnis aus:

Zielgruppenbeschreibung = (Cappuccino: Verbrauchsintensitäten: täglich)
Potenzial: 4,2 %, 1.337 Fälle, 2,72 Millionen

Dies bedeutet, dass es in der Datenbank 1.337 befragte Personen gibt, die täglich Cappuccino trinken. Hochgerechnet auf die deutsche Wohnbevölkerung über Jahren bedeutet dies 2,72 Millionen Personen, welche 4,2 % der Gesamtbevölkerung ausmachen.

Reichweiten

Nach der Wirtschaftlichkeit der Medien ist das nächste Problem der Mediaauswahl, die Reichweite der Zeitschriften zu ermitteln. Hierzu gibt es eine Reihe von Methoden, die dieses Problem in den Griff bekommen. Ziel muss es sein, mit möglichst wenigen Medien (bei sonst gleichen Bedingungen) die höchste Reichweite zu erzielen, denn Titel zu vieler Medien ergeben unkontrollierbare Überschneidungseffekte. Außerdem kommen auf die Agentur höhere Kosten für mehrere Ausfertigungen der Druckunterlagen zu, dazu ein Mehraufwand an Arbeit, Porto und Zahlungsverkehr. Reichweiten sind sehr unterschiedlich definiert. Klassische Nettoreichweite Printbereich ist der LpA-Wert. Er gibt an, wie viele Leser ein Titel hat. Gibt man nun für die obige Zielgruppe der Cappuccino-Verwender willkürlich einige Medien ein, so erhält man folgende Reichweitenberechnungen:

Medien/Werbeträger	Format	Farbe	Kosten €	NRW %	NRW Mio.	BRW Mio.
SUPERillu	1/1 S.	4c	20.500	3,9	0,11	0,11
Focus	1/1 S.	4c	42.750	9,8	0,27	0,27
DER SPIEGEL	1/1 S.	4c	49.500	8,8	0,24	0,24
BRAVO	1/1 S.	4c	34.300	3,9	0,11	0,11
Playboy	1/1 S.	4c	21.500	0,9	0,02	0,02
P.M. Magazin	1/1 S.	4c	21.100	1,8	0,05	0,05
Capital	1/1 S.	4c	24.900	2,1	0,06	0,06
BILD	250 mm 4 Sp AT	4c	84.717	16,8	0,46	0,46
Frankfurter Allgemeine Zeitung	250 mm 4 Sp AT	4c	12.400	1,3	0,03	0,03
ACN Anz.-Coop. Nordrhein Abo-Zeitungen	250 mm 4 Sp AT	4c	55.870	6,5	0,18	0,19

Die *BILD*, *Focus* und der *Spiegel* wären nach dieser Betrachtung die besten Werbeträger. Da hier zunächst von **einer** Schaltung ausgegangen wird, ergeben sich keine Unterschiede von NRW und BRW.

Berechnung der Wirtschaftlichkeit

Ziel dieser Berechnungen ist es, die preisgünstigsten Medien für eine Anzeige zu finden. Hierzu gibt es eine Reihe von Vergleichspreisen (die Formelsammlung enthält die Berechnungsgrundlagen).

Der Tausenderseitenpreis ist für Zeitungen und Zeitschriften die einfachste Berechnung, um einen Überblick über die Wirtschaftlichkeit eines Mediums zu erlangen. Er beschreibt den Preis für 1.000 Werbeträgerseiten. Der Vergleichspreis für einen Spaltenmillimeter in Relation zur Auflage (Tausendermillimeterpreis) wird hingegen meist bei Tages- und Wochenzeitungen verwendet. Nachteil beider Formeln ist es, dass nicht berücksichtigt wird, wie viele Leser das Medium nutzen. Da aber für zahlreiche Objekte darüber keine zuverlässigen Zahlen vorliegen, bleibt nur der Rückgriff auf diese Vergleichspreise.

Der Tausenderleserpreis bezieht die Leserschaftsgröße in die Wirtschaftlichkeitsberechnung ein. Er existiert ebenfalls in zwei Versionen, einmal als Preis pro Spaltenmillimeter für tausend Leser, außerdem als Preis pro Seite für tausend

Leser. Diese beiden Formeln haben ihrerseits den Nachteil, dass sie das Format des Mediums und damit indirekt den Beachtungswert nicht berücksichtigen. Dies gilt allerdings eher für seitenteilige Anzeigen in Zeitungen mit unterschiedlichen Formaten. Für das Beispiel ergäbe sich:

Medien / Werbeträger	**Format**	**Farbe**	**Kosten €**	**TLP in €**	**TKP in €**
SUPERillu	1/1 S.	4c	20.500	194,49	194,49
Focus	1/1 S.	4c	42.750	159,78	159,78
DER SPIEGEL	1/1 S.	4c	49.500	206,61	206,61
BRAVO	1/1 S.	4c	34.300	319,32	319,32
Playboy	1/1 S.	4c	21.500	887,57	887,57
P.M. Magazin	1/1 S.	4c	21.100	419,91	419,91
Capital	1/1 S.	4c	24.900	431,02	431,02
BILD	250 mm 4 Sp AT	4c	84.717	184,86	184,86
Frankfurter Allgemeine Zeitung	250 mm 4 Sp AT	4c	12.400	361,89	361,89
ACN Anz.-Coop. Nordrhein Abo-Zeitungen	250 mm 4 Sp AT	4c	55.870	317,60	293,32

Für diese Zielgruppe wäre Focus das preisgünstigste Medium gefolgt von *BILD* und *SUPERillu*. TLP/TNP sind im Intramedia-Vergleich identisch, da NRW und BRW nicht auseinanderfallen.

Affinität

Affinität wird definiert als Anteil der Zielgruppe an der Nutzerschaft eines Mediums. Die Affinität indiziert die Streugenauigkeit eines Mediums innerhalb einer Zielgruppe. Eine hohe Affinität ist die Grundlage für eine hohe Werbemittelbeachtung. Der Affinitätswert gibt die Über- oder Unterrepräsentation der Zielgruppe im Medium wieder. Basiswert ist dabei in der Regel der Anteil der Zielgruppe an der Gesamtbevölkerung. Nachteilig ist hierbei, dass die Gesamtbevölkerung nicht berücksichtigt wird. Der Affinitätsindex hilft weiter. Hier wird die Affinität zum Anteil der Zielgruppe an der Gesamtbevölkerung gesetzt.

Medien / Werbeträger	TLP in €	NRW	Affinitätsindex
SUPERillu	194,49	0,11	86
Focus	159,78	0,27	108
DER SPIEGEL	206,61	0,24	100
BRAVO	319,32	0,11	138
Playboy	887,57	0,02	67
P.M. Magazin	419,91	0,05	98
Capital	431,02	0,06	116
BILD	184,86	0,46	89
Frankfurter Allgemeine Zeitung	361,89	0,03	91
ACN Anz.-Coop. Nordrhein Abo-Zeitungen	293,32	0,18	124

Bei der Frage, welches Medium die meisten Cappuccino-Trinker unter ihren Lesern hat, erscheinen nun die *BRAVO* vor der Anzeigen-Cooperation-Nordrhein und der Zeitschrift Capital als die besten Medien.

3er-Index

Zur Bestimmung der Printobjekte, die schließlich im Mediaplan berücksichtigt werden, wird häufig der so genannte 3er-Index benutzt. Er besteht aus der Summe der Rangreihenmaßzahlen von Reichweite, Tausenderpreis und Affinität. Er dient dazu, die richtigen Medien für einen Mediaplan zu finden. In der „Disziplin" erhält das beste Medium 100 Punkte als Maßzahl (MZ). Die anderen Zahlen werden in Relation dazu gesetzt. Der Maximalwert beträgt 300, wenn ein Titel gleichzeitig die höchste Reichweite, den günstigsten Tausenderpreis und den besten Affinitätswert besitzt.

Medien/ Werbeträger	**TLP in €**	**TLP (MZ)**	**NRW**	**NRW (MZ)**	**Affinität**	**Affinität (MZ)**	**3er-Index**
BILD	184,86	86	0,46	100	89	64	251
Focus	159,78	100	0,27	59	108	78	237
DER SPIEGEL	206,61	77	0,24	52	100	72	202
ACN Anz.-Coop. Nordrhein Abo-Zeitungen	293,32	54	0,18	39	124	90	182
BRAVO	319,32	50	0,11	24	138	100	173
SUPERillu	194,49	82	0,11	24	86	62	167
Capital	431,02	37	0,06	13	116	84	134
P.M. Magazin	419,91	38	0,05	11	98	71	120
Frankfurter Allgemeine Zeitung	361,89	44	0,03	7	91	66	117
Playboy	887,57	18	0,02	4	67	49	72

Je nach Budget würde nun der Mediaeinkauf der Agentur Anzeigen in den besten Medien (*BILD*, *SPIEGEL*, *Focus* usw.) belegen.

Mediaplan

Nun werden im nächsten Schritt die ausgewählten Medien zu einem Mediaplan zusammengestellt. Hier werden vorher ein Streubudget und die Mediaziele festgelegt, die der Plan erreichen soll. Für unser Beispiel wurde ein Budget von 1 Million Euro gewählt. Ziel ist es, ca. 50% der Zielgruppe zu erreichen mit mindestens drei Kontakten pro Person. Die besten vier Medien aus dem Intra-Medien-Vergleich können belegt werden. Nach dem Durchrechnen von drei Planungsalternativen werden folgende Werte ausgegeben:

Belegungsfrequenzen	Plan 1	Plan 2	Plan 3
BILD	5	10	3
Focus	4	1	4
DER SPIEGEL	4	1	4
ACN Anz.-Coop. Nordrhein Abo-Zeitungen	5	4	8
Plankosten in €	969.392	982.292	988.930
Reichweite %	53,1	47,6	51,1
Reichweite Mio.	1,45	1,29	1,39
€ pro 1000 Nutzer	670,62	758,54	711,68
Kontakte Mio.	5,27	5,85	4,93
€ pro 1000 Kontakte	183,86	167,86	200,71
GRP	193,7	215,0	181,0
Kontakte pro Nutzer (DSK)	3,6	4,5	3,5

Planreichweite

Wer die Nettoreichweiten (LpA) der vier Einzeltitel addiert, wird feststellen, dass dieser Wert über der obigen Planweite liegt. Die genaue Ermittlung der Reichweiten gestaltet sich bei Mediaplänen schwierig, da viele Menschen mehrere Zeitschriften lesen. Dies wird externe Überschneidung genannt. Extern deshalb, weil diese Überschneidung bei unterschiedlichen Titeln auftritt.

Ein ähnliches Problem ergibt sich, wenn eine Anzeige in mehreren Ausgaben eines Titels (interne Überschneidung) geschaltet wird. Dadurch, dass nun eine Person mehrere Kontakte hat, fallen BRW und NRW auseinander. Die BRW steigt linear mit der Frequenz, die NRW jedoch nicht. Hier helfen in der Praxis nur Computerprogramme, die auf Grundlage statistischer Modelle die Nettoreichweiten berechnen. Einleuchtend ist, dass Zeitschriften mit einem hohen Abo-Anteil eine höhere interne Überschneidung haben als Titel mit vielen Wechsellesern.

Überschneidung/Kumulation

Die Konsequenzen aus diesen Erkenntnissen sind in den Kumulationsgesetzen festgehalten:

1. Kumulationsgesetz: Je höher die Überschneidung, desto geringer die Reichweite, desto höher der Werbedruck (DSK).
2. Kumulationsgesetz: Je geringer die Überschneidung, desto höher die Reichweite, desto geringer der Werbedruck.

Durchschnittskontakte (DSK)

Durchschnittskontakte geben an, wie viele Kontakte eine Zielperson mit den Werbeträgern innerhalb einer Werbekampagne im Durchschnitt hat. Errechnet sich aus der Gesamtzahl der Werbeträgerkontakte und der Nettoreichweite. Die Anzahl der Durchschnittskontakte ist die Maßeinheit für den Werbedruck oder die Werbeintensität. Je höher der DSK, umso höher die Wahrscheinlichkeit, dass die Zielpersonen die Werbebotschaft auch erhalten.

Gross Rating Points (GRP)

Die GRP dienen zum Vergleich mehrerer Mediapläne mit gleichem Etat. So kann gesehen werden, welcher Plan mehr Medialeistung aus dem Etat holt. Grundlage ist die Überlegung, dass die Nettoreichweite und der DSK prinzipiell gleichwerte Mediaziele sind. Da in einem Produkt beide Zielfaktoren gleichwertig sind, werden beide Ziele miteinander multipliziert. Als Wert für einen einzelnen Plan ist der GRP ohne sinnvolle Aussage. In unserem Planungsbeispiel wäre Plan 2 die wirtschaftlichste Alternative.

Werbewirkung

Der Weg zur Werbewirkung

Von der Medienauswahl bis zur Werbewirkung ist ein mehrstufiger Prozess beim Rezipienten zu durchlaufen.

Der Ablauf in der folgenden Tabelle macht deutlich, dass der Verlag nur auf die ersten drei bis vier Stufen des Prozesses Einfluss nehmen kann. Die Kreation der Werbemittel, die maßgeblich die Wahrnehmung und die Verarbeitung beeinflussen, liegt in der Regel außerhalb seines Zuständigkeitsbereiches.

Vom Werbeträger zur Werbewirkung oder: „Der Weg der Bescheidenheit"

Werbeträger-Kontakt-Chance (z.B. technische Reichweite)
= Voraussetzung für Werbeträger-Kontakt

Werbeträger-Kontakt (z.B. Zeitschrift)
= Voraussetzung für Werbemittel-Kontakt

Werbemittel-Kontakt (z.B. Anzeige)
= Voraussetzung für Werbemittel-Wahrnehmung

Werbemittel-Wahrnehmung
(z.B. Anzeige gesehen)
= Voraussetzung für Werbemittel-Verarbeitung

Werbemittel-Verarbeitung
(z.B. Anzeige gelesen)

= Voraussetzung für Werbewirkung

Werbewirkung

Ebenfalls wird verständlich, dass sich die Chancen auf Werbewirkung einer Anzeige vergrößern, wenn sie wiederholt geschaltet wird. Allgemeingültige Angaben, bei welcher Frequenz eine Anzeige ihre größte Wirkung erzielt, lassen sich seriös nicht anstellen, da eine methodische Vergleichbarkeit durch die Unterschiede in Kreation, Erscheinungshäufigkeit, Kulturkreis usw. nicht gegeben ist.

Response-Funktionen

Drei Theorien zur Response-Funktion verdeutlichen die unterschiedlichen psychologischen Erklärungen der Anzeigenwirkung: Die One-Step-Funktion besagt, dass die ersten Schaltungen noch keine große Wirkung zeigen. Ihre Aufgabe ist es, den Lernprozess beim Rezipienten vorzubereiten. Nach einiger Penetration wird die Werbebotschaft erlernt und verstanden, wodurch sofort die volle Wirkung der Insertion entfaltet wird. Die nachfolgenden Schaltungen dienen als Erinnerungswerbung.

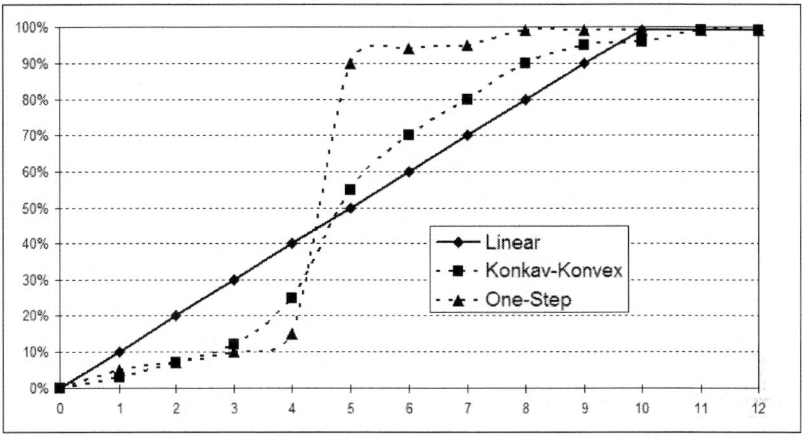

Die Linear-Funktion stellt die maximale Werbewirkung als Ergebnis eines langsamen Prozesses aus Teil-Lernschritten dar. Mit jeder Wiederholung wächst die Response auf die Schaltung, bis die maximale Wirkung erreicht wird.

Die Konkav-Konvex-Funktion zeigt die Notwendigkeit der Wiederholung aus der Trägheit des Verständnisses heraus. Durch die ersten Anzeigen wird nur eine geringe Wirkung erzielt. Schließlich verstehen mehr und mehr Menschen die Botschaft. Mit steigender Wirkung wird es immer schwieriger, die Grenzwirkung zu erhöhen. Die Zahlen in diesem Beispiel sind willkürlich gewählt. Wo der stärkste Zuwachs der Wirkung erfolgt, kann nicht allgemein gesagt werden. Allerdings steht fest, dass er sich im Laufe der Zeit immer mehr nach rechts verschiebt. Ursache dafür ist die steigende Werberesistenz der Rezipienten, die immer größere und kreativere Werbeanstrengungen notwendig macht.

Einfacher, aber strukturell ähnlich versucht schon seit Jahrzehnten die AIDA-Formel, die Werbewirkung als Stufenmodell zu erklären.

A	= Attention (Aufmerksamkeit wecken)
I	= Interest (Interesse auf das Produkt lenken)
D	= Desire of possession (Besitzwunsch)
A	= Action

Nicht alle Anzeigen haben allerdings die Chance, mehrfach zu erscheinen. Sie müssen mit nur einer Veröffentlichung die Werbebotschaft transportieren. Die lokale Kaufanzeige für den langen Donnerstag erscheint am Donnerstagmorgen und danach in dieser Form/mit diesem Inhalt nicht wieder. Hier ist neben der Media-Planung auch die Kreation gefordert, die in diesem Fall nach der KISS-Regel arbeiten sollte.

K = Keep
I = it
S = simple and
S = stupid

Oder in abgemilderter Form:

K = Keep
I = it
S = short and
S = simple

Mediaplanung für Online-Medien

Das Jahr 1997 gilt gemeinhin als das Geburtsjahr der Online-Werbung, weil in diesem Zeitraum die ersten bunten und damals noch sehr ungewohnten rechteckigen und quadratischen Flächen mit Werbeaussagen auf den Web-Sites auftauchten und zum Anklicken animierten. Noch heute gibt es diese Werbeformate im Internet: Es sind die uns bekannten Banner und Buttons.

In den neunziger Jahren war das Thema Online-Werbung überwiegend das Terrain der aus dem Boden sprießenden Multimediaagenturen bzw. der Internetunits von etablierten Agenturen. Heute gehört die Online-Werbung als fester Bestandteil in den Werbe-Mix von Markenartiklern. Die Gründe dafür liegen auf der Hand. Online-Werbung ist im Verhältnis zur Print-Werbung günstig und die Werbeerfolgskontrolle ist genau messbar. Online-Werbung ist sowohl für Direct-Response als auch für Branding-Kampagnen einsetzbar. Denn neben dem unmittelbaren Klick auf das Werbemittel lassen sich auch mittel- und langfristige Ziele wie Bekanntheit und Image mit Werbung im Internet hervorragend erreichen. Die Wirkungsweise ist dabei ähnlich wie in anderen Medien: Das Werbemittel wird wahrgenommen, auch ohne angeklickt zu werden. Der Betrachter speichert die Botschaft und setzt sie später in eine Reaktion um, zum Beispiel durch den Besuch der beworbenen Website oder den Kauf eines bestimmten Produktes.

Weiterhin beeindruckend ist das rasante Wachstum der Online-Werbeumsätze in Deutschland. Nach Angaben der Basler Prognos AG betrug der Online-Werbeumsatz 2000 rund 225 Millionen EUR. Der Online-Vermarkterkreis im Bundesverband Digitale Wirtschaft (BDW e.V.), Berlin, geht für das Jahr 2006 von knapp 1,3 Milliarden EUR Werbeausgaben aus.

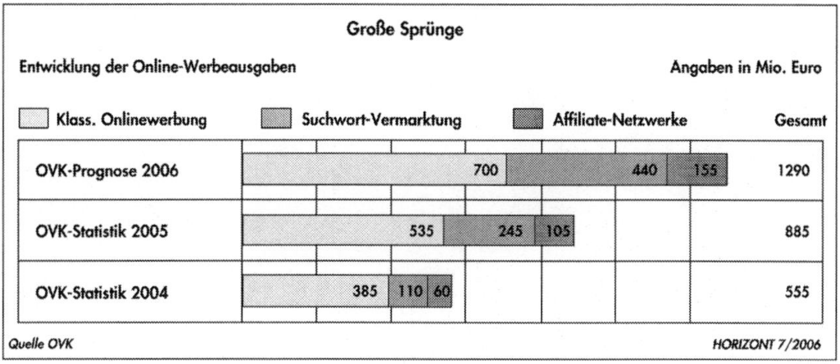

Werbeformen im Internet

Der Online-Vermarkterkreis im BDW e.V. beschreibt auf seiner Website www.werbeformen.de zahlreiche Online-Werbeformen – Tendenz steigend. Hier sollen lediglich die verschiedenen Archetypen der einzelnen Werbemittel dargestellt werden.

Banner/Button

Die Mutter der Online-Werbung ist das Banner. Dieses Werbemittel hat den Siegeszug der Werbung im Internet eingeläutet. Ein Banner ist eine Werbefläche in einer Online-Publikation. Es gibt statische Banner mit unbewegten Grafiken und animierte Banner, die eine Sequenz von hintereinander liegenden Einzelbildern anzeigen. Dadurch entsteht in der Wahrnehmung des Betrachters eine Animation in Form eines kleinen Films. Beide Bannerarten sind mit einem Link zur Website des Werbetreibenden versehen.

Für die unterschiedlichen Bannerarten, welche verschiedene Möglichkeiten der grafischen Darstellung und Interaktivität bieten, gelten die folgenden Grundmerkmale:

- Integration in eine Web-Site (Werbeträger)
- Rechteckiges Format
- Interaktionsmöglichkeit (z.B. Anklicken) durch den Betrachter

Das in eine Website integrierte Banner muss die Aufmerksamkeit des Betrachters vom eigentlichen Inhalt (Content) auf das Werbemittel lenken und dann den Betrachter zur Interaktion verleiten. Aus diesem Grunde werden die Bannerformate zunehmend mit interaktiven Features ausgestattet, um zum Anklicken zu animieren.

In den späten neunziger Jahren sind vom VDZ-Arbeitskreis „Electronic Publishing“ allen Beteiligten im Online-Werbegeschäft die folgenden Standard-Größen für Banner empfohlen worden:

- 468 x 60 Pixel (auch Full-Size Banner genannt)
- 234 x 60 Pixel (auch Half-Size Banner genannt)
- 156 x 60 Pixel
- 137 x 60 Pixel
- 130 x 80 Pixel

Der Grund für die Suche nach einem Standard lag auf der Hand: Erleichterung für die Planung, Gestaltung und Durchführung der Werbemaßnahmen. Außerdem konnten so die nicht unbedeutenden Kosten für die Adaption eines Banners auf mehrere unterschiedliche Formate eingespart werden.

Die Größenangaben erfolgen für alle Werbemittel im Internet in Pixel (Kunstwort aus der Abkürzung der engl. Worte Picture und Element) und beschreiben die Bezeichnung für die Bildpunkte, aus denen in der elektronischen Datenverarbeitung und Telekommunikation Bilder zusammengesetzt werden.

Der Begriff „Button“ hat sich für die kleineren Bannerformate ab 156 x 60 Pixel etabliert. Darüber hinaus sind weitere Standard-Werbeformen dazugekommen. Dazu zählen beispielsweise Skyscraper und Superbanner.

Interstitial (Zwischenräume bildend)

Interstitial nennt sich eine Form der Unterbrecherwerbung. Ruft der Nutzer eine bestimmte Web-Site auf, dann wird ihm anstelle der gewünschten Zielseite zunächst eine bildschirmfüllende Werbung präsentiert.

Pop-Up-Advertisement (aufspringende Anzeige)

Das unter dem Kürzel Pop-Up bekannte Werbeformat ist die abgeschwächte Form des Interstitials. Hierbei wird die Werbung in ein neues und meist kleineres Browserfenster geladen, das in der Regel auf der eigentlichen Zielseite aufgeht und so die Aufmerksamkeit des Betrachters auf das Pop-Up-Fenster lenkt.

Sponsoring

Dies meint die contentnahe Platzierung von Werbebotschaften. Wichtig ist dabei, dass diese sehr genau auf das redaktionelle Umfeld abgestimmt werden. Genau wie beim klassischen Sponsoring ist das Ziel von Sponsoringmaßnahmen im Internet die Realisierung eines positiven Imagetransfers. Hierzu zählt die Einblendung von textlichen oder grafischen Elementen auf der Website des Sponsoringnehmers in Form von Links, Buttons, Bannern oder Logos, die den Zusatz „Sponsored by" oder „Powered by" beinhalten. Eine weitere Form des Sponsorings im Internet sind die sogenannten Content-Container. Das sind speziell für den Werbekunden zusammengestellte Seiten, die ein besonderes Thema (z.B. Mobilfunk) für eine ausgesuchte Zielgruppe beinhalten und von einem entsprechenden Absender (z.B. Mobilfunkanbieter) gegen Entgelt gesponsert werden. Für den Sponsoringgeber bietet die (Content-) Plattform ein großes Potenzial, um zielgruppengerecht eine positive Imagepflege betreiben zu können, seine Kompetenz darzustellen und letztlich den eigenen Bekanntheitsgrad wirkungsvoll zu erhöhen.

Der Kreativität der Werbetreibenden und Agenturen sind keine Grenzen gesetzt. So überrascht das sogenannte Expanding Banner mit einem Effekt: Sobald ein Nutzer mit dem Mauszeiger den Banner berührt, klappt er großflächig auf. Verlässt der Mauszeiger wieder die Bannerfläche, zieht sich das Banner wieder auf sein ursprüngliches Format zurück. Oder das Wallpaper. Hier wird eine ganze Website komplett in das Corporate Design des Werbetreibenden getaucht. Dazu werden meist der gesamte obere sowie der rechte Balken durchlaufend gestaltet und bilden so eine Einheit, die den redaktionellen Bereich umrahmt.

Diese Beispiele zeigen, dass hier für die Zukunft noch mit zahlreichen neuen kreativen Erfindungen zu rechnen ist.

Werbung in E-Mail-Diensten (Newsletter)

Viele Verlage bieten als Service zu ihrer Web-Site einen E-Mail-Dienst – auch Newsletter genannt – an, der täglich, werktäglich oder zweimal pro Woche erscheint. Dieser enthält z.B. News über ein Thema oder eine Branche. Die Besucher einer Web-Site müssen diese E-Mail-Dienste selbst bestellen und damit ihre Zustimmung zum Erhalt der E-Mails abgeben (sogenanntes „opt-in" Verfahren). Fragt ein Verlag den Empfänger von E-Mails vor dem Versand nicht nach seiner Zustimmung, wird vom so genannten „Spamming" gesprochen. Als Spam wird die unverlangt versendete E-Mail verstanden, deren Empfang den Empfänger Geld kostet (Telefon- und Providergebühr).

Als Werbeformat innerhalb der Newsletter hat sich die Textanzeige einen Namen gemacht. Hierunter sind überwiegend aus Text und Bild bestehende Anzeigen, die mit einem Link zur Web-Site des Werbetreibenden versehen sind, zu verstehen. Vielfach werden Textanzeigen heute mit Marken- oder Produktlogos ergänzt, um einen höheren Wiedererkennungsgrad zu erreichen. Der Name rührt aus der Pionierzeit des Internets, als E-Mail-Dienste weitgehend als Textversion (ASCII) versandt wurden. Zu diesem Zeitpunkt konnten die Textanzeigen ausschließlich in der vorgegebenen Systemschrift gestaltet werden. Heute werden die E-Mail-Dienste zunehmend im HTML-Format versendet. Dadurch ist auch der Einsatz von Grafiken sowie die Formatierung von Überschriften und Copytext möglich.

Im HTML-Format können die Anzeigen also auch nur aus einem gestalteten Bild bestehen.

Textanzeigen müssen im Newsletter als Anzeige gekennzeichnet werden, damit eine Verwechslung mit redaktionellen Meldungen ausgeschlossen werden kann.

Textanzeigen sind im Gegensatz zu anderen Werbeformaten kostengünstig zu produzieren und flexibel einzusetzen. Auch können Textanzeigen innerhalb von kürzester Zeit entwickelt und ohne langen technischen Vorlauf geschaltet werden.

So ist auch das Targeting – die gezielte Ansprache einer Zielgruppe – einfacher möglich, weil aufgrund der aktiven Bestellung eines Newsletters durch den Nutzer auf ein hohes Eigeninteresse an den im Newsletter behandelten Themen geschlossen werden kann. Damit ist meist auch ein höheres Interesse an der themenspezifischen Werbung im Newsletter verbunden. Dieses Verkaufsargument gilt erst recht für kostenpflichtige Angebote wie Online-Abonnements von E-Mail Diensten, die gerade im Business-to-Business Bereich sehr verbreitet sind.

Ad-Word oder Keyword Advertising

Die Suchmaschine Google hat das Suchwort-Marketing zu einem Mega-Business gemacht. Hierbei können die Kunden bestimmte Suchbegriffe wie z.B. Jeanshose oder Urlaub kaufen.

Wird nach dem entsprechenden Begriff gesucht, erscheinen die gebuchten Anzeigen im Umfeld der Trefferliste. Die Textanzeigen weisen dann per Link auf die jeweilige Website hin.

Formate für Online-Werbung

Die wichtigsten Grafikformate im Internet enden mit GIF oder JPG. Bilder, Fotos und Grafiken werden im Computer aus Bildpunkten zusammengesetzt und deshalb in speziellen Formaten abgespeichert.

GIF steht für Graphics Interchange Format und ist ein digitales Bildformat mit guter verlustfreier Komprimierung für Bilder mit geringer Farbtiefe (2 bis 256 Farben). JPEG, kurz JPG, ist eines der am weitesten verbreiteten Formate zur komprimierten, digitalen Speicherung von Bildern.

Bei der Erzeugung von multimedialen Animationen aller Art hat sich Flash zum Standard entwickelt. Die Endung SWF steht für Small Web Format und/oder ShockWave Flash. In den neueren Browser-Versionen ist Flash als Plug-in integriert.

Einen großen kreativen Spielraum für Online-Werbemittel bietet die Rich Media Technologie. Verschiedenste Formate wie z.B. PowerPoint-Präsentationen, Texte, Bilder, Flash, Hyperlinks, Votes etc. können synchron mit einem Audio/Video Signal verbunden werden. Das Ergebnis kann live gestreamt oder ondemand abgerufen werden.

Vermarktung von Online-Medien

Der Verkauf von Online-Medien erfolgt in den meisten Verlagen durch die Anzeigenabteilung. Meist gibt es dort Online-Experten, die um die besonderen Eigenschaften von Online-Werbung wissen und die Kunden entsprechend professionell beraten können. Auch kennen diese Verkäufer die technischen Besonderheiten von Online-Werbung.

Darüber hinaus gibt es zahlreiche Online-Vermarkter. Dies sind in der Regel unabhängige Verkaufsorganisationen, die sich auf die Vermarktung von Online-Angeboten spezialisiert haben. Über diese Dienstleister werden oftmals Portale wie Suchmaschinen, Consumer-Websites wie Partnerschaftssuche, Radiosender, Automobilclubs oder Fussballclubs betrieben.

„Auflagenmessung" von Online-Medien

In der ersten Zeit der Werbung im Web zählten viele Verlage einfach die Zeilen ihrer Logfiles; die dazugehörige Größe hieß Hits (deutsch auch oft mit „Abrufe" übersetzt). Hits taugen aber in keiner Weise zur vergleichenden Beurteilung von Werbeträgerleistungen. Eine (Bildschirm-) Seite im Web-Format HTML kann sich neben dem Textkörper aus diversen Multimedia-Elementen (beispielsweise Grafiken) zusammensetzen. Der Abruf dieser Elemente taucht aber ebenso im Logfile auf wie der Abruf der eigentlichen Seite. Die Messung von Hits verschafft somit einem Angebot mit vielen grafischen Elementen stets höhere Zugriffszahlen gegenüber einem Angebot mit schlichterem Design.

Um die Leistungsbemessung eines WWW-Angebots vom Layout und der Opulenz einer WWW-Seite unabhängig zu machen, entwickelte der Verband Deutscher Zeitschriftenverleger e.V. (VDZ) gemeinsam mit der aus der Printwelt bekannten Informationsgemeinschaft zur Feststellung der Verbreitung von Werbeträgern e.V. (IVW) ein von allen Marktteilnehmern anerkanntes Verfahren zur „Messung der Werbeträgerleistung von Online-Medien". Seit November 1997 wird dieses Verfahren von der IVW eingesetzt.

Die beiden wichtigen Kernwährungen zur Messung der Werbeträgerleistung definiert die IVW wie folgt:

Page-Impressions (früher PageViews) bezeichnen die Anzahl der Sichtkontakte beliebiger Benutzer mit einer potenziell werbeführenden HTML-Seite. Sie liefern ein Maß für die Nutzung einzelner Seiten eines Angebotes.

Enthält ein Angebot Bildschirmseiten, die sich aus mehreren Frames zusammensetzen (Frameset), so gilt jeweils nur der Inhalt eines Frames als Content. Der Erstabruf eines Framesets zählt daher nur als eine Page Impression, ebenso wie jede weitere nutzerinduzierte Veränderung des entsprechenden Content-Frames. Demnach wird pro Nutzeraktion nur eine Page Impression gezählt.

Zur definitionsgerechten Erfassung der Page Impressions verpflichtet sich der Anbieter, gekennzeichneten Content jeweils nur in einen Frame pro Frameset zu laden.

Ein Visit bezeichnet einen zusammenhängenden Nutzungsvorgang (Besuch) eines WWW-Angebots. Er definiert den Werbeträgerkontakt. Als Nutzungsvorgang zählt ein technisch erfolgreicher Seitenzugriff eines Internet-Browsers auf das aktuelle Angebot, wenn er von außerhalb des Angebotes erfolgt. Ruft ein Nutzer ein Online-Angebot in seinem Browser auf, so wird ein Visit gezählt. Klickt er noch weitere Seiten des Angebots an, dann werden diese Klicks als PageImpressions gezählt.

Die meisten Anbieter von Online-Werbung verkaufen ihre Medialeistung nach der Anzahl der Kontakte. Hierzu finden sich in den Preislisten Tausenderkontaktpreise, die den Preis pro tausend Sichtkontakte mit einem Werbemittel (beispielsweise einem Banner oder Button) angeben. Als Abrechnungsgröße zwischen Verlag und Werbekunden haben sich deshalb die Ad Impressions als weitere Kenngröße etabliert. In Analogie zu den Page Impressions werden die Ad Impressions als Anzahl der Sichtkontakte beliebiger Nutzer mit einem Werbemittel definiert. Somit sind Ad Impressions kampagnenbezogene Daten und werden als solche auch nicht veröffentlicht.

Preismodelle für Online-Werbung

Grundsätzlich gibt es drei unterschiedliche Preismodelle für Online-Werbung. Die Anwendung der jeweiligen Preisstrategie ist abhängig von der Marktstärke und der gewählten Form der Vermarktung.

Festpreis

Hierbei erfolgt die Abrechnung ausschliesslich nach zeitlichen Kriterien. Dies können Zeiträume wie z.B. eine Woche oder ein Monat sein. In der Regel erhält der Werbetreibende keine Reichweitengarantie für die Kampagne. Dieses Preismodell bietet sich für alle Websites an, deren Reichweite nicht die notwendige Größe für ein anderes Preismodell erreicht.

Tausend Kontakt Preis (TKP)

Das am meisten verbreitete Preismodell beruht auf dem TKP. Auf die Online-Werbung übersetzt meint dies: Kosten pro 1.000 Werbemittelkontakte (Ad Impressions.

Erfolgsbasierte Abrechnungsmodelle (CPX)

Insbesondere die Werbetreibenden mit den sogenannten Applikationswerbeformen (Free SMS, Online Games, Messenger, Online Banking, E-Mail, Webmail, Event Chat, Webchat etc.) setzen auf erfolgsbasierte Abrechnungsmodelle wie CPC, CPL und CPO.

> Cost per Click (CPC)
>
> Abrechnungsform, die die Kosten einer Kampagne daran bemisst, wie häufig das Werbemittel angeklickt wurde.
>
> Cost per Lead (CPL)
>
> Abrechnungsform, die den Erfolg einer Kampagne daran bemisst, wie viele Adressen potenzieller Kunden im Kampagnenverlauf generiert werden konnten.
>
> Cost per Order (CPO)
>
> Abrechnungsmodell, welches die Kosten einer Kampagne davon abhängig macht, wie viele Verkäufe der Werbetreibende durch die Kampagne in seinem Online-Shop tätigen konnte.

Beauftragung und Abrechnung

Dieser Vorgang erfolgt nach einer der jeweiligen Allgemeinen Geschäftsbedingungen (AGB) der beiden Vertragspartner. Inzwischen haben fast alle Verlage eigene AGB Online, da dies durch die vielen Besonderheiten und neuen Möglichkeiten erforderlich wurde.

Ein Auftrag für Online-Werbung nach dem TKP-Modell sollte die folgenden Informationen enthalten:

- Kundenname und Adresse
- ggf. Agenturname und Adresse
- Kampagnenname
- Laufzeit der Kampagne
- Geplante Ad Impressions der Kampagne
- Ansprechpartner für Rückfragen (E-Mail und Telefon)
- Werbemittel
- Ziel-/Click-URL
- ggf. Parametername für Ziel-/Click-URL-Übergabe (standardmäßig clickTag)

Im Verlauf der Kampagne und spätestens nach Ablauf der Kampagne erhält der Kunde ein Reporting. Das Reporting ist der Leistungsnachweis einer Online-Werbekampagne. Die wesentlichen Leistungswerte sind die Ad Impressions sowie die Ad Clicks.

Die Ad Impressions sind der messbare Werbemittelkontakt. Sie bezeichnen die Anzahl der von den Nutzern abgerufenen Werbemittel vom Server eines Werbeträgers oder anderen Ad Servers.

Die Ad Clicks sind die Klicks auf ein Online-Werbemittel, das zur Website oder anderen Informationen eines Werbetreibenden führt. Werden die Ad Clicks durch die Ad Impressions dividiert, so erhält man die Ad Click Rate. Diese gibt an, wie viele Nutzer die Online-Werbung tatsächlich angeklickt haben.

Ab einem gewissen Volumen gehört der Ad Server zum professionellen Umgang mit Online-Werbung dazu. Dies ist ein Server mit einer entsprechenden Software, die für die Verbreitung und Verarbeitung der Werbemittel besonders geeignet ist. Mit dieser Software kann die Belegung von Websites mit Online-Werbung geplant, gesteuert und abgerechnet werden. So speichert der Ad Server u.a. auch Daten wie Ad Impressions und Ad Clicks, die dann in einem Reporting angezeigt werden.

Mediaforschung Online

Internet facts

Die Arbeitsgemeinschaft Online Forschung (AGOF) veröffentlicht quartalsweise die jeweiligen Befragungswellen ihrer Markt-Media-Studie *internet facts.* Diese weist Reichweiten- und Strukturdaten für 194 der bedeutendsten Online-Werbeträger auf Angebotsbasis und knapp 1.000 Belegungseinheiten aus. Darüber hinaus liefert die Studie allgemeine Daten über den Online-Markt, Kerndaten zur Internetnutzung und zum E-Commerce.

Die AGOF ist von führenden Online-Vermarktern Deutschlands 2003 gegründet worden. Sie ist der Nachfolger der AGIREV und der @facts. Das Ziel der AGOF ist eine einheitliche und verbindliche Reichweiten-Währung, die das Medium Internet mit anderen Medien und Angebote im Internet untereinander vergleichbar macht.

Nielsen Online-Werbestatistik

Die Zahlen der Nielsen Online-Werbestatistik beziehen sich ausschließlich auf die so genannte klassische Online-Werbung wie Display Ads (Banner, Skyscraper etc.) und Sponsoring. In den Zahlen nicht enthalten sind Umsätze aus Online-Rubrikanzeigen, Suchwort-Vermarktung und Affiliate-Netzwerken. Die Marktabdeckung der Nielsen Online-Werbestatistik für klassische Online-Werbung liegt bei rund 75 %.

Der Online-Vermarkterkreis (OVK) im BVDW führt eine eigene Hochrechnung der Nielsen-Zahlen von 75 auf 100 % durch. Der OVK ist ein Zusammenschluss von führenden Online-Vermarkter in Deutschland.

W3B Umfrage

Seit 1995 erheben die Hamburger Marktforscher Fittkau und Maass mit den halbjährlich W3B-Umfragen detaillierte Benutzerdaten als Basis für Konzeption und Vermarktung von Online-Auftritten. Dazu zählen Informationen über Soziodemographie, Website-Bewertung, Nutzerverhalten, Kommunikation & Werbung, E-Commerce, Content-Navigation und Website-Performance.

Königsdisziplin Cross-Marketing

Cross-Marketingmedia ist die inhaltliche, kreative und formale Vernetzung unterschiedlicher Medienkanäle und Werbeträger mit dem Ziel, einen maximalen werblichen Erfolg über eine mehrkanalige Ansprache zu erreichen. Oder anders formuliert: Das Cross-Marketing ist im eigentlichen Sinne keine Werbeform, sondern der aufeinander abgestimmte und optimierte Einsatz verschiedener Medien, um ein Werbeziel, etwa die Kommunikation einer Botschaft oder das Sammeln von Adressen potenzieller Interessenten für ein Produkt, zu erreichen. Das Internet spielt wegen seiner interaktiven Nutzungsmöglichkeiten eine zunehmend größere Rolle in der integrierten Kommunikation.

Ein Beispiel zum Verständnis:

Ein Automobilhersteller will im Vorfeld der Vorstellung einer neuen Modellreihe möglichst viele Adressen von Interessenten und damit potenziellen Käufern sammeln, um diese Daten anschließend für Direktmarketingmaßnahmen zu verwenden und der eigenen Händlerorganisation zum Nachfassen zur Verfügung zu stellen.

Hierzu hat der Hersteller eine eigene Promotion-Web-Site mit einem Gewinnspiel entwickelt, auf der bei Abgabe der persönlichen Daten attraktive Gewinne locken. Nun startet der Autoproduzent eine klassische Print-Kampagne, Außenwerbung sowie Fernseh- und Radiospots. In allen Bestandteilen der Werbekampagne wird die Adresse der Promotion-Web-Site penetriert. Dort werden die Adressen der Gewinnspielteilnehmer gesammelt und in einer internetbasierten Datenbank gespeichert, aus der später auch die Direct-Mails für die Autohändler produziert werden können.

Vom Kundenbriefing zur Mediaplanung

Nach Erhalt des Kundenbriefings für die Online-Werbung kann die Mediaplanung in fünf Arbeitsschritte unterteilt werden:

1. Auswahl und Bewertung der Werbeträger
2. Aufstellung des Mediaplans
3. Buchung
4. Abrechnung
5. Erfolgskontrolle/Reporting

Als Planungsgrundlage für eine Kampagne werden in der Regel die Informationen des Werbeträgers über seine Zielgruppe, die einsetzbaren Werbeformate sowie die erreichbaren Page- und Ad Impressions und natürlich der Preis berücksichtigt. Hierzu bedienen sich die Mediaagenturen verschiedener Quellen. Die Mediadaten der in Frage kommenden Websites, die im Internet verfügbar sind bzw. in gedruckter Form vorliegen, sind das wichtigste Instrumentarium. Außerdem nutzen die Agenturen die Liste der IVW-geprüften Websites oder die verschiedenen Datenbanken im Internet, die die Mediadaten zahlreicher Websites von Zeitungen und Zeitschriften beinhalten. Hinzu kommen im Einzelfall auch eigene Datenbanken, die die Planungsagenturen selbst aufgebaut haben. Anschließend werden die ausgewählten Web-Sites nach den genannten Kriterien bewertet.

Das Ziel ist die preisgünstige Erreichung der definierten Zielgruppe sowie möglichst hohe Responsewerte in Form von Klicks auf das Werbemittel.

Anschließend wird der Mediaplan aufgestellt und das Budget für die ausgewählten Angebote geplant. Danach werden die einzelnen Werbemittel gebucht. Als Standard gilt der Einkauf von Ad Impressions – also der Anzahl der Sichtkontakte beliebiger Nutzer mit dem Werbemittel – für die ein entsprechender Tausenderkontaktpreis zu entrichten ist.

Nach der Schaltung erfolgt die Abrechnung – in der Regel zwischen Agentur und Verlag. Mit der Abrechnung geht die so genannte Erfolgskontrolle bzw. das Reporting einher. Die verlässliche Erfolgskontrolle ist ein Qualitätsmerkmal für ein leistungsstarkes Werbemedium und für das werbetreibende Unternehmen und seine Agentur unerlässlich. Hierzu setzen die Verlage und häufig auch die Agenturen eigene Ad-Server ein, die die Anzahl der Ad Impressions und Ad-Clicks protokollieren. Anschließend können die Basisdaten ausgewertet werden. Als Effizienzkriterium wird die AdClick-Rate ermittelt, die das Verhältnis von Ad-Clicks zu Ad Impressions beschreibt und angibt, wie viele Nutzer das Werbemittel tatsächlich angeklickt haben.

Anders als bei den klassischen Medien Print, Hörfunk und Fernsehen ermöglicht die Online-Werbung eine sehr genaue Werbeerfolgskontrolle und bietet deshalb die Möglichkeit, auch laufende Kampagnen z.B. durch neue Bannermotive zu optimieren und bessere Responseergebnisse zu erhalten.

8 Wie kommt es auf das Papier?

Kurt Tobermes

Die Herstellung von Zeitschriften und Zeitungen kann in drei Phasen eingeteilt werden. Zunächst die Druckvorstufen (Pre-Press), in denen Texte und Bilder erfasst und gestaltet werden, dann der eigentliche Druck (Press) und zum Abschluss die Weiterverarbeitung des bedruckten Papiers (Post-Press).

Pre-Press

Erfassung

Redaktionelle Artikel oder Anzeigentexte werden in einer ersten Stufe in einem Datenverarbeitungssystem erfasst. Dies können, je nach Verlag, einfache Textverarbeitungsprogramme sein, aber auch komplexe Content-Management-Systemen (CMS), die viele der weiteren Schritte automatisiert durchführen. Im Rahmen der Druckvorstufen werden der eigentliche Textinhalt und dessen äußere Form getrennt gesehen. Die Erfassung geschieht in einem gängigen Datencode wie ASCII, der jedem Buchstaben einen Zahlenwert zuweist. Beispielsweise wird hier dem Buchstaben A der Zahlenwert 65 zugewiesen, dem Buchstaben B = 66 usw., da DV-Systeme nur Zahlen speichern können. Danach werden diese Texte in eine äußere Form gebracht.

Typografie oder Layout?

Wörtlich bedeutet Typografie im Griechischen „Buchstaben schreiben“ (graphéin = schreiben) im Gegensatz zur Kalligrafie (= schöne Schrift), die sich mit der manuellen Schrift befasst.

Der Art Directors Club definiert Typografie sehr eng: Typografie ist die Lehre von den Schriften. Alles, was darüber hinaus geht, ist für ihn Layout.

Der Type Directors Club definiert dagegen weiter: Typografie ist die Seitengestaltung mittels

1. Schrift
2. Farbe
3. Bild
4. Leerraum

Typografie ist damit die kreative Gestaltung eines Druckwerks oder einer Internetseite, wobei die Wahl von Type, Schriftgrad, Satzspiegel und sein Stand auf der Seite eine Rolle spielen.

Ordnung und Ordnungen

Um Ordnung und Übersicht in die Vielzahl von Druckschriften zu bringen, wurde eine international verbindliche Klassifikation geschaffen, die in die Deutsche Industrie Norm aufgenommen wurde. Diese Schriftklassifikation nach DIN 16518 teilt die Druckschriften nach historischen und formalen Gesichtspunkten in 11 Gruppen ein.

	Bezeichnung	**Merkmale**	**Beispiele**
I	Venezianische Renaissance-Antiqua	Achse der Rundungen stark nach links geneigt, Strichdicken etwas differenziert, Serifen ausgerundet, Querstrich des kleinen e schräg.	Janson, Trajanus
II	Französische Renaissance-Antiqua	Achse der Rundungen nach links geneigt, Strichdicken stärker differenziert, Serifen stark ausgerundet, Querstrich des kleinen e waagerecht.	Garamond, Palatino
III	Barock-Antiqua	Achse der Rundungen leicht nach links geneigt oder senkrecht, Strichdicken deutlich differenziert, Serifen etwas ausgerundet, Querstrich des kleinen e liegt waagrecht und bildet größere Binnenfläche als bei I und II.	Baskerville, Times
IV	Klassizistische Antiqua	Achse der Rundungen senkrecht, Strichdicken kontrastreich, Serifen meist nicht ausgerundet.	Bodoni, Didot, Walbaum
V	Serifenbetonte Linear-Antiqua	Aufgeteilt in Egyptienne (Waagrecht angesetzte eckige Serifen ohne Kehlung in der Stärke des Grundstrichs), Clarendon (Serifen zum Grundstrich hin stark ausgerundet mit rechteckiger Endung), Italienne (fette Blockserifen, stärker als der Grundstrich).	Clarendon, Rockwell, Schadow
VI	Serifenlose Linear-Antiqua	Keine Serifen, Strichstärken annähernd gleich, Grundformen geometrisch oder Antiqua-ähnlich, eher als Groteskschriften bekannt.	Helvetica, Futura, Optima, Univers
VII	Antiqua-Varianten	Alle Antiqua-Schriften, die nicht den Gruppen I-VI angehören, weil abweichender Charakter. Vorwiegend Versalschriften für Akzidenzen, Display und Dekoration.	Arnold Böcklin, Template Gothic, Trixie, Beowolf, OCR

VIII	Schreibschriften	Imitation von Feder-, oder Pinselschriftzügen, mit oder ohne Verbindungsstrichen zwischen den Buchstaben.	Englische Schreibschrift, Brush Script, Phyllis
IX	Handschriftliche Antiqua	Schriften, die von Antiqua abstammen, stilistisch an Handschriften angelehnt. Buchstaben unverbunden.	Post Antiqua
X	Gebrochene Schriften	Rundungen und Ecken sind gebrochen, bis 1940 Grundschrift der Deutschen Sprache, danach wegen jüdischer Designer (Judenlettern) nicht mehr verwendet.	Textura, Gotisch, Rundgotisch, Schwabacher, Fraktur
XI	Fremde Schriften	Alle Schriften, die nicht lateinischen Ursprungs sind.	Kyrillisch, Arabisch, Klingonisch

Schriftklassen in der Praxis

Im allgemeinen Gebrauch (und IHK-Prüfungen) werden vier Schriftklassen unterschieden:

1. Antiqua-Schriften

Erkennungsmerkmale sind die Serifen an den Buchstabenenden.

Dies ist ein Beispielsatz in Times New Roman

2. Grotesk-Schriften

Haben keine Serifen.

Dies ist ein Beispielsatz in Helvetica

3. Gebrochene Schriften

Die Schriftlinien des Buchstaben sind gebrochen.

Dies ist ein Beispielsatz in Old English

4. Schreibschriften

Der Handschrift nachempfundene Schriften

Dies ist ein Beispielsatz in Bickley Script

Unterscheiden muss man Schreibschriften von Handschriften, die in Anzeigen Verwendung finden. Diese können nicht gesetzt werden. Hier sind die Buchstaben nicht einheitlich, sondern haben kleinere Abweichungen.

Schriftschnitt

Eine Schrift kann in mehren Varianten gestaltet („geschnitten") sein. Die unten genannten Schnitte lassen sich auch beliebig kombinieren, z.B. zu bold-wide-outline-shadow-italic.

In der Praxis der Texterfassung mit Word muss man aufpassen, ob es sich bei „fett" oder „kursiv" um wirkliche, installierte Versionen handelt, wenn die Gestaltung über die angezeigten Buttons erfolgt. Findet Word z.B. keine Times-bold.TTF, so wird einfach ohne Designänderung die Strichstärke erhöht. Das kann schlimm aussehen. Hier am Beispiel des „a" der Schriften Times New Roman-regular und Times New Roman-italic:

Aaaaa

Aaaaa

Würde das a nur nach rechts gekippt, nicht neu designed, sähe es „undicht" aus.

Deutsch	englisch	Merkmal
Normal	regular	Das Ausgangsdesign.
Fett	bold	Die Schriftlinie ist dicker.
Mager	light	Die Schriftlinie ist dünner.
Gesperrt	wide	Der Buchstabe wird auseinandergezogen.
Schmal	condensed	Der Buchstabe wird gestaucht.
Licht	outline	Nur die Kontur des Buchstaben wird dargestellt.
Schatten	shadow	Die Buchstaben erhalten eine Schattierung
Kursiv	italic	Die Buchstaben haben eine Neigung nach links oder rechts.

Schriftfamilie

Alle Schnitte einer Schrift bilden eine Schriftfamilie. Als Beispiel hier die Familie „Congo“:

Congo Bold	Congo Condensed Bold	Congo Extended Bold	Congo Thin Bold	Congo Wide Bold
Congo Bold	CongoCondens	CongoExtende	CongoThin Bol	CongoWide Bo
Congo Bold Italic	Congo Condensed Bold Italic	Congo Extended Bold Italic	Congo Thin Bold Italic	Congo Wide Bold Italic
Congo BoldItal	CongoCondens	CongoExtende	CongoThin Bol	CongoWide Bo
Congo Italic	Congo Condensed Italic	Congo Extended Italic	Congo Thin Italic	Congo Wide Italic
Congo Italic	CongoCondens	CongoExtende	CongoThin Itali	CongoWide Ita
Congo Normal	Congo Condensed Normal	Congo Extended Normal	Congo Thin Normal	Congo Wide Normal
Congo Normal	CongoCondens	CongoExtende	CongoThin Nor	CongoWide No

Wieviele Rechtsbrüche schaffen Sie pro Stunde?

Jede Schrift ist ein Werk im Sinne des Urheberrechts mit einer Schutzfrist von 70 Jahren post mortem. Wichtig ist, dass auch jeder Schnitt ein eigenes Werk ist. Dies führt z.B. dazu, dass die Ausgangsschrift Times heute lizenzfrei (gemeinfrei) genutzt werden darf, während jüngere Varianten nur gegen Entgelt verwendet werden dürfen. Die Praxis von Verlagen und Agenturen, die Schriftdateien aus Sicherheitsgründen einfach mit an die Druckerei zu schicken, bewegt sich rechtlich in einer Grauzone.

Wysiwyg

Schriften bereiten sowohl bei der Herstellung von Print-, als auch bei Online-Medien eine Reihe technischer Probleme. Das Schlagwort Wysiwyg bedeutet: “What you see is what you get”. Gemeint ist damit, dass das, was man auf dem Monitor sieht, auch genauso ausgedruckt wird (Print) oder genauso auf einen anderen Rechner übertragen wird (Online). Die erste Problemkette hängt mit der Speicherung der Texte zusammen.

Bitmap Speicherung

Das Wort Bit ist die Abkürzung für Binary-Digit und bedeutet, dass jeder Punkt eines Buchstaben in den Informationen 0 und 1 bzw.: hier belichten oder nicht belichten gespeichert wird. Das englische Wort „Map“ bedeutet Landkarte. Jede

Bitmap-Schrift liegt in einer fest vorgegebenen Größe vor und kann nicht skaliert werden. Um das gleiche Zeichen einer Schrift in drei verschiedenen Größen (10, 12, 14 Punkt) zu verwenden, werden 3 Bitmaps benötigt. Werden zusätzlich noch andere Schriftschnitte benötigt (Kursiv, Fett und Fett/Kursiv), so multipliziert sich die Anzahl Bitmaps mit den jeweiligen Schriften. Satzgeräte bauen den Buchstaben zeilenweise mittels Laser- oder Kathodenstrahl auf Film, Fotopapier oder Druckplatte auf. Vorlage ist hier ein Bitmap jedes einzelnen Buchstaben.

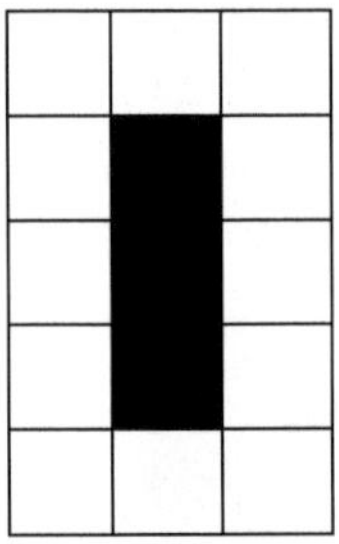

0	0	0
0	1	0
0	1	0
0	1	0
0	0	0

Dies wäre ein sehr grobes Bitmap für einen kleinen Strich. Der Speicherbedarf wäre 3 x 5 bit = 15 bit. Ein geschwungener Buchstabe wie ein Fraktur A schluckt sehr viel Speicherplatz, wenn der Buchstabe nicht pixelig werden soll. Der Buchstabe ist zudem nur sehr begrenzt skalierbar, da er schnell eckig wird. Ein Hochziehen von Vorlagen ist deshalb nicht möglich.

Für jede Schrift werden zudem eine Drucker- und eine Bildschirmschrift benötigt, die nicht notwendigerweise 100 % übereinstimmen. Das Problem wird in der Praxis verstärkt durch die Tatsache, dass es, ähnlich wie bei anderer Software, auch bei Schriften unterschiedliche Versionen gibt. Bei der Einführung des €-Zeichens sind eine ganze Reihe von Schriften auch in der Laufweite verändert worden. So werden bekannte Schriften von verschiedenen Anbietern in mehreren Software-Versionen angeboten. Klartext: Mein Courier kann anders aussehen als Dein Courier!

Vektorielle Speicherung

Eine platzsparende Alternative zur bitmap-orientierten Speicherung in der Druckvorstufe ist die Darstellung von Buchstaben mittels Koordinaten und mathematischer Funktionen. Die Datei besteht aus mathematischen Beschreibungen der dargestellten Lettern. Der Vorteil gegenüber einem Bitmap liegt in der freien Skalierbarkeit der Objekte ohne Qualitätsverlust. Dagegen gibt es keine Möglichkeit, ein Objekt auf Pixelbasis zu bearbeiten, es sei denn, die Vektorgrafik wird als Bitmap umgeformt.

Für ein I sind nur drei Angaben nötig:

- der Koordinatenursprung, also die Positionen eines Punktes auf der Seite
- die Art der Füllung
- die Werte für Höhe und Breite

Sie werden als Zeiger oder Vektoren bezeichnet.

Mit der Einführung frei skalierbarer Fonts unter PostScript ist für den Druck zwar ein gewaltiger Schritt getan, nicht aber für die Monitordarstellung – hier müssen weiter Bildschirmfonts in fest vorgegebenen Größen herhalten. Anders ausgedrückt: Nicht jede theoretisch skalierbare Schriftgröße ist auch als Bildschirmfont gespeichert. Wenn die Abweichung zwischen skalierbaren Druckerfont und Monitordarstellung zu groß wird, gibt es kein WYSIWYG – der Umbruch zwischen Monitor und Ausdruck ist unterschiedlich.

Abhilfe schaffen teilweise Programme wie der Adobe Type Manager, der die Schriftenskalierung auch für die Bildschirmdarstellung übernimmt oder TrueType Fonts.

The medium is the message!

Dieses bereits in Kapitel 1 zitierte Axiom von Marshall McLuhan gilt auch für Schriften. Jede Schrift bringt ihre eigenen Inhalte mit, die sogar Blindtexten eine Aussage geben. Dieses entsteht durch die Assoziationen, die einzelne Gestaltungsmerkmale mitbringen. Das bedeutet, wir haben bei der Ansicht von Schriften ähnliche Einschätzungen, die auf Wertigkeit, Geografie, Geschlecht, Größe oder politische Einstellung schließen lassen (siehe Übung in Kapitel 11).

Form follows function!

Diese Leitlinie des Architekten Louis Sullivan veranschaulicht die Bedeutung der Ökonomie für Design. Jedes Layout hat eine Funktion zu erfüllen. Es ist nie zweckfrei. Es muss eine Zeitung lesbar machen oder die Werbebotschaft einer Anzeige verstärken. Eine Reihe von typografischen Elementen steht hier zur Verfügung:

- Einzug
- Durchschuss
- Blocksatz
- Flattersatz
- Spalten
- Seitengröße
- Satzspiegel
- Illustrationen
- Schriftarten
- Schriftgrößen
- Schriftschnitte

Positionieren und Typografieren

Im Rahmen der strategischen Planung erhält jede Zeitschrift eine Positionierung, um sich in den Köpfen der Leser von anderen Titeln zu unterscheiden. So muss die Typo des Logo(type)s im Rahmen des Corporate Designs den Markenkern widerspiegeln.

Frankfurter Allgemeine	RP	die tageszeitung
Fraktur mit Groß- und Kleinschreibung = traditionsverwurzelte Zeitung mit Bildungsanspruch.	Antiqua als Kapital mit verändertem, unten serifenlosen Hauptstrich = Große Zeitung zwischen bürgerlicher Tradition und Moderne.	Minuskelschrift mit bestimmten Artikel = moderne Zeitung mit Alleinvertretungsanspruch.

Bildbearbeitung

Die eingescannten oder digital aufgenommenen Bilder (Feindaten) werden mit einem Bildbearbeitungsprogramm (z.B. Photoshop) bearbeitet. Retuschen, Freistellungen, Maskierungen, Formatänderungen sind hier die gängigen Arbeiten. Bei aufwändigen Anzeigen wird vom Bild eine grobe Auflösung (Grobdaten mit wenig Speicherbedarf) hergestellt, und dem Layouter für seine gestalterische Arbeit am Skribble und später der Reinzeichnung zur Verfügung gestellt.

Seitenmontage und Litho

Ist die einzelne Anzeige oder der redaktionelle Text nun gesetzt, kann er zusammen mit den Bildern in das Seitenlayout in einem Desktop-Publishing-Programm (DTP) eingepasst werden. Steht das Layout, werden die Grobdaten durch die Feindaten ersetzt und in der Lithoanstalt oder Lithoabteilung gerastert (Druckdaten).

Begriffe der Rastertechnik

Die Wahl der Rasterung hängt vom Papier, vom Druckverfahren und vom Motiv ab. Prinzipiell werden die einzelnen Tonwerte auf zwei verschiedene Arten gerastert.

Amplitudenmoduliertes Raster

System sich kreuzender Punktlinien zur Wiedergabe von Halbtönen. Die Größe der Punkte bestimmt den Tonwert. Je höher der Tonwert, desto größer die Punkte.

Frequenzmoduliertes Raster

System zufallsgestreuter Punkte zur Wiedergabe von Halbtönen. Die Anzahl der Punkte bestimmt den Tonwert. Je höher der Tonwert, desto mehr Punkte.

Tonwert

Gedachter Prozentsatz einer Fläche, die mit Farbe bedeckt ist.

Tonwertzuwachs

Veränderung des Tonwerts entweder a) zwischen Platte und Papier (Tiefdruck und Offset) oder b) als Verschleißerscheinung (Hochdruck).

Maximaler Tonwert

Gedachter Prozentsatz einer Fläche, die mit vier Farben bedeckt ist. Theoretisch bei 4c = 400 % praktisch 200 % bis 260 %, da das Papier nicht mehr Farbe aufnehmen kann.

Rasterweite (auch Rasterfrequenz genannt)

Anzahl der Punktlinien pro cm. Je größer, desto besser. Hängt maßgeblich von der Papierqualität und dem Druckverfahren ab.

TZ - Papiere = 32 – 40 RW
PZ - Papiere = 48 – 80 RW
Kunstdrucke, Kalender = bis 120 RW

Auflösung

Anzahl der Punkte pro cm^2. Mathematisch das Quadrat der Rasterweite.

Rasterwinkel

Winkel der Punktlinien zum Satzspiegel. Bei SW-Wiedergaben meist 45°.

Rasterdrehung

Beim 4-c-Druck muss jedes Farbraster um den gleichen Winkel (meist 30°) weitergedreht werden.

Moiré

Mathematisch eine Interferenz von zwei Schwingungen. Bei Medien ein störendes Überraster, das drei Ursachen haben kann.

- falsche Rasterdrehung (4c-Druck)
- Doppelrasterung (ein 60er-Raster wird nochmals auf 40 gerastert)
- Motive der Kleidung (Karos, Pepita, Glencheck) oder anderer gleichmäßiger Muster in der Vorlage (Ziegelsteine o.ä.)

Post-Script und PDF

Um diese Probleme zu lösen, wurden zwei Datei-Formate entwickelt, die das Typo-Problem lösen sollten. Grundüberlegung ist hierbei, dass es dem Drucker oder Belichter egal sein kann, ob der schwarze Punkt nun Teil eines Buchstaben oder eines Bildes ist. Also wird nach dem Schreiben (Post scribere) des Textes eine Datei erzeugt, deren einziger Zweck es ist, ausgedruckt oder ausbelichtet zu werden. Eine Bearbeitung des Textes darf, soll und kann in diesen Dateien nicht geschehen.

Bogenmontage

Bei großformatigen Tageszeitungen wird von jeder Seite eine Druckplatte hergestellt. Ist das Format des Titels zu klein, um für jede Seite eine eigene Druckform herzustellen, werden mehrere Seiten auf einer Druckplatte angeordnet. Dieser Vorgang wird als „Ausschießen" bezeichnet. Damit jeder Seite nach dem Druck auch an der richtigen Stelle ist, muss hierbei die Falzart berücksichtigt werden. Kreuzfalz, Leporello (Zick-Zack-Falz), Wickelfalz oder Altarfalz erfordern eine unterschiedliche Anordnung, die in der Praxis von Zusatzmodulen der DTP-Software durchgeführt wird.

Press

Auswahl des Druckverfahrens

Die industriellen Druckverfahren werden zum einen nach der Lage von druckenden und nicht druckenden Stellen auf der Druckform definiert. Die Namen Hochdruck, Flachdruck, und Tiefdruck leiten sich hiervon ab. Zum anderen wird unterschieden, ob die Druckform (Platte oder Walze) direkt auf das Papier druckt oder die Farbe vorher auf einen Zwischenträger wie ein Gummituch abgelegt wird.

	Indirekt	Direkt
Hochdruck	Letterset	Buchdruck, Flexodruck
Flachdruck	Offset	Steindruck (Lithografie)
Tiefdruck	Tampondruck	Kupfertiefdruck

Druckplatten, Lithofilme und Druckdaten der direkten Verfahren sind seitenrichtig, die der indirekten Verfahren seitenverkehrt. Für die moderne Zeitungsproduktion kommen in der Regel nur Offsetdruck oder Kupfertiefdruck zum Einsatz.

Der direkte Hochdruck

Der Buchdruck ist das älteste Druckverfahren. Hier stehen die zu druckenden Teile hervor. Die Farbe wird auf die erhabenen Elemente aufgebracht und von dort direkt auf das Papier gepresst. Bis in die siebziger Jahre war der Buchdruck das Druckverfahren für die Herstellung von Zeitungen, findet heute aber wegen seiner schlechten Farbqualität nur noch selten Gebrauch. Mit dem Flexodruck erlebte der Hochdruck eine Weiterentwicklung. Hierbei ist der Buchstabe nicht mehr hart (aus Blei oder Hartkunststoff), sondern flexibel (aus weichem Kunststoff). Der Flexodruck wurde zwar für den Verpackungsdruck entwickelt, kommt aber im Ausland auch für den kostengünstigen Druck von Tageszeitungen zum Einsatz.

Optische Erkennung

Druckerzeugnisse, die im Hochdruck hergestellt werden, sind in der Vergrößerung an der sogenannte Quetschkante erkennbar. Die Farbdichte nimmt vom Rand zur Mitte zu. Ein Problem bei besonders großen Überschriften, wo es in der Mitte zu Farbausbrüchen kommen kann.

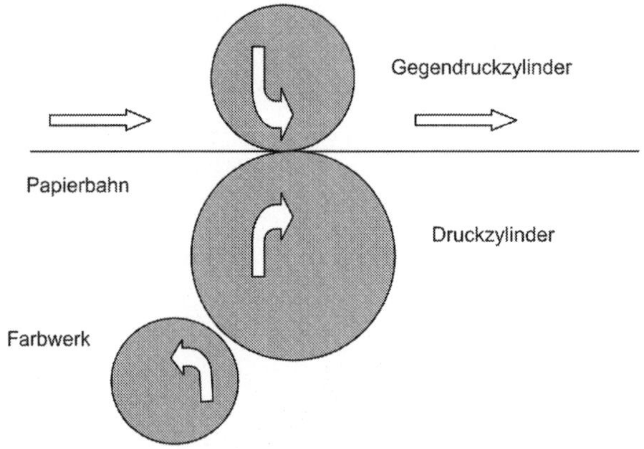

Der Kupfertiefdruck

Beim Tiefdruck sind die zu druckenden Elemente vertieft. Der Druckzylinder, taucht in eine Farbwanne ein. Danach wird die Farbe mit einem Rakel (Schabeisen) von den erhabenen abgestrichen. Die Druckfarbe bleibt nur in den Vertiefungen, den Näpfchen. Das Papier muss eine aktive Rolle übernehmen, das heißt die Farbe aus den Näpfchen aufnehmen. Tiefdruckpapier ist daher immer saugfähig.

Die Herstellung des Kupferzylinders ist langwierig und teuer (Fixkosten). Ein Tiefdruckzylinder kann eine Breite von mehr als vier Metern haben. Durch die aktive Rolle des Papiers und den geringen Druck können ohne Druckformwechsel sehr hohe Auflagen gedruckt werden. Das Motiv wird mittels elektronischer Gravur oder Lasergravur aufgebracht. Die Ätzung mit Säure wird heute nur noch zu Korrekturzwecken verwendet.

Hauptsächlich Publikumszeitschriften mit sechsstelligen Auflagen und ohne Zeitdruck werden im Kupfertiefdruck hergestellt.

Optische Erkennung

Den Kupfertiefdruck erkennt man am so genannten Sägezahneffekt. Durch das nie gleichmäßige Saugen des Papiers und die Gravur der Buchstaben in Punkten ist deren Rand nicht glatt. Dadurch wirken kleine Schriften etwas unscharf.

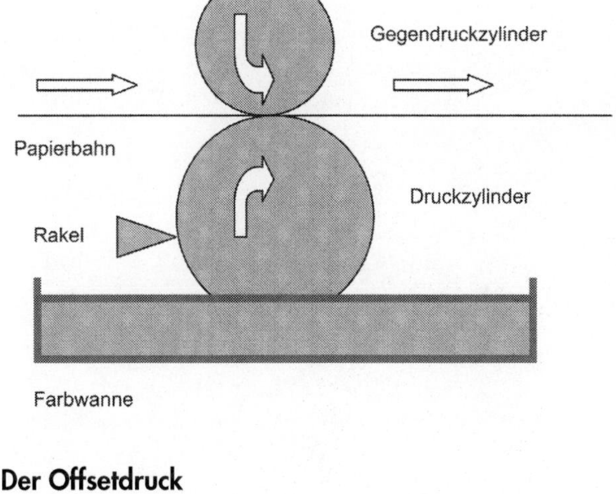

Der Offsetdruck

Der indirekte Fachdruck arbeitet nicht mit Höhen- oder Tiefendifferenzen, sondern mit dem Prinzip, dass sich bestimmte Moleküle an bestimmten Oberflächen nicht festhalten können. Im klassischen Offsetdruck werden die nichtdruckenden Stellen etwas rauher angelegt als die druckenden. Zunächst wird die Platte im Feuchtwerk mit Wasser benetzt. An die rauhen Stellen können sich Wassermoleküle festhalten, an den glatten Stellen nicht. Diese bleiben trocken und nehmen am Farbwerk die Farbe an. Die Druckplatte druckt erst auf ein Gummituch, welches die Farbe auf das Papier überträgt. Die Druckplatte besteht in der Zeitungsproduktion aus Aluminium, welches mit einer lichtempfindlichen Schicht versehen ist. Dies wird minutenschnell und kostengünstig über einen Film oder aus dem Computer (Computer-to-Plate, CtP) belichtet.

Optische Erkennung

Der Offsetdruck ist am leichtesten über ein Ausschlussverfahren zu bestimmen. Ist in der Zeitung weder eine Quetschkante noch ein Sägezahneffekt an den Buchstaben zu erkennen, handelt es sich in der Regel um den Offsetdruck.

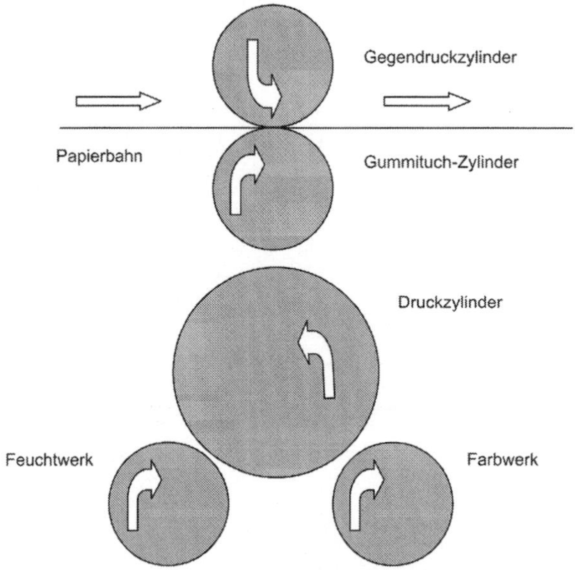

Maschinentypen

Außer den Verfahren, können auch drei Maschinentypen unterschieden werden.

1. Flach auf Flach

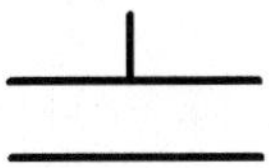

Eine flache Druckplatte druckt auf einen geraden Papierbogen. Langwierige, aber qualitativ hochwertige Methode.

2. Rund auf Flach

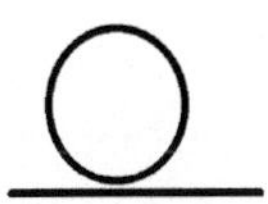

Hierbei wird, je nach Maschinentyp, die Druckplatte auf einen Zylinder gespannt oder der Papierbogen mit einem Gegendruckzylinder über die Druckplatte gerollt.

3. Rund auf Rund (Rotation)

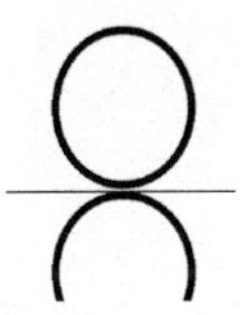

Bei diesem Maschinentyp sind sowohl die Druckplatte als auch der Gegendruck zylindrisch. Hoher Output mit leichten Qualitätsabstrichen beim Drucken auf Rollenpapieren. Meistgenutzter Maschinentyp für die Zeitschriften- und Zeitungsherstellung im Offset- und Kupfertiefdruck.

Digitaldruck

Als Digital werden die Reproduktionsverfahren bezeichnet, die ohne Druckform arbeiten. Hier wird aus einem Datensatz vervielfältigt. Kaufmännische Mengenvorteile sind deshalb nur gering ausgeprägt. Dafür bieten nur diese Verfahren die Möglichkeit der Individualisierung von Anzeigen, Adressaufklebern oder Mailings. Xerodruck, Laserprinting und Ink-Jet-Printing sind häufig verwendete Verfahren elektrofotografischer oder elektrostatischer Art.

Siebdruck

Der Siebdruck ist kein klassisches Druckverfahren zum Produzieren von Verlagsobjekten. Im ZZ-Bereich wird er in der Regel zur Bedruckung von Streuartikeln (Kugelschreibern, Feuerzeugen) oder Werbeartikeln (T-Shirts, Schildern, CDs) verwendet. Der Druck funktioniert nach dem Prinzip des Durchdruckens: Die Farbe wird durch ein Sieb gepresst. Hierauf befindet sich das Motiv (Schablone), welches die nicht zu druckenden Flächen abdeckt oder die Farbe an den freien Stellen durchlässt.

Auswahl des Papiers

Papier ist ein Material, das in Form von dünnen Blättern aus künstlich verfilztem Fasermaterial produziert wird. Es wird im wesentlichen aus folgenden Bestandteilen hergestellt:

- Altpapier
- Farbe
- Füllstoff
- Hadern (Textillumpen)
- Holzschliff
- Leim
- Zellstoff
- u.U. Kunststoffe

Variablen der Papierauswahl

Gewicht

Für die Produktion von Zeitschriften wird Papier nach verschiedenen Kriterien ausgewählt. Zunächst nach dem Gewicht in Gramm/qm (Grammatur), wobei drei Klassifizierungen angewendet werden:

Papier	17 - 180 g/qm (min. 150 gr/m² bei Postkarte)
Karton	180 - 500 g/qm
Pappe	ab 500 g/qm

Opazität

Zweites Kriterium ist die Opazität. Damit ist das Durchscheinverhalten eines Papiers gemeint. Ein opakes Papier lässt kein bzw. wenig Licht durch. Deshalb scheint hier beim zweiseitigen Druck die Rückseite nicht durch. Papiere für durchleuchtete City-Lights müssen stark durchscheinend (transparent) sein, ZZ-Papiere dagegen nicht (opak).

Reißfestigkeit

Wichtig für die modernen schnelllaufenden Rotationen bei der Zeitschriftenherstellung ist die Reißfestigkeit. Hier ergibt sich in der Praxis ein Konflikt mit dem Wunsch, dem Papier einen möglichst hohen Altpapieranteil beizugeben. Bei jedem Recyclingvorgang verkürzt sich die durchschnittliche Länge der Papierfasern, was zu einer schlechteren Reißfestigkeit führt. Trotzdem hat sich der Altpapieranteil bei den ZZ-Papieren in den letzten Jahren stetig erhöht.

Laufrichtung

Ein weiteres Kriterium der Papierauswahl ist die Laufrichtung. Sie gibt die Lage der Fasern im Papier an. Es werden Breitbahn- und Schmalbahnpapiere unterschieden. Ein M an der Formatbezeichnung gibt die Seite an, zu der die Fasern parallel laufen. Bei einer Klebebindung von höherwertigen Zeitschriften soll die Laufrichtung mit der Klebung übereinstimmen, da sie sonst nicht dauerhaft hält. Unter Feuchtigkeit werden nämlich die Papierfasern dicker, aber nicht länger. Laufen die Fasern quer zur Kleberichtung, wird der Leim durch Materialermüdung beeinträchtigt.

- 21,0 x 29,7 M = Schmalbahn
- 21,0 M x 27,9 = Breitbahn

Die Laufrichtung kann durch Reiß-, Nagel-, Feucht- oder Falzprobe festgestellt werden.

Volumen

Um die Bestimmung der Papierdicke zu vereinfachen, wurde eine Definition vorgenommen, die auf den ersten Blick unlogisch ist. In der Praxis ist sie aber praktikabel, da sie das Papiergewicht zum Ausgangspunkt wählt. Die grundlegende Idee ist, dass bei einem Papier das Volumen mit dem Gewicht proportional zunimmt. Das Volumen eines Papiers wird wie folgt festgelegt: Hat ein Papier die Dicke von 1/1.000 des Quadratmetergewichts, besitzt es einfaches Volumen.

Beispiele: 80 gr/qm bei V = 1 ist 0,08 mm dick
80 gr/qm bei V = 2 ist 0,16 mm dick

Veredelung

Viele Papiere entsprechen nach der Herstellung in der Papiermaschine noch nicht den Anforderungen der Zeitschriftenproduktion. Deshalb werden sie durch Glättung in Kalandern (Satinieren), oder Beschichtung (Strich) oder

Durchfärben (z.B. *Financial Times Deutschland*) weiterverarbeitet, um ihnen die gewünschte Oberfläche zu verleihen.

Klassifikation der Papiere

Grundsätzlich teilt man Papiere in die Kategorien holzfrei und holzhaltig sowie gestrichen und nicht gestrichen ein.

Naturpapiere

Papiere, die nicht mit einem Strich versehen sind, werden als Naturpapiere bezeichnet. Sie können je nach Faserstoff holzfrei oder holzhaltig sein. Zu dieser Gruppe gehören:

a) Offsetpapiere

Sie sind durch die Oberflächenleimung widerstandsfähig gegen Stauben gemacht worden und sehr dimensionsstabil gegenüber der im Offsetdruck unvermeidlichen Feuchtigkeit.

b) Werkdruckpapiere

Diese Papiere werden zur Herstellung von Büchern eingesetzt. Häufig wird durch spezielle Verfahren das Volumen erhöht, so dass bei unverändertem Gewicht ein stärkerer Buchblock entsteht.

Gestrichene Papiere

In der Regel kommen nur gussgestrichene Papiere zum Einsatz. Diese Papiere weisen extremen Glanz auf, der durch das spezielle Fertigungsverfahren erzielt wird, bei dem beheizte Chromzylinder die Trocknung des Strichs unterstützen und so eine absolut glatte Oberfläche entsteht. Diese Papiere und Kartons werden für Umschläge, Faltschachteln und Etiketten in höchster Qualität eingesetzt.

Häufige Fehler bei Druckerzeugnissen

Um ein reibungsloses Reklamationsmanagement zu gewährleisten, ist es notwendig, sich mit den häufigsten Problemen auch im kaufmännischen Bereich vertraut zu machen.

Rasterpunktzunahme (Vollerwerden/Zusetzen):

Die Rasterpunkte sind auf dem Papier nachher größer als auf dem Film.
Mögliche Ursachen: Falsche Lithoberechnung, alte Druckplatte (Buchdruck), Papier zu saugfähig
Folgen: Farbveränderungen, Tonwert insgesamt zu hoch, „Zusuppen" (Zusetzen) von negativen Schriften

Rasterpunktabnahme: (Spitzerwerden)

Die Rasterpunkte sind auf dem Papier nachher kleiner als auf dem Film.

Mögliche Ursachen: Falsche Lithoberechnung, Papier nicht saugfähig genug

Folgen: Farbveränderungen. Tonwert insgesamt zu niedrig, Farbausbrüche

Schieben

Die Rasterpunkte sind auf dem Papier nachher zu einer Seite verschoben. Sie sind nicht mehr rund, sondern o-förmig

Mögliche Ursachen: Zu strammes oder zu lockeres Gummituch

Folgen: Farbveränderungen, schlechte Lesbarkeit der Texte

Doublieren

Beim Offset verbleibt ein Farbrest auch nach dem Druckvorgang auf dem Gummituch. Dieser druckt dann eine Umdrehung später auch wieder auf das Papier. Die Folge ist ein Schatten der alten Farbreste neben dem Rasterpunkt bzw. neben dem Buchstaben.

Abschmieren

Hierbei laufen die Zylinder nicht gleich schnell. Die Folge ist, dass die Rasterpunkte an einer Seite ausgefranst sind.

Post-Press

Nach dem Druck müssen die einzelnen Bögen zusammengetragen, geschnitten und bei Zeitschriften buchbinderisch weiterverarbeitet werden. Dazu kommen noch Arbeitschritte wie das Einbringen von Warenproben oder Beilagen.

Zeitschriften können mit einer Rückendrahtheftung versehen werden, bei der zwei oder mehrere Klammern die Bögen zusammenhalten. Teurer, aber auch mit wertiger Anmutung ist die Klebebindung. Sie erlaubt zudem das Bedrucken des Zeitschriftenrückens, was eine leserfreundliche Archivierung ermöglicht.

Letzter Schritt ist die Konfektionierung der Zeitungen und Zeitschriften. Verpackung, Beanschriftung (siehe Kapitel 4) und Palettierung sind notwendig, um eine sichere logistische Distribution zu gewährleisten. Anschließend wird das Produkt nach einem Verladeplan an die Rampe übergeben, damit die richtige Orts- oder Nielsenausgabe auf den richtigen LKW geladen wird.

9 Anzeigen- und Vertriebsrecht für Medienkaufleute

Dr. Michael Rath-Glawatz

Einleitung

1. Die Verlage sind auf dem Weg von Presse- zu Medienhäusern. Sprach man früher vereinfachend vom „Presserecht", weitet sich heute der Blick auf das gesamte „Medienrecht". Damit sind nicht mehr nur die gedruckten, sondern auch die elektronischen Produkte der Verlage angesprochen.

   Unter dem Begriff des „Medienrechts" versammelt sich wiederum eine Vielzahl einzelner Rechtsgebiete: das klassische Presserecht mit den Landespressegesetzen, das Recht der so genannten Neuen Medien (z.B. niedergelegt im „Mediendienstestaatsvertrag" – MDStV), das Wettbewerbsrecht („Gesetz gegen den unlauteren Wettbewerb" – UWG) sowie das „Gesetz gegen Wettbewerbsbeschränkungen" (GWB), das Urheberrecht („Urheberrechtsgesetz" – UrhG), das Markenrecht („Markengesetz" – MarkenG) und eine ganze Reihe anderer Rechtsvorschriften.

2. Aus diesem Gesamtkomplex „Medienrecht" werden nachfolgend schwerpunktartig nur die Bereiche herausgegriffen, die speziell für Medienkaufleute von Interesse sind. Dies hat zur Folge, dass die Fragen, die mit dem redaktionellen Inhalt der Medienangebote der Verlage zusammenhängen, (weitgehend) ausgespart bleiben und sich die Darstellung i.W. auf die Rechtsfragen des Anzeigen- und Vertriebsgeschäfts konzentriert. Angesichts der Fülle der Detailprobleme kann hier jedoch nur eine grobe Übersicht gegeben werden, die nicht von der Pflicht entbindet, im Einzelfall eine genauere Prüfung der Rechtslage vorzunehmen.

Rechtliche Grundlagen des Anzeigen- und Vertriebsgeschäfts

1. Verfassungsrecht

Die wichtigste Rechtsnorm für die Arbeit der Verlage ist die in Art. 5 Grundgesetz (GG) garantierte Pressefreiheit:

„Artikel 5 GG:

(1) Jeder hat das Recht, seine Meinung in Wort, Schrift und Bild frei zu äußern und zu verbreiten und sich aus allgemein zugänglichen Quellen ungehindert zu unterrichten. Die Pressefreiheit und die Freiheit der Berichterstattung durch Rundfunk und Film werden gewährleistet. Eine Zensur findet nicht statt.

(2) Diese Rechte finden ihre Schranken in den Vorschriften der allgemeinen Gesetze, den Gesetzen zum Schutze der Jugend und im Recht der persönlichen Ehre."

Nach der Rechtsprechung des Bundesverfassungsgerichts schützt Art. 5 GG die „Freie Presse" (die Verlage) in ihrer Eigenständigkeit von der Beschaffung der Information bis zur Verbreitung der Inhalte (Nachrichten und Meinungen). Die Garantie der „Pressefreiheit" umfasst danach nicht nur die Presse-/Medienprodukte selbst, sondern erstreckt sich auch auf die in der Presse und für die Presse tätigen Personen im redaktionellen, kaufmännischen, technischen oder vertrieblichen Bereich, also auf die gesamte auf Herstellung und den Vertrieb von Presseerzeugnissen umfassende Tätigkeit.

Damit genießt sowohl das Anzeigen- wie auch das Vertriebsgeschäft der Verlage unmittelbaren verfassungsrechtlichen Schutz aus Art. 5 GG. Dass die Verlage ihre Grundrechte aus Art. 5 Abs. 1 GG jedoch – wie jeder andere Grundrechtsträger auch – nicht grenzenlos ausüben dürfen, ist in Art. 5 Abs. 2 GG verankert, der bestimmt, dass die Pressefreiheit ihre Schranken u.a. „in den Vorschriften der allgemeinen Gesetze" findet. Damit ist die Verbindung zu der Beachtung der Normen (wie z.B. denen des Wettbewerbsrechts) hergestellt, die bereits in der Einleitung genannt wurden.

2. Landespressegesetze

In den inhaltlich weitgehend identischen Landespressegesetzen der einzelnen Bundesländer sind die wichtigen Konkretisierungen der verfassungsrechtlich verankerten „Pressefreiheit" enthalten. Bezogen auf das Anzeigen- und Vertriebsgeschäft sind – am Beispiel des Pressegesetzes für Baden-Württemberg – folgende Bestimmungen zu nennen:

§ 1 (Freiheit der Presse)

(1) Die Presse ist frei. Sie dient der freiheitlichen demokratischen Grundordnung.

(2) Die Freiheit der Presse unterliegt nur den Beschränkungen, die durch das Grundgesetz unmittelbar und in seinem Rahmen durch dieses Gesetz zugelassen sind.

(3) Sondermaßnahmen jeder Art, die die Pressefreiheit beeinträchtigen, sind verboten.

(4) Gesetzen, die für jedermann gelten, ist auch die Presse unterworfen.

§ 6 (Sorgfaltspflicht der Presse)

Die Presse hat alle Nachrichten vor ihrer Verbreitung mit der nach den Umständen gebotenen Sorgfalt auf Wahrheit, Inhalt und Herkunft zu prüfen. Die Verpflichtung, Druckwerke von strafbarem Inhalt freizuhalten oder Druckwerke strafbaren Inhalts nicht zu verbreiten (§ 20 Abs. 2), bleibt unberührt.

§ 8 (Impressum)

(1) Auf jedem im Geltungsbereich dieses Gesetzes erscheinenden Druckwerk müssen Name oder Firma und Anschrift des Druckers und des Verlegers, beim Selbstverlag des Verfassers oder des Herausgebers, genannt sein.

(2) Auf den periodischen Druckwerken sind ferner Name und Anschrift des verantwortlichen Redakteurs anzugeben. Sind mehrere Redakteure verantwortlich, so muss das Impressum die in Satz 1 geforderten Angaben für jeden von ihnen enthalten. Hierbei ist kenntlich zu machen, für welchen Teil oder sachlichen Bereich des Druckwerks jeder Einzelne verantwortlich ist. Für den Anzeigenteil ist ein Verantwortlicher zu benennen; für diesen gelten die Vorschriften über den verantwortlichen Redakteur entsprechend.

(3) Zeitungen und Anschlusszeitungen, die regelmäßig ganze Seiten des redaktionellen Teils fertig übernehmen, haben im Impressum auch den für den übernommenen Teil verantwortlichen Redakteur und den Verleger zu benennen. Kopfzeitungen müssen im Impressum auch den Titel der Hauptzeitung angeben.

§ 10 (Kennzeichnung entgeltlicher Veröffentlichungen)

Hat der Verleger eines periodischen Druckwerks oder der Verantwortliche (§ 8 Abs. 2 Satz 4) für eine Veröffentlichung ein Entgelt erhalten, gefordert oder sich versprechen lassen, so hat er diese Veröffentlichung, soweit sie nicht schon durch Anordnung und Gestaltung allgemein als Anzeige zu erkennen ist, deutlich mit dem Wort „Anzeige“ zu bezeichnen.

3. Mediendienstestaatsvertrag

Während es für jedes Bundesland ein eigenes Landespressegesetz gibt (und deshalb das Landespresserecht gilt, das am „Erscheinungsort" des Druckwerkes anzuwenden ist), haben sich die Bundesländer bezüglich der elektronischen Medienangebote auf einen einheitlichen Mediendienstestaatsvertrag (MDStV) verständigt. Bezogen auf das (Banner-)Werbe- und Vertriebsgeschäft sind folgende Regelungen zu beachten:

§ 2 Geltungsbereich

(1) Dieser Staatsvertrag gilt für das Angebot und die Nutzung von an die Allgemeinheit gerichteten Informations- und Kommunikationsdiensten (Mediendienste) in Text, Ton oder Bild, die unter Benutzung elektromagnetischer Schwingungen ohne Verbindungsleitung oder längs oder mittels eines Leiters verbreitet werden. Die Bestimmungen des Rundfunkstaatsvertrages und des Jugendmedienschutz-Staatsvertrages bleiben unberührt. Ferner bleiben die Bestimmungen des Teledienstegesetzes in der in einem Bundesgesetz erstmalig beschlossenen Fassung, die Bestimmungen des Telekommunikationsgesetzes sowie der Bereich der Besteuerung unberührt.

(2) Mediendienste im Sinne von Absatz 1 sind insbesondere:

1. Verteildienste in Form von direkten Angeboten an die Öffentlichkeit für den Absatz von Waren oder Erbringung von Dienstleistungen, einschließlich unbewegter Sachen, Rechte und Verpflichtungen, gegen Entgelt (Teleshopping),
2. Verteildienste, in denen Messergebnisse und Datenermittlungen in Text oder Bild mit oder ohne Begleitton verbreitet werden,
3. Verteildienste in Form von Fernsehtext, Radiotext und vergleichbaren Textdiensten,
4. Abrufdienste, bei denen Text-, Ton- oder Bilddarbietungen auf Anforderung aus elektronischen Speichern zur Nutzung übermittelt werden, mit Ausnahme von solchen Diensten, bei denen der individuelle Leistungsaustausch oder die reine Übermittlung von Daten im Vordergrund steht, ferner von Telespielen.

§ 4 Zugangsfreiheit

Mediendienste sind im Rahmen der Gesetze zulassungs- und anmeldefrei.

§ 6 Allgemeine Grundsätze der Verantwortlichkeit

(1) Diensteanbieter sind für eigene Informationen, die sie zur Nutzung bereithalten, nach diesem Staatsvertrag oder den allgemeinen Gesetzen verantwortlich.
(2) Diensteanbieter im Sinne der §§ 7 bis 9 sind nicht verpflichtet, die von ihnen übermittelten oder gespeicherten Informationen zu überwachen oder nach Umständen zu forschen, die auf eine rechtswidrige Tätigkeit hinweisen. Verpflichtungen zur Entfernung oder Sperrung der Nutzung von Informationen nach diesem Staatsvertrag oder den allgemeinen Gesetzen bleiben auch im Falle der Nichtverantwortlichkeit des Diensteanbieters nach den §§ 7 bis 9 unberührt. Das Fernmeldegeheimnis nach § 85 des Telekommunikationsgesetzes ist zu wahren.

§ 7 Durchleitung von Informationen

(1) Diensteanbieter sind für fremde Informationen, die sie in einem Kommunikationsnetz übermitteln oder zu denen sie den Zugang zur Nutzung vermitteln, nicht verantwortlich, sofern sie

1. die Übermittlung nicht veranlasst,
2. den Adressaten der übermittelten Information nicht ausgewählt und
3. die übermittelten Informationen nicht ausgewählt oder verändert haben.

Satz 1 findet keine Anwendung, wenn der Diensteanbieter absichtlich mit einem der Nutzer seines Dienstes zusammenarbeitet, um rechtswidrige Handlungen zu begehen.

(2) Die Übermittlung von Informationen nach Absatz 1 und die Vermittlung des Zugangs zu ihnen umfasst auch die automatische kurzzeitige Zwischenspeicherung dieser Informationen, soweit dies zur Durchführung der Übermittlung im Kommunikationsnetz geschieht und die Informationen nicht länger gespeichert werden, als dies für die Übermittlung üblicherweise erforderlich ist.

§ 9 Speicherung von Informationen

Diensteanbieter sind für fremde Informationen, die sie für den Nutzer speichern, nicht verantwortlich, sofern

1. sie keine Kenntnis von der rechtswidrigen Handlung oder der Information haben und ihnen im Falle von Schadensersatzansprüchen auch keine Tatsachen oder Umstände bekannt sind, aus denen die rechtswidrige Handlung oder die Information offensichtlich wird, oder

2. sie unverzüglich tätig geworden sind, um diese Information zu entfernen oder den Zugang zu ihr zu sperren, sobald sie diese Kenntnis erlangt hat.

Satz 1 findet keine Anwendung, wenn der Nutzer dem Diensteanbieter untersteht oder von ihm beaufsichtigt wird.

§ 13 Werbung, Sponsoring

(1) Werbung muss als solche klar erkennbar und vom übrigen Inhalt der Angebote eindeutig getrennt sein. In der Werbung dürfen keine unterschwelligen Techniken eingesetzt werden.

(2) Für Verteildienste nach § 2 Abs. 2 Nr. 1 gelten §§ 7, 8, 44, 45 und 45 a des Rundfunkstaatsvertrages entsprechend.

(3) Für Sponsoring bei Fernsehtext gilt § 8 des Rundfunkstaatsvertrages entsprechend.

4. Wettbewerbsrecht

Für das Anzeigengeschäft, vor allem aber für die Eigenwerbung der Verlage (im Anzeigen- und Vertriebsbereich) sind die Vorschriften des Gesetzes gegen den unlauteren Wettbewerb (UWG) von zentraler Bedeutung:

§ 3 Verbot unlauteren Wettbewerbs

Unlautere Wettbewerbshandlungen, die geeignet sind, den Wettbewerb zum Nachteil der Mitbewerber, der Verbraucher oder der sonstigen Marktteilnehmer nicht nur unerheblich zu beeinträchtigen, sind unzulässig.

§ 2 Beispiele unlauteren Wettbewerb

Unlauter im Sinne von § 3 handelt insbesondere, wer …

3. den Werbecharakter von Wettbewerbshandlungen verschleiert;

4. bei Verkaufsförderungsmaßnahmen wie Preisnachlässen, Zugaben oder Geschenken die Bedingungen für ihre Inanspruchnahme nicht klar und eindeutig angibt;

5. bei Preisausschreiben oder Gewinnspielen mit Werbecharakter die Teilnahmebedingungen nicht klar und eindeutig angibt;

6. die Teilnahme von Verbrauchern an einem Preisausschreiben oder Gewinnspiel von dem Erwerb einer Ware oder der Inanspruchnahme einer

Dienstleistung abhängig macht, es sei denn, das Preisausschreiben oder Gewinnspiel ist naturgemäß mit der Ware oder Dienstleistung verbunden;

§ 6 Vergleichende Werbung

(1) Vergleichende Werbung ist jede Werbung, die unmittelbar oder mittelbar einen Mitbewerber oder die von einem Mitbewerber angebotenen Waren oder Dienstleistungen erkennbar macht.

(2) Unlauter im Sinne von § 3 handelt, wer vergleichend wirbt, wenn der Vergleich

1. sich nicht auf Waren oder Dienstleistungen für den gleichen Bedarf oder dieselbe Zweckbestimmung bezieht;
2. nicht objektiv auf eine oder mehrere wesentliche, relevante, nachprüfbare oder typische Eigenschaften oder den Preis dieser Waren oder Dienstleistungen bezogen ist;
3. im geschäftlichen Verkehr zu Verwechslungen zwischen den Werbenden und einem Mitbewerber oder zwischen den von diesen angebotenen Waren oder Dienstleistungen oder den von ihnen verwendeten Kennzeichen führt;
4. die Wertschätzung des von einem Mitbewerber verwendeten Kennzeichens in unlauterer Weise ausnutzt oder beeinträchtigt;
5. die Waren, Dienstleistungen, Tätigkeiten oder persönlichen oder geschäftlichen Verhältnisse eines Mitbewerbers herabsetzt oder verunglimpft oder
6. eine Ware oder Dienstleistung als Imitation oder Nachahmung einer unter einem geschützten Kennzeichen vertriebenen Ware oder Dienstleistung darstellt.

(3) Bezieht sich der Vergleich auf ein Angebot mit einem besonderen Preis oder anderen besonderen Bedingungen, so sind der Zeitpunkt des Endes des Angebots und, wenn dieses noch nicht gilt, der Zeitpunkt des Beginns des Angebots eindeutig anzugeben. Gilt das Angebot nur so lange, wie die Waren oder Dienstleistungen verfügbar sind, so ist darauf hinzuweisen.

5. Verbraucherschutzgesetze

Sowohl für das Anzeigen- wie für das Vertriebsgeschäft (Abo-Bereich) sind eine ganze Reihe von Verbraucherschutzbestimmungen von Bedeutung. Bei allen Verträgen mit Verbrauchern, die „die regelmäßige Lieferung von Sachen gleicher Art zum Gegenstand“ haben und „bei dem das Entgelt der Gesamtheit der Sachen in Teilzahlungen zu entrichten ist", hat der Verbraucher ein Widerrufsrecht (§ 505 BGB). Derartige Ratenlieferungsverträge können auch in elektronischer Form abgeschlossen werden (§ 126 a BGB).

§ 13 Verbraucher

Verbraucher ist jede natürliche Person, die ein Rechtsgeschäft zu einem Zwecke abschließt, der weder ihrer gewerblichen noch ihrer selbstständigen beruflichen Tätigkeit zugerechnet werden kann.

§ 505 Ratenlieferungsverträge

(1) Dem Verbraucher steht vorbehaltlich des Satzes 2 bei Verträgen mit einem Unternehmer, in denen die Willenserklärung des Verbrauchers auf den Abschluss eines Vertrages gerichtet ist, der

1. die Lieferung mehrerer als zusammengehörend verkaufter Sachen in Teilleistungen zum Gegenstand hat und bei dem das Entgelt für die Gesamtheit der Sachen in Teilzahlungen zu entrichten ist, oder

2. die regelmäßige Lieferung von Sachen gleicher Art zum Gegenstand hat, oder

3. die Verpflichtung zum wiederkehrenden Erwerb oder Bezug von Sachen zum Gegenstand hat,

ein Widerrufsrecht gemäß § 355 zu. … Dem in § 491 Abs. 2 Nr. 1 genannten Nettodarlehensbetrag *(= 200 Euro)* entspricht die Summe aller vom Verbraucher bis zum frühestmöglichen Kündigungszeitpunkt zu entrichtenden Teilzahlungen.

(2) Der Ratenlieferungsvertrag nach Absatz 1 bedarf der schriftlichen Form. Satz 1 gilt nicht, wenn dem Verbraucher die Möglichkeit verschafft wird, die Vertragsbestimmungen einschließlich der Allgemeinen Geschäftsbedingungen bei Vertragsschluss abzurufen und in wiedergabefähiger Form zu speichern. Der Unternehmer hat dem Verbraucher den Vertragsinhalt in Textform *(§ 126 b)* mitzuteilen.

Sofern Anzeigen- oder Vertriebs-(Abonnenten-)Verträge mit Hilfe der üblichen Fernkommunikationsmittel (z.B. Brief, Postkarte, Telefon, Fax, E-Mail) abgeschlossen werden, gilt es bei diesen „Fernabsatzverträgen" (§ 312 b BGB) die gesetzlichen Informationspflichten zu beachten (§ 312 c BGB sowie die Verordnung über Informations- und Nachweispflichten nach bürgerlichem Recht – BGB-InfoV):

§ 312 b Fernabsatzverträge

(1) Fernabsatzverträge sind Verträge über die Lieferung von Waren oder über die Erbringung von Dienstleistungen einschließlich Finanzdienstleistungen, die zwischen einem Unternehmer und einem Verbraucher unter ausschließlicher Verwendung von Fernkommunikationsmitteln abgeschlossen werden…

(2) Fernkommunikationsmittel sind Kommunikationsmittel, die zur Anbahnung oder zum Abschluss eines Vertrags zwischen einem Verbraucher und einem Unternehmer ohne gleichzeitige körperliche Anwesenheit der Vertragspartner eingesetzt werden können, insbesondere Briefe, Kataloge, Telefonanrufe, Telekopien, E-Mails sowie Rundfunk-, Tele- und Mediendienste.

§ 312 c Unterrichtung des Verbrauchers bei Fernabsatzverträgen

(1) Der Unternehmer hat dem Verbraucher rechtzeitig vor Abgabe dessen Willenserklärung in einer dem eingesetzten Fernkommunikationsmittel entsprechenden Weise klar und verständlich und unter Angabe des geschäftlichen Zwecks die Informationen zur Verfügung zu stellen, für die dies … *(in der BGB-InfoV)* … bestimmt ist. Der Unternehmer hat bei von ihm veranlassten Telefongesprächen seine Identität und den geschäftlichen Zweck des Kontakts bereits zu Beginn eines jeden Gesprächs ausdrücklich offen zu legen.

§ 1 BGB-InfoV Informationspflichten bei Fernabsatzverträgen

Der Unternehmer muss dem Verbraucher gemäß § 312 c Abs. 1 des Bürgerlichen Gesetzbuches folgende Informationen zur Verfügung stellen:

1. seine Identität … *(incl. der Handelsregisterbezeichnung und der Handelsregisternummer)*,
2. die Identität eines Vertreters des Unternehmens … ,
3. die ladungsfähige Anschrift des Unternehmens … *(bei juristischen Personen auch der Name eines Vertretungsberechtigten)*,
4. wesentliche Merkmale der Ware oder Dienstleistung sowie darüber, wann der Vertrag zustande kommt,
5. die Mindestlaufzeit des Vertrags, wenn dieser eine dauernde oder regelmäßig wiederkehrende Leistung zum Inhalt hat,
6. einen Vorbehalt, eine in Qualität und Preis gleichwertige Leistung (Ware oder Dienstleistung) zu erbringen und einen Vorbehalt, die versprochene Leistung im Falle ihrer Nichtverfügbarkeit nicht zu erbringen,

7. den Gesamtpreis der Ware oder Dienstleistung einschließlich aller damit verbundenen Preisbestandteile sowie alle über den Unternehmer abgeführten Steuern … ,
8. gegebenenfalls zusätzlich anfallende Liefer- und Versandkosten … ,
9. Einzelheiten hinsichtlich der Zahlung und der Lieferung oder Erfüllung,
10. das Bestehen oder Nichtbestehen eines Widerrufs- oder Rückgaberechts … ,
11. alle spezifischen, zusätzlichen Kosten, die der Verbraucher für die Benutzung der Fernkommunikationsmittel zu tragen hat … ,
12. die Befristung der Gültigkeitsdauer der zur Verfügung gestellten Informationen … .

Rechtliche Grundfragen des Anzeigengeschäfts

1. Anzeigenvertrag

a) Der Anzeigenvertrag ist juristisch als Werkvertrag (Verpflichtung des Verlages zur Veröffentlichung und Verbreitung des Inserats) einzuordnen. Obwohl häufig von Anzeigenabschlüssen/-aufträgen gesprochen wird, gilt kein Auftragsrecht. Der Begriff „Anzeigenabschluss“ meint einen Vertrag über mehrere Anzeigen (Anzeigenstrecke).

b) Der Anzeigenvertrag kommt wie jeder Vertrag durch Angebot und Annahme zustande. Im Presse- und Anzeigenbereich ist es üblich, dass Anzeigenverträge nicht einer ausdrücklichen Annahmeerklärung durch den Verlag bedürfen. Mit der Veröffentlichung der Anzeige gilt der Anzeigen- „Vertrag“ als angenommen. Das Versenden von Preislisten/Media-Unterlagen ist noch kein bindendes Angebot des Verlages im Rechtssinn. Das Angebot liegt erst in der Übersendung des Anzeigenmanuskripts des Kunden. Die Annahme erfolgt, wenn entweder ein Auftragsbestätigungsschreiben an den Kunden abgeschickt wird oder spätestens (stillschweigend) mit der Veröffentlichung der Anzeige. Wird der Anzeigenvertrag „unter Anwesenden“ verhandelt, so muss das Angebot des Kunden vom Verlag „sofort“ angenommen werden (§ 147 BGB). Eine „verspätete“ Annahme stellt ein neues Angebot dar (§ 150 BGB).

Die faktische Annahme des Anzeigenmanuskriptes stellt noch keine Annahme des Anzeigenauftrages dar. Dieser kommt erst zustande, wenn der Verlag (der Mitarbeiter in der Anzeigenabteilung) nach Prüfung die Anzeige tatsächlich „mitnehmen" will. Dies gilt selbst dann, wenn der „Inserent" die Anzeige in einer Anzeigenannahmestelle des Verlages abgegeben und auch schon bezahlt hat. Teilt der Verlag dem „Inserenten" mit, dass die Anzeige nicht veröffentlicht wird, so stellt dies nicht den Rücktritt vom Vertrag dar, sondern die Nicht-Annahme des Vertragsangebots.

c) Der Anzeigenvertrag wird regelmäßig zwischen dem Verlag und dem Inserenten abgeschlossen. Ist eine Werbeagentur beteiligt, so schließt sie i.d.R. den Vertrag über die Anzeigenschaltung in eigenem Namen ab und hat deshalb alle Rechte (und Pflichten) aus dem Anzeigenvertrag.

d) Anzeigenverträge unterliegen der „Geheimhaltung". Wenn Dritte versuchen, vor dem Erscheinen der Tageszeitungen schon an den Inhalt bestimmter Anzeigen (z.B. Kfz-/Immobilienteil) zu kommen, indem etwa Verlagsmitarbeiter bestochen wurden, so ist dies wettbewerbsrechtlich unzulässig (§ 17 UWG – Geheimnisverrat). Die Rechtsprechung stuft die Anzeigeninhalte als zu schützendes Geschäftsgeheimnis der Verlage ein.

2. Prüfungspflicht

a) Für den Inhalt der Anzeigen sind die Inserenten verantwortlich. Handelt es sich um Eigenwerbung der Verlage oder hat der Verlag die Anzeige für den Inserenten (wie eine Werbeagentur) gestaltet, so haften die Verlage selbst.

b) Eine (eigene) Prüfungspflicht der Verlage bei Fremdanzeigen besteht nur in Ausnahmefällen. Sie ist beschränkt auf offensichtliche, eindeutige und schwerwiegende Rechtsverstöße. Die Anzeige muss, soll der Rechtsverstoß offensichtlich sein, auf den ersten Blick vom Gewohnten abweichen. Dies ist z.B. dann der Fall, wenn in Anzeigen „Geschäftsaufgaben" oder offenkundig gefälschte Markenware oder Imitate berühmter Marken angeboten werden. Außerdem besteht eine Prüfungspflicht, wenn in den Anzeigen gegen das allgemeine Persönlichkeitsrecht (z.B. Ehrverletzungen) bzw. Straftatbestände (z.B. Aufruf zur Gewalt) verstoßen wird. Abgesehen von diesen Ausnahmefällen besteht insbesondere keine Prüfungspflicht der Verlage bei unlauterer oder irreführender Werbung sowie bei Heilmittelwerbung.

3. Haftung des Inserenten für Fehler des Verlages

Hat der Inserent ein wettbewerbsrechtlich einwandfreies Manuskript abgeliefert, so haftet er nicht, wenn die Anzeigenveröffentlichung durch einen Fehler des Verlages wettbewerbswidrig wird. Hat der Inserent dagegen wegen einer von ihm zu verantwortenden Wettbewerbswidrigkeit einer Anzeige eine strafbewehrte Unterlassungsverpflichtungserklärung abgegeben, so muss er sich Fehler des

Verlages bei einer erneuten wettbewerbswidrigen Veröffentlichung der Anzeige als eigene Fehler zurechnen lassen (Verlag als Erfüllungsgehilfe). Will der Inserent insoweit beim Verlag Regress nehmen (und hat er, was zulässig gewesen wäre, im Vertragsstrafeversprechen die Haftung für Erfüllungsgehilfen nicht ausgeschlossen), so trifft ihn eine Mitschuld.

Liegt gegen den Inserenten eine gerichtliche Unterlassungsverfügung vor, so ist er zur Zahlung eines Ordnungsgeldes (im Bestrafungsverfahren) nur verpflichtet, wenn er den Fehler des Verlages schuldhaft herbeigeführt hat (es z.B. unterlassen hat, den Verlag schriftlich darauf hinzuweisen, dass die Anzeige nicht wiederholt werden darf).

4. Kontrahierungszwang

Es gibt keinen Abschlusszwang (Kontrahierungszwang) der Verlage zur Veröffentlichung von Anzeigen. Dies könnte nur dann anders sein, wenn das Printorgan eine Monopolstellung hat und es für den „Inserenten" keine Ausweichmöglichkeiten (Handzettel, Rundfunk) gibt. Als akzeptable „Ausweichmöglichkeit" hat es die Rechtsprechung z.B. genügen lassen, wenn den Werbetreibenden die Möglichkeit offen steht, statt in einer Tageszeitung in einem Anzeigenblatt zu inserieren. Und selbst dann, wenn der Verlag Monopolist ist und keine Ausweichmöglichkeiten bestehen, ist die Ablehnung des Anzeigenauftrages gerechtfertigt, wenn sachliche Gründe geltend gemacht werden können. Dies ist insbesondere dann der Fall, wenn gegen den Abdruck der Anzeige rechtliche, inhaltliche oder drucktechnische Bedenken bestehen. Außerdem ist kein Verlag verpflichtet, den eigenen Anzeigenraum für Konkurrenzobjekte zu öffnen. Wichtig ist, dass die Verlage nach einheitlichen Grundsätzen vorgehen. Willkürliche Ablehnungen von Anzeigenaufträgen bei gleicher Sachlage sind unzulässig. Die Ablehnung des Anzeigenauftrags ist unverzüglich auszusprechen und dem „Inserenten" mitzuteilen.

5. Allgemeine Geschäftsbedingungen

Heute verwenden (fast) alle Verlage Allgemeine Geschäftsbedingungen (AGB) für Anzeigenveröffentlichungen, i.d.R. die des Zentralverbandes der deutschen Werbewirtschaft (ZAW). Hinzu kommen vielfach noch „Besondere Geschäftsbedingungen" der Verlage, in denen zusätzliche Tatbestände geregelt werden, die das Unternehmen für alle Anzeigenaufträge einheitlich abwickeln will – z.B. Besondere Geschäftsbedingungen für die elektronische Übermittlung von Anzeigendruckvorlagen.

Gleichgültig, ob der Anzeigenkunde Kaufmann ist oder Privatperson, die AGB müssen – ausdrücklich oder stillschweigend – vereinbart werden, um Gültigkeit zu besitzen. Bei Werbeagenturen gehen die Gerichte davon aus, dass ihnen die AGB der Verlage bekannt sind. Bei Werbetreibenden, die als „Festkunde" beim Verlag geführt sind und die regelmäßig die neuen Mediaunterlagen (Preisliste mit AGB) erhalten, sind die AGB ebenfalls Vertragsgrundlage. In den übrigen Fällen muss eine ausdrückliche oder stillschweigende Einbeziehung der AGB erfolgt sein (z.B. Abdruck auf der Rückseite des Auftragsformulars mit entsprechendem Hinweis auf der Vorderseite).

6. Chiffre-Anzeigen

Bei den Chiffreanzeigen bleibt der Inserent anonym. Der Verlag übernimmt es, ihm (gegen Zahlung der zusätzlichen Chiffre-Gebühr) die Zuschriften zuzuschicken. Der Verlag darf (sofern nicht ein rechtfertigender Grund vorliegt) die Person des Inserenten nicht bekannt geben. Es reicht z.B. nicht, wenn ein Dritter behauptet, er habe zugeschickte Unterlagen nicht zurückbekommen und wolle nun Namen/Anschrift des Chiffreinserenten wissen. Bei Anfragen von Finanzämtern müssen die Verlage den Chiffreinserenten offenbaren, sofern die Anfrage hinreichend konkretisiert ist. Ermittlungen „ins Blaue" hinein müssen nicht beantwortet werden. Die Presse hat jedoch – anders als im redaktionellen Teil (Informanten-Schutz) – hinsichtlich des Anzeigenteils kein generelles Zeugnisverweigerungsrecht.

7. Anzeigenpreise

a) Die Anzeigenpreise ergeben sich i.d.R. aus den Preislisten der Verlage. Wer Preislisten herausgibt, unterwirft sich einer Selbstbindung, d.h. er ist – solange und soweit die Preisliste Gültigkeit besitzt – nicht befugt, von der Preisliste abzuweichen (Grundsatz der Preislistentreue). Ob allerdings heute in dem Abweichen von der eigenen Preisliste ein wettbewerbsrechtlicher Verstoß gesehen werden kann, hängt davon ab, ob sich die Mehrheit der Verlage, die in dem jeweils betroffenen Markt agieren, noch an die eigenen Preise gebunden fühlt. Gibt es keine entsprechende Praxis mehr, so kann das Abweichen von der Preisliste nicht unter Verweis auf den Grundsatz der Preislistentreue untersagt werden. Anders nur dann, wenn nachgewiesen werden kann, dass in dem betroffenen Markt generell noch Preisdisziplin herrscht. Durch diesen Grundsatz der Preislistentreue wird jedoch das Recht der Verlage, die Preise (für die Preisliste bzw. nicht in der Preisliste enthaltene Anzeigen) frei festzusetzen, nicht eingeschränkt.

b) Der kostenlose Abdruck von gewerblichen Anzeigen ist (nach bisheriger Auffassung) als „Verschenken von Anzeigenraum" stets wettbewerbswidrig. Hinsichtlich der kostenlosen Veröffentlichung von privaten (Klein-)Anzeigen ist nach der Rechtsprechung zu unterscheiden: Bei sogenannten Offertenblättern (siehe Kapitel „Blätterwald"), ist der kostenlose Abdruck von privaten Kleinanzeigen (erst) dann unzulässig, wenn dadurch konkret andere Presseerzeugnisse in ihrem Bestand gefährdet wären. Bei Fachzeitschriften und Tageszeitungen wird nach überwiegender Meinung die kostenlose Veröffentlichung von privaten Kleinanzeigen als unzulässig angesehen.

c) Werden Anzeigen als so genannte Füllanzeigen kostenlos abgedruckt, so liegt ihrer Veröffentlichung i.d.R. ein Anzeigenvertrag zugrunde. Bei der Übernahme fremder Anzeigen (Anzeigen aus Fremdobjekten) oder der „Schaltung" unbestellter Anzeigen fehlt dagegen der Anzeigenvertrag. Der Abdruck entsprechender „Füllanzeigen" ist generell wettbewerbswidrig. Denn es wird über den Umfang der eigenen Akquisitionsleistung, der Akzeptanz des eigenen Blattes getäuscht. Unzulässig ist es insoweit auch, wenn z.B. Stellenanzeigen aus einem Printtitel unerlaubt in ein Online-Job-Angebot übernommen werden. Die unerlaubte Übernahme von Anzeigen kann schließlich auch eine Urheberrechtsverletzung darstellen (sofern die Anzeige, was die Ausnahme sein dürfte, als „Werk" Urheberrechtsschutz genießt).

8. Fehler beim Anzeigenabdruck

Passieren Fehler bei der Veröffentlichung von Anzeigen, so haftet der Verlag nur, soweit diese nicht auf vom Werbetreibenden zu vertretenden Mängeln im Anzeigenmanuskript/dessen Übermittlung beruhen. Hat der Verlag bestimmte Eigenschaften der Anzeigenveröffentlichung ausdrücklich garantiert, so haftet er, wenn diese zugesicherten Eigenschaften nicht erfüllt sind (z.B. die „garantierte" Auflagenhöhe verfehlt wird). Der Inserent kann dann, wenn die Anzeige fehlerhaft ist bzw. eine zugesicherte Eigenschaft fehlt, den Abdruck einer Ersatzanzeige verlangen. Ein Anspruch des Inserenten auf „Wandlung" (= Rückgängigmachung des Vertrages) bzw. Minderung (des Anzeigenentgelts) besteht nur dann, wenn die Ersatzanzeige keinen Sinn mehr macht (z.B. wenn die in der Anzeige zu bewerbende Veranstaltung schon stattgefunden hat) oder der Verlag unberechtigterweise die Schaltung der Ersatzanzeige abgelehnt hat. Dies ist jedoch dann nicht der Fall, wenn zwar vom Verlag zu vertretende Fehler in der Anzeige enthalten sind, diese aber den „Nutzen" der Anzeige nicht schmälern.

Die AGB der Verlage enthalten regelmäßig eine ganze Reihe von Haftungsbeschränkungen. So wird die Haftung der Verlage auf die anzeigentypischen Schäden beschränkt und die Schadenssumme auf die Höhe des vom Inserenten zu zahlenden Anzeigenpreises begrenzt. Diese Haftungsbegrenzungen gelten jedoch nicht bei grober Fahrlässigkeit (oder gar bei Vorsatz).

9. Schleichwerbung

§ 4 Nr. 3 UWG bestimmt: „Unlauter handelt, wer den Werbecharakter von Wettbewerbshandlungen verschleiert".

1. Zu unterscheiden sind:

- Redaktionell gestaltete Anzeigen: Es handelt sich um (bezahlte) Werbung in redaktionellem Gewand. Sie findet sich im redaktionellen, aber auch im Anzeigen-Teil von Printobjekten.
- Redaktionelle Schleichwerbung: Es handelt sich um (unbezahlte) Veröffentlichungen, in denen Produkte/Dienstleistungen ohne rechtfertigenden redaktionellen Anlass (positiv) werbend herausgestellt werden.

2. Redaktionell gestaltete Anzeigen:

a) Wesentlichste Vorschrift zur Verhinderung von Schleichwerbung ist die Pflicht zur Kennzeichnung von Anzeigen, wenn sie nicht schon durch „Anordnung und Gestaltung" als entgeltliche Veröffentlichung zu erkennen sind. Nicht der Kunde, sondern der Verlag ist dafür verantwortlich, dass redaktionelle Anzeigen hinreichend deutlich gekennzeichnet werden.

   Entscheidend ist, dass der Leser auf den ersten Blick, nicht erst beim Durchlesen oder am Ende des Textes erkennt, dass es sich um eine Anzeige und nicht um redaktionellen Text handelt. Selbst wenn der Text des Inserates zunächst redaktionell gestaltet ist, später jedoch anzeigentypische Elemente enthält (Firmenlogo, Preisangaben usw.), so muss die Anzeige gekennzeichnet werden oder durch grafische Elemente vom redaktionellen Text getrennt werden.

b) Je mehr sich redaktionell gestaltete Anzeigen der redaktionellen Gestaltung des Printproduktes annähern, umso deutlicher ist die Kennzeichnung mit dem Begriff „Anzeige" vorzunehmen.

Kriterien:

- Übernahme der redaktionellen Schrifttype
- Übernahme der redaktionellen Spaltenanzahl/-breite
- Übernahme weiterer redaktionstypischer Elemente wie redaktionelle Rubrikenkennzeichnung, Überschriften, Unterzeilen, Fotoeinblendungen/ Fotounterzeilen

c) Hinsichtlich der Kennzeichnung redaktionell gestalteter Anzeigen finden sich eine ganze Reihe unterschiedlicher Bezeichnungen wie etwa

„Marketingseiten", „Anzeigensonderthema", „PR-Veröffentlichung", „Anzeigenreport", „PR-Seiten", „PR-Anzeige", „PR-Mitteilung", „Public-Relations", „Public-Relations-Reportage", „Verbraucherinformation", „Wirtschaftanzeige".

Als kennzeichnende Formulierung kommt jedoch nur der Begriff „Anzeige" in Frage. Die Landespressegesetze und ihnen folgend die Gerichte lehnen alle anderen Bezeichnungen als nicht ausreichend ab. Lediglich dann, wenn die Bezeichnung „Verlagssonderveröffentlichung" schon lange Jahre benutzt wurde, so dass sich die Leser an diese Kennzeichnung gewöhnt haben, darf diese Formulierung benutzt werden.

3. Redaktionelle Schleichwerbung:

Das Waren/Dienstleistungen uneingeschränkt positiv bewertet werden, spricht noch nicht für Schleichwerbung. Diese ist erst dann gegeben, wenn die „redaktionelle" Berichterstattung nicht mehr durch das Informationsbedürfnis der Leser gedeckt ist. Dann liegt unzulässige getarnte Werbung in redaktioneller Form vor. Die Beurteilung ist eindeutig, wenn bewiesen werden kann, dass derjenige, dessen Ware/Dienstleistung lobend herausgestellt wurde, die Berichterstattung bezahlt hat.

a. Ein lobender redaktioneller Text, eine positive Bewertung eines Produktes/einer Dienstleistung ist solange und insoweit unverfänglich, als er durch einen „journalistischen Anlass" gerechtfertigt ist.

   Die unumgängliche „Nagelprobe" lässt sich wie folgt formulieren:

   Hätte sich die Redaktion in jedem Fall, also auch ohne dass zu dieser Thematik Anzeigen geschaltet werden, des Themas angenommen, so besteht ein rechtfertigender journalistischer Anlass. Wäre „das Thema" des redaktionellen Berichts jedoch sonst keine Zeile wert, so fehlt der journalistische Anlass für eine Berichterstattung und es ist ein Fall unzulässiger Schleichwerbung im redaktionellen Gewand gegeben.

b. An den „rechtfertigenden journalistischen Anlass" dürfen jedoch keine zu hohen Ansprüche gestellt werden.

   Entscheidend ist nach der Rechtsprechung, dass die jeweilige Veröffentlichung durch das Informationsbedürfnis der Leser gerechtfertigt sein muss. Dieses Informationsbedürfnis richtet sich sowohl nach dem Charakter des Printorgans (Tageszeitung-/Anzeigenblatt/Fachzeitschrift) wie auch nach dessen Verbreitungsstruktur (städtischer/ländlicher Raum). So kann z.B. die Eröffnung einer Lotto-Annahmestelle in einer ländlichen Gemeinde, die bisher keine solche Einrichtung hatte, ein journalistisches Thema und damit ein

„Aufhänger" für eine Sonderveröffentlichung sein, während dies für eine Tageszeitung in einer Großstadt mit Sicherheit keinen berichtenswerten journalistischen Anlass darstellt.

c. Dieser rechtfertigende Anlass dürfte weiter stets dann unproblematisch sein, wenn in allgemeiner Form über ein allseits interessierendes Thema (z.B. „Geld", „Mode", „Handwerk") berichtet wird. Insoweit ist es vollständig unkritisch, wenn der „Text"-Beitrag und die Anzeigen z.B. in der Sonderveröffentlichung thematisch und räumlich unmittelbar miteinander verknüpft sind (Beispiel: „Text" zum Thema Geld, Anzeigen aus der Kreditwirtschaft).

d. Kritisch wird es (erst) dann, wenn sich der Text-Beitrag als übertriebene Produktwerbung darstellt. Dies lässt sich an folgenden Indikatoren messen:

- Einzelne Herstellernamen/Produktbezeichnungen werden besonders herausgestellt und in dem Bericht Firmen-/Produktfotos abgedruckt.
- (Fast) Wörtliche Übernahme der von den Firmen verwandten werblichen Anpreisungen incl. Übernahme des (der) Werbeslogan(s).
- Fehlen jeglicher „kritischer Distanz" in der Herangehensweise/der journalistischen Bearbeitung des Themas.
- In dem „redaktionellen Text" wird weit mehr über die „positiven" Eigenschaften der Produkte/Dienstleistungen der inserierenden Firmen berichtet als über den „eigentlichen" Anlass für die Berichterstattung, z.B. die Neueröffnung von Geschäftsräumen.
- Es wird der Eindruck erweckt, die Redaktion empfehle geradezu die Nutzung der Produkte/Dienstleistungen der (anschließend) werbenden Unternehmen.
- Anpreisende, marktschreierische, reißerische Wortwahl; schwärmerische Aussagen.

e. Vereinfacht formuliert darf das nicht passieren, was in der Praxis noch häufig vorkommt: Weil Journalisten vielfach besser „texten" können als die Firmen oder deren Agenturen, enthalten die „redaktionellen Texte", die sich in den Sonderveröffentlichungen mit den (der) inserierenden Firmen (Firma) befassen, oft viel werbewirksamere Formulierungen als die in der Regel „nüchterner" gehaltenen Werbeanzeigen der Unternehmen selbst.

Nach wie vor gilt es bei der Abfassung der redaktionellen Beiträge Zurückhaltung in der Weise zu üben, dass diese nicht „besser" sind als die Anzeigen der Firmen. Zugleich sollte auf die „richtige" Aufgabenverteilung geachtet werden:

Wird z.B. in einer Sonderveröffentlichung über die Veranstaltung eines Autohauses anlässlich der Einweihung neuer Verkaufs-/Werkstatträume berichtet, so sollte es dem Autohaus überlassen bleiben, in der Anzeige seine Produkte/Leistungen herauszustellen und der redaktionelle Beitrag sich darauf beschränken, das zu beschreiben, was bei dem Autohaus tatsächlich neu ist (z.B. die Werkstatteinrichtungen) und was an Programm (z.B. Kinderfest, Tombola usw.) von dem Autohaus geboten wird. Denn die allgemeine Produktreklame für die von dem Autohaus vertriebenen PKWs stellt nicht den journalistischen Anlass für den redaktionellen Beitrag dar, sondern das Informationsinteresse des Lesers richtet sich drauf aus, was bei dem Autohaus „neu" ist und was aus Anlass der „Neueröffnung" an Programm geboten wird.

4. Kollektive:

a. Ist der „Text" in der Sonderveröffentlichung tatsächlich ein redaktioneller Beitrag (und keine bezahlte redaktionell gestaltete Anzeige, keine Schleichwerbung), und sind die sich an den Text anschließenden, ihn umgebenden Anzeigen als solche eindeutig als Inserate erkennbar (deutlich von redaktionellen Text abgegrenzt), so muss das „Kollektiv" nicht noch mit dem Begriff „Sonderveröffentlichung" gekennzeichnet werden.

   Ein „Kollektiv" zum Thema „Mode im Frühjahr" kann z.B. die – redaktionelle – Überschrift „Modefrühling" tragen (muss es aber nicht einmal). Die zusätzliche Kennzeichnung als „Sonderveröffentlichung" kann entfallen.

b. Handelt es sich schon bei dem vermeintlich redaktionellen Text um Schleichwerbung bzw. um eine in redaktioneller Form gefasste Anzeige, so ist die Veröffentlichung (insgesamt) kennzeichnungspflichtig – und dann ausschließlich mit dem Begriff „Anzeige" bzw. „Verlagssonderveröffentlichung".

Ergebnis:

- Ist der „redaktionelle" Bericht bezahlt, so muss er als Inserat mit dem Begriff „Anzeige" gekennzeichnet werden.
- Fehlt dem „redaktionellen" Bericht der journalistische Anlass, fehlt es an einem Informationsinteresse des Lesers, so handelt es sich um unzulässige Schleichwerbung.
- Ist der redaktionelle Text in der Sonderveröffentlichung dagegen journalistisch gerechtfertigt

  und

enthält er keine übertriebene positive Berichterstattung über die in dem Kollektiv interessierenden Firmen, so ist er zulässig und muss nicht gesondert gekennzeichnet werden.

5. Kopplung Text/Anzeige:

Wird ein Produkt oder eine Dienstleistung im redaktionellen Teil positiv besprochen und erscheint in ein und derselben Ausgabe eine Anzeige des Unternehmens, das das Produkt, die Dienstleistung anbietet, so ist Folgendes zu beachten:

- Der Verlag darf durch ein „passendes" redaktionelles Umfeld den Rahmen für die Anzeigenveröffentlichung schaffen.
- Folglich darf auch in der Anzeigenakquisition mit einem für die „Anzeigenveröffentlichung geeigneten Rahmen" geworben werden.
- Ist der redaktionelle Bericht selbst unzulässig (getarnte Wirtschaftswerbung), ist auch die Kopplung mit einer Anzeige unzulässig.
- Bestehen Zweifel daran, ob der das Produkt/die Dienstleistung lobende Bericht redaktionell zu rechtfertigen oder als Schleichwerbung anzusehen ist, so kann die gleichzeitige Veröffentlichung einer Anzeige des Herstellers/des Dienstleistenden Indiz für das Vorliegen von Schleichwerbung sein.

  Bestehen keine Zweifel an der Zulässigkeit der redaktionellen Berichterstattung (keine Schleichwerbung), so darf in derselben Ausgabe (auch in unmittelbarem Zusammenhang mit der Berichterstattung) eine Anzeige über das Unternehmen/das Produkt geschaltet werden, über das berichtet wird – in der Rechtsprechung z.T. noch umstritten.

10. Übernahme von Printanzeigen in Online-Angebote

Oftmals greifen professionelle Recherchedienste oder andere Online-Inhalteanbieter (ungefragt) auf Printanzeigen (z.B. aus dem Stellen-/Anzeigenmarkt) zu. Dies geschieht entweder, um als Recherchedienst den Lesern das „Durchforsten" der Printangebote zu ersparen, oder sich durch „Übernahme" der Anzeigen selbst eine zusätzliche Attraktion für das eigene Online-Angebot zu schaffen. Wer jedoch einen fremden Printanzeigenmarkt (ungefragt) in sein eigenes Online-Angebot übernimmt, verstößt gegen das UWG (sittenwidrige Ausbeutung fremder Leistungen). Wer als Online-Recherchedienst fremde Anzeigenmärkte „durchforstet" und aus dieser Dienstleistung ein eigenes gewerbliches Angebot macht, verletzt das Urheberrecht der Verlage als Eigentümer der Anzeigen-Datenbanken (§§ 87a ff. Urhebergesetz) und handelt damit ebenfalls wettbewerbswidrig.

11. Digitale Anzeigenübermittlung

a) Werden die Anzeigendruckvorlagen nicht mehr auf Papier oder als Film angeliefert, sondern auf digitalem Weg, so gilt es Folgendes zu beachten: Es bleibt auch bei digitaler Anzeigenübermittlung dabei, dass im Rahmen des Anzeigenvertrages der Kunde die Pflicht hat, das Anzeigenmanuskript an den Verlag zu liefern, und der Verlag die Pflicht hat, das Anzeigenmanuskript abzudrucken und das (Träger-)-Objekt zu verbreiten. Folglich können die einschlägigen Vorschriften aus den AGB der Verlage auch auf die digitale Übermittlung von Anzeigen übertragen werden. („Für die rechtzeitige Lieferung des Anzeigentextes und einwandfreier Druckunterlagen ... ist der Auftraggeber verantwortlich.")

b) Das Anzeigenmanuskript muss, wenn es digitalisiert erstellt wird, als Datenträger vorhanden sein. Hat der Kunde den Anzeigentext selbst digital „geschrieben", so ist er auf dessen Rechner gespeichert. Die Übermittlung des Datensatzes vom Server des Werbetreibenden (bzw. eines von ihm beauftragten Dritten) ist – wie dargestellt – eine „Obliegenheit" des Anzeigenkunden im Rahmen des Anzeigenvertrages. Die Erfüllung dieser „Obliegenheit" lässt sich technisch in der Weise abwickeln, dass der Datensatz auf einen Datenträger (Diskette/CD-Rom) kopiert und dann vom Verlag in dessen Server nochmals „eingelesen" oder per (ISDN-)Leitung oder Satellit auf den Server des Verlages (z.B. als E-Mail) geleitet wird.

   Bei und während der digitalen Übermittlung des Anzeigenmanuskriptes bzw. der digitalen Druckvorlage kann es zu vielfältigen Störungen kommen, wenn z.B. der Übertragungsweg ausfällt, der Datenträger beschädigt wird, die Daten unvollkommen oder falsch übermittelt werden. Für diese Störungen ist entsprechend der aufgezeigten „Pflichtenlage" ausschließlich der Werbetreibende verantwortlich. Dessen Verantwortlichkeit geht auch nicht deshalb auf den Verlag über, weil dieser die Möglichkeit der digitalen Anzeigenübermittlung eröffnet hat. Sollte die Anzeigenübermittlung fehlerhaft erfolgt sein, so muss der Verlag für erkennbar ungeeignete oder beschädigte Druckvorlagen unverzüglich Ersatz anfordern. Diese Pflicht des Verlages setzt jedoch nur dann ein, wenn der Verlag zumindest soviel Daten-„material" erhalten hat, dass für ihn erkennbar wird, dass eine (digitale) Druckvorlage übermittelt werden sollte und von wem der (untaugliche) Übermittlungsversuch gemacht wurde.

c) Damit das digitalisierte Anzeigenmanuskript bzw. die digitalisierten Anzeigendruckvorlagen auch korrekt vom Server (der Hard- und Software) des Verlages aufgenommen und weiterverarbeitet werden können, muss die digitalisierte Anlieferung „systemgerecht" geschehen. Folglich ist der Verlag gehalten, für die Annahme digitaler Anzeigenmanuskripte bzw. Druckvorlagen exakte systemtechnische Vorgaben zu machen; der Werbetreibende ist gehalten, diese Vorgaben ebenso exakt einzuhalten. Andernfalls können digitalisierte Anzeigen nicht zuverlässig angenommen, abgedruckt und verbreitet werden. Wie diese systemtechnischen Vorgaben aussehen, bestimmt allein der Verlag nach seinen individuellen Notwendigkeiten. Der Werbetreibende kann nicht verlangen, dass der Verlag stets Hard- bzw. Software in einer Form vorhält, die mit der des Kunden (in jedem Fall) kompatibel ist. Einen „elektronischen Kontrahierungszwang" auf der Basis der „Kunden-EDV" kann es selbst dann nicht geben, wenn die Verlage nur digitalisierte Anzeigendruckvorlagen zulassen. Denn es ist schlichtweg unmöglich, dass die Verlage für alle denkbaren technischen Varianten Empfangs- und Gestaltungshard-/software bereitstellen. Dagegen ist es den Anzeigenkunden zumutbar, sich gegebenenfalls der Hilfe eines entsprechend ausgestatteten Software-Hauses zu bedienen, um die digitale Druckvorlage anforderungsgemäß zu erstellen. Aus dem Grundgedanken der Vertragsfreiheit folgt deshalb, dass der Verlag festlegen darf, unter welchen Voraussetzungen er bereit ist, eine digitalisierte Druckvorlage überhaupt anzunehmen – rechtlich formuliert, zu bestimmen, wie diese Druckvorlage aussehen muss, um Grundlage (Bestandteil) eines Anzeigenauftrags zu sein (bzw. werden zu können).

d) Diese verlagsseitigen Vorgaben können jedoch nur dann rechtliche Wirkung entfalten, wenn sie auch tatsächlich(er) Bestandteil des Anzeigenvertrages geworden sind. Sie müssen also in rechtswirksamer Weise vereinbart worden sein. Dies kann beispielsweise in der Form geschehen, dass dem Kunden in einer – gesonderten – Anlage zum Anzeigenauftrag die technischen Standards für die digitale Anzeigenübermittlung vorab bereits zur Kenntnis gegeben wurden und der Kunde dann in Kenntnis dieser Anlage den Anzeigenauftrag unterschreibt. Würde der Kunde die „Anlage" mit den gesonderten Bedingungen für die digitalisierte Druckvorlagenübermittlung allerdings erst nach Erteilung des Anzeigenauftrages erhalten, wären diese Bedingungen nicht rechtswirksam vereinbart worden (der Vertrag möglicherweise wegen eines schwerwiegenden Dissenses auch nicht wirksam). Zweckmäßiger ist es dagegen, wenn die Verlage in ihren Geschäftsbedingungen generell entsprechende Regelungen verankern. Wichtig ist schließlich festzuhalten, dass der Verlag dann, wenn er die Kriterien für die digitale Anzeigenübermittlung aufgestellt hat, der Anzeigenauftrag unter Einbeziehung dieser Richtlinien zustande gekommen ist und der Kunde sich bei dem Übertragungsvorgang daran gehalten hat, im Sinne einer zugesicherten Eigenschaft auch dafür einzustehen hat, dass die Anzeige ordnungsgemäß abgedruckt wird. Erfüllt der Verlag diese Verpflichtung nicht, stehen – im Rahmen der Regelungen aus den AGB – dem Kunden (die üblichen) Gewährleistungsansprüche zu.

e) Liegt der digitalen Übermittlung des Anzeigenmanuskripts bereits ein (schriftlicher) Anzeigenauftrag zugrunde bzw. hat der Verlag bezüglich der digital übermittelten Anzeigen (nach deren „Entgegennahme") ein (kaufmännisches) Bestätigungsschreiben abgeschickt, ist der Anzeigenauftrag in jedem Fall zustande gekommen. Entspricht dann das digitalisierte Anzeigenmanuskript bzw. die digitalisierte Druckvorlage nicht den Bedingungen des Verlages, so kann der Verlag unter Berufung auf seine AGB den bereits geschlossenen Anzeigenauftrag ablehnen (aus „technischen" Gründen). Was ist jedoch, wenn der Kunde ohne jeden besonderen Hinweis („unbemerkt") die digitalisierte Anzeige auf dem Server des Verlages „ablegt"? Die „faktische Entgegennahme" eines Anzeigenmanuskriptes – sei es in Papierform oder als Film bzw. auf einem (materialisierten) Datenträger – bedeutet noch keine Annahme des Angebotes auf Abschluss des Anzeigenvertrages mit dem Kunden. Dies geschieht erst dann, wenn der Verlag das digitalisierte Anzeigenmanuskript, die digitalisierte Druckvorlage tatsächlich zur Kenntnis nimmt und sich – darauf kommt es entscheidend an – entschließt, die jeweilige Anzeige auch zu veröffentlichen. Allein die Tatsache, dass der Werbetreibende die Anzeige digitalisiert auf den Server des Verlages überspielt (hat), der Server die „Annahme" nicht „verweigert" (hat), folgt noch nicht, dass damit auch der Anzeigenauftrag angenommen worden wäre. Auch der „Abruf" (Aufruf) des Datensatzes durch den Mitarbeiter des Verlages „im System" bedeutet noch nicht die Auftragsannahme. Diese ist rechtlich erst dann erfolgt, wenn der Verlag nach Prüfung der digitalisierten Vorlage diese „für in Ordnung befindet" und für den Abdruck „freigibt". In diesem Zusammenhang kann sich der Verlag auch nicht seiner – wenn auch nur sehr begrenzten – Prüfungspflicht für die Inhalte digitalisierter Anzeigen entziehen, indem er behauptet, digitalisierte Anzeigenvorlagen „gar nicht mehr zu Gesicht zu bekommen". Die Verlage haften – wie dargestellt – zwar nur in Ausnahmefällen und nur dann, wenn in den Anzeigen „offensichtliche, eindeutige und schwerwiegende" Rechtsverstöße enthalten sind. Um dieser Prüfungspflicht nachzukommen, müssen auch digitalisierte Anzeigenvorlagen immer erst noch „entdigitalisiert" und in der Anzeigenabteilung überprüft werden. Unterbleibt dieser Vorgang, so haftet der Verlag (wegen Organisationsverschuldens).

Rechtliche Grundlagen des Vertriebsgeschäfts

1. Vertriebswege/Grosso

Die Vertriebswege verteilen sich auf den Einzelvertrieb (Auslieferung über Pressegrosso, Einzelhandel, ambulanten Handel, Verkaufshilfen und den Bahnhofsbuchhandel) sowie den Abonnementvertrieb und die Lesezirkel (diese Unternehmen kaufen Printexemplare von den Verlagen ohne Remissionsrecht und „vermieten" sie an die Abnehmer, d.h. Abonnenten des Lesezirkels).

Eine zentrale Rolle im Pressevertrieb spielt das Pressegrosso. Die Rechtsgrundlagen der Verlage zum Pressegrosso sind bestimmt durch die Preisbindung durch die Verlage auf allen Handelsstufen, das Remissionsrecht (Rückgaberecht unverkaufter Exemplare gegen volle Preisgutschrift auf allen Handelsstufen) sowie das Dispositionsrecht (der Grossist besitzt das Dispositionsrecht gegenüber dem Einzelhändler). Der Grossist ist rechtlich als Eigenhändler einzustufen, der die Printexemplare vom Verlag ankauft und im eigenen Namen an die Einzelhändler weiterverkauft. Dabei ist die Handlungsfreiheit der Grossisten durch die vom Verlag vorgegebene Preisbindung und Mengenbestimmung begrenzt. Die Verlage sind grundsätzlich frei, zu bestimmen, wie der Vertrieb ihrer Objekte laufen soll. Arbeiten sie mit Grossisten zusammen, so verpflichtet dieser Vertrag den Grossisten zu weitgehenden Vertriebs-/Verwendungsbindungen. Festgelegt werden regelmäßig Gebietsgrenzen, die Pflicht, Presseerzeugnisse nur zur Belieferung an den Einzelhandel zu verwenden (also Verbot der Belieferung Dritter), sowie die Verpflichtung zur Überwachung von Angebotsrichtlinien durch Einzelhändler (Erstverkaufstag, Angebotszeiträume, Einhaltung der Preisbindung). Das Monopol der Pressegrossisten korrespondiert mit ihrer Verpflichtung zur Neutralität, d.h. alle Zeitungen und Zeitschriften müssen zu gleichen Bedingungen und ohne unbillige Behinderung vertrieben werden („Brot"-Objekte und andere). Die Verlage haben den Absatzweg „Grosso" als Alleinvertriebsweg mit Gebietsmonopol ausgestaltet, so dass „Dritte" keinen Anspruch haben, ebenfalls als (Zweit-)Grossist („Durcheinandergrossieren") zugelassen zu werden. Umgekehrt unterliegen die (Allein-/Gebiets-)Grossisten einem Kontrahierungszwang gegenüber den Verlagen, wenn also ein Verlag einem Grossisten ein Objekt zum Vertrieb anbietet, muss dieser es vertreiben (so wird die Neutralitätsverpflichtung gesichert). Zwischen dem Grossisten und dem Einzelhändler wird ein Kaufvertrag (auf der Grundlage der Allgemeinen Geschäftsbedingungen des Grosso) abgeschlossen. Das Grosso ist zum Abschluss verpflichtet (Kontrahierungszwang), zumindest für eine „Probezeit". Erreicht die „neue" Verkaufsstelle vergleichbare Absatzzahlen der Umgebung, muss die Verkaufsstelle dauerhaft beliefert werden; auf die Rentabilität der einzelnen Verkaufsstelle für den Grossisten kommt es nicht an.

Die Verlage sind nicht verpflichtet, Einzelhändler direkt zu beliefern (kein Kontrahierungszwang). Dies liegt letztlich in der Erhaltung des Grossosystems begründet. Verkaufshilfen (Stumme Verkäufer) sind grundsätzlich als Absatzinstrument zulässig. Solange die Verkaufshilfen gegenüber Diebstahl gesichert sind, bestehen auch keine wettbewerbsrechtlichen Bedenken („Gratis"-Verbreitung). Bei ungesicherten Stummen Verkäufern darf der auf dieser Vertriebsschiene abgewickelte „Verkaufs"-Anteil nicht über 25 % liegen. Der Bahnhofsbuchhandel wird (traditionell) direkt von den Verlagen beliefert (Teil des Sortimentsbuchhandels). Der Bahnhofsbuchhandel unterliegt ebenfalls den oben genannten Vertriebs- und Verwendungsbedingungen wie sie vom Grosso bekannt sind.

2. Abonnementvertrieb

a) Die Unternehmen des werbenden Buch- und Zeitungshandels (WBZ) werben ausschließlich Abonnenten. Dazu kauft das WBZ-Unternehmen bei den Verlagen die erforderlichen Presseerzeugnisse ein und verkauft sie im Rahmen des Abonnementvertrages (Parteien: WBZ-Unternehmen – Abonnent) an die Abonnenten. Teilweise bedienen sich die WBZ-Unternehmen „dazwischengeschalteter" Werber-Organisationen, denen sie die Abonnements abkaufen. Der Vertrieb der Objekte erfolgt entweder über die WBZ-Unternehmen selbst oder über die Vertriebsabteilungen der Verlage. Auch der Vertrag zwischen Verlag und WBZ enthält Vertriebs- und Verwertungsbedingungen wie die Belieferung nur zur „Eigen"-Verwendung, also zur Weiterveräußerung an Abonnenten und die Pflicht zur Einhaltung der Preisbindung.

b) Der Abonnementvertrag ist rechtlich als Kaufvertrag zu werten („kaufrechtliches Dauerschuldverhältnis in Form eines Gattungskaufes" – § 480 BGB). Der Abschluss des Abonnementvertrages erfolgt durch übereinstimmende Willenserklärungen (Angebot und Annahme). Das Versenden von Abo-Werbeunterlagen ist noch kein Angebot. Dies liegt erst vor, wenn der Interessent den Abo-Antrag unterschrieben und an den Verlag zurückgesandt hat. Die Annahme durch den Verlag kann entweder stillschweigend (durch den Beginn der Belieferung) oder (vorab) ausdrücklich durch ein entsprechendes Bestätigungsschreiben erfolgen.

   Gegenstand des Abo-Vertrages ist das Printerzeugnis in der Form, wie es vom Verlag hergestellt und vertrieben wird. Damit bestimmt der Verlag den Inhalt, den Umfang und die Vertriebsbedingungen des Abo-Vertrages. Es besteht kein Kontrahierungszwang (Abschlusszwang) zu den Bedingungen des Abonnenten, also etwa eine Lieferung des Printobjekts ohne Beilagen oder eine Lieferung des Printobjekts nicht in den Briefkasten/die Zeitungsbox, sondern an einen vom Abonnenten gewünschten „Sonderplatz". Das abonnierte Printobjekt ist – sofern nicht ausdrücklich etwas anderes vereinbart ist – dem Abonnenten „frei Haus" zu liefern. Sollen zu den Abogebühren noch Zustellgebühren erhoben werden, muss dies extra vereinbart sein.

Die Belieferungspflicht endet (rechtlich) an der Grenze von öffentlichem Verkehrsraum und Privatgrundstück. Der Abonnent ist verpflichtet (formalrechtlich), dort eine Zeitungsbox (Briefkasten) aufzustellen. Ist die Belieferung an der Etagenwohnungstür vereinbart, so muss der Vermieter das Betreten des Hauses durch Zusteller dulden (evtl. Hausschlüssel herausgeben).

3. Abonnementvertrag und Allgemeine Geschäftsbedingungen (AGB)

Existieren bei einem Verlag für das Abonnement Allgemeine Geschäftsbedingungen, so sind sie nur gültig, wenn sie auch mit dem Abonnenten vereinbart sind. Dies ist unproblematisch, wenn die Abobestellung auf Vordrucken erfolgt, auf denen (auch) die AGB des Verlages abgedruckt sind (wenn sie auf der Rückseite abgedruckt sind, muss auf der Vorderseite ein entsprechend deutlicher Hinweis enthalten sein). Hat der Kunde das Abo auf andere Weise bestellt, so reicht es nicht, wenn ihm der Verlag mit der „Abo-Bestätigung" auch die AGB zur Kenntnis gibt. In der Annahme der abonnierten Printexemplare dürfte dann jedoch auch die – stillschweigende – Annahme der AGB liegen. Eine Übertragung des Abovertrages von dem Verlag auf einen Dritten ist unter Berufung auf die AGB nur zulässig, wenn der Dritte in den AGB bereits genannt wurde. Ist dies nicht der Fall, so muss der Dritte mit dem – bisherigen – Abonnenten einen neuen Vertrag abschließen. Dies ist nicht zu verwechseln mit dem Fall, dass der Verlag Vertragspartner des Abo-Vertrags bleibt, sich aber zu dessen Vollzug eines Subunternehmens (z.B. Vertriebsgesellschaft) bedient.

Die höchst zulässige Kündigungsfrist in AGB beträgt drei Monate (§ 309 Nr. 9 c BGB). Zulässig ist die Klausel, dass, sofern nicht mit der 3-Monatsfrist gekündigt wurde, sich der Vertrag um 12 Monate verlängert. Umstritten ist, wie lang per AGB die (erste) Mindestlaufzeit für Abo-Verträge ausgestaltet sein darf. Mehr als zwei Jahre dürfen es nicht sein, ein Jahr wird in jedem Fall als zulässig anerkannt. Der Abo-Preis wird in der Regel im Voraus gezahlt. Endet das Abo, so sind die Vorauszahlungen zu erstatten. Im Fall von Preiserhöhungen während der Laufzeit des Abonnements muss dem Abonnenten das Recht eingeräumt werden, vom Vertrag zurückzutreten, wenn diese Preiserhöhungen „ein vertretbares Maß" überschreiten. Dies ist dann der Fall, wenn eine Preiserhöhung um 100 % über dem parallelen Anstieg der Lebenshaltungskosten liegt. Die nur vereinzelte Nichtlieferung des abonnierten Printexemplars rechtfertigt nicht die Kündigung des Abo-Vertrages. Ein solches Recht setzt frühestens ein, wenn 5 % der Ausgaben nicht zugestellt wurden. Ist das Printprodukt wegen vom Verlag zu vertretender Umstände unleserlich (verschmutzt usw.), so kann der Abonnent Nachlieferung bzw. Herabsetzung der Abo-Gebühr verlangen.

4. Preisbindung

Nach dem Gesetz gegen Wettbewerbsbeschränkungen (GWB) sind nur noch bei Verlagserzeugnissen (früher auch Markenartikeln) Preisbindungen zulässig. Das Ziel der Preisbindung ist die Sicherstellung der vielfältigen, gleichmäßigen und flächendeckenden Versorgung der Bevölkerung mit Presseerzeugnissen. Preisbindungsbefugt ist der Verlag gegenüber Wiederverkäufern (Grosso/Einzelhändler).

Preisbindungsfähige „Verlagserzeugnisse" sind neben Zeitungen, Zeitschriften und Büchern auch die elektronischen Produkte, die diese ersetzen oder ergänzen können. Bei kombinierten Angeboten (Buch + CD-ROM) muss der Wert des Printprodukts überwiegen, um eine Preisbindung zu rechtfertigen. Die Preisbindung erfolgt in der Regel nicht mit dem jeweiligen Kaufvertrag, sondern unabhängig davon für alle – zukünftigen – Kaufverträge durch Rahmenverträge der Verlage (Sammelvertrag). Preisbindungen sind nur dann zulässig, wenn sie „lückenlos" sind (z.B. Preisbindung für Deutschland, Österreich und die Schweiz). Dabei muss sich die Preisbindung auf einen jeweiligen Festpreis beziehen, so dass eine Festsetzung von Höchst- und Mindestpreisen unzulässig ist. In die Preisbindung ist die MwSt eingeschlossen. Sonderpreise/Preisnachlässe (Rabatte) verstoßen nicht gegen die Preisbindung, sofern diese Sonderkonditionen grundsätzlich gesetzlich zulässig sind. Insgesamt bestehen auch keine Bedenken, unterschiedliche Preise für den Einzelverkauf und das Abonnement festzulegen.

5. Unerwünschte Zustellung

Der kostenlose Einwurf von (Gratis-)Presseerzeugnissen in den Briefkasten ist grundsätzlich zulässig. Anderes gilt nur dann, wenn der Empfänger ausdrücklich erklärt hat, (bestimmte) Druckerzeugnisse nicht erhalten zu wollen. Dabei kann sich der Betroffene als Haus-/Wohnungsbesitzer auf den Schutz vor Beeinträchtigungen der häuslichen Sphäre (§§ 1004, 903, 862 BGB) sowie generell auf sein allgemeines Persönlichkeitsrecht (Grundrecht auf personelle Selbstbestimmung) berufen. Fraglich ist insoweit, wie z.B. die Aufschrift „Werbung verboten" zu deuten ist. „Reine" Werbeprospekte dürfen dann nicht eingeworfen werden, wohl aber Anzeigenblätter (wegen ihres redaktionellen Teils). Die Zustellung von Anzeigenblättern ist erst dann untersagt, wenn auch dies ausdrücklich durch einen Aufkleber oder auf andere Weise erkennbar gemacht wird. Macht der Betroffene gegen die ungebetene Zustellung Abwehransprüche geltend, so muss der Verlag alle rechtlich und wirtschaftlich zumutbaren Maßnahmen ergreifen, um die Zustellung zu verhindern, indem z.B. bei der Postzustellung die Löschung aus der Kartei erfolgt oder bei der Zustellung durch (eigene oder fremde) Zusteller eine entsprechende Anweisung ergeht (die auch überwacht wird). Gegebenenfalls muss der Verlag arbeitsrechtliche Schritte gegen Zusteller einleiten, die die Anweisung missachten. Verstöße („Ausreißer" mit einer Quote von 2 - 5 %) müssen vom „Belieferten" geduldet werden. Danach kann er auch gerichtliche Unterlassungsansprüche geltend machen.

6. Straßenverkehrsrecht

Der Vertrieb von Presseerzeugnissen im öffentlichen Straßenraum wird durch das Straßenrecht (Länder) und das Straßenverkehrsrecht (Bund) begrenzt. Überschreitet die Vertriebstätigkeit den sogenannten Gemeingebrauch, so bedarf es einer Sondernutzungserlaubnis. Bei Verkaufsständen – egal ob fest oder beweglich – ist regelmäßig eine Sondernutzungserlaubnis notwendig (auch wenn es sich um Sonderwerbeaktionen handelt und der Stand abends wieder abgebaut wird). Der Verkauf im Fahren/Gehen (Handverkauf) ist dagegen regelmäßig als Gemeingebrauch sondernutzungsfrei. Die bloße Verkaufsbereitschaft eines „fliegenden" Zeitungshändlers auf der Straße beeinträchtigt den Verkehr normalerweise nicht. Die Grenze ist dann erreicht, wenn der fliegende Zeitungshändler andere Verkehrsteilnehmer „ablenkt" oder „belästigt".

Rabatte und Zugaben im Anzeigen- und Vertriebsgeschäft

1. Rabatte (nach Wegfall des Rabattgesetzes)

a) Es gibt keine Begrenzung mehr auf bestimmte Rabattformen- und Rabattkombinationen. Dies bedeutet u.a.: Neben dem z.B. heute schon möglichen Barzahlungs- bzw. Verwerterrabatt für bestimmte Berufsgruppen kann jede andere Rabattform „kreiert" werden. Der Phantasie sind – lässt man das Problem der Preisbindung von Printerzeugnissen außer Acht – keine Grenzen mehr gesetzt. So dürfen nicht nur wie bisher für Studenten (bzw. Zivildienstleistende/Wehrpflichtige), sondern für jede andere (definierbare) Gruppe unterschiedlich rabattierte Abonnementpreise festgelegt werden: Frauen, Männer, Alte, Junge, Leser im Verbreitungsgebiet der Zeitung und „Außerhalb" (= regionale Differenzierung), Schüler, Arbeitslose, Mitglieder von Vereinen usw. Weiter ist es zulässig, den Abopreis z.B. im Sinne eines Treuerabatts so auszugestalten, dass der Preis des Abos mit zunehmender Bezugsdauer sinkt oder ein „Eltern-Kind"-Rabatt eingerichtet wird, wenn die

Eltern des Neuabonnenten auch schon Abonnenten sind. Umgekehrt wäre es auch vorstellbar, dass Neuabonnenten zunächst mit deutlich rabattierten Bezugspreisen „angelockt“ werden, um sie dann, wenn sie vermutlich zu Stammlesern geworden sind, behutsam an höhere Bezugspreise heranzuführen. Auch bei derartigen Planspielen gilt es stets zu bedenken, dass die Abo-Werbung – bei aller Freiheit in der Rabattfrage – nicht irreführend sein darf. Wer also mit „aufsteigenden“ Bezugspreisen wirbt, muss dies unmissverständlich deutlich machen, damit der Abonnent weiß, dass die Zeitung später für ihn teurer wird.

b) Durften früher immer nur zwei Rabattarten gleichzeitig angeboten werden, kann man nach Aufhebung des Rabattgesetzes so viele – bisher schon bekannte oder auch neu entwickelte – Rabattformen nebeneinander anbieten, wie man will (oder es die Marktsituation erfordert). Setzte die Rechtmäßigkeit der Rabattierung früher voraus, dass den zu rabattierenden Umsätzen ein einheitliches Geschäft (ein einheitlicher Vertrag) zugrunde liegt, können heute Rabattkombinationen unterschiedlichster Natur angeboten werden. Insoweit ist auch die Gewinnung von Abonnenten unterschiedlicher (kostenpflichtiger) Medienangebote der Verlagshäuser – z.B. Print und Internet – weitaus besser „rabattierbar“ als bisher, indem z.B. den Printabonnenten ein verbilligter Zugang zu entgeltspflichtigen Internetangeboten der Verlage eröffnet wird (und umgekehrt).

c) Alte Streitfragen wie die, ob entgeltliche Probeabonnements gegenüber den regulären (Kurz-)Abonnements nochmals verbilligt werden dürfen, ob dies einen – bisher unzulässigen – Rabatt oder einen abweichenden Normalpreis darstellt, gehören nach der Aufhebung des Rabattgesetzes der Vergangenheit an. Dies gilt auch für die Problematik, ob die Herabsetzung des Bezugspreises bei open-end-Abonnements (jederzeit kündbar) einen unzulässigen Rabatt darstellt. Ebenso sind die früher geltenden Restriktionen bei der Werbung mit dem verbilligten Abonnementpreis, die nicht den Eindruck eines rabattierten Angebots erwecken durften (z.B.: „Sie sparen X %“) hinfällig, da mit dem Wegfall des Rabattgesetzes auch mit dem Abonnementpreis als rabattiertem Bezugspreis gegenüber dem Einzelverkaufspreis geworben werden darf.

d) Im Hinblick auf alle vorgenannten Punkte gilt es abermals an die weiterhin geltenden Regeln des „allgemeinen“ Wettbewerbsrechts zu erinnern. Denn auch die etwa neu „erfundenen“ Rabattformen dürfen nicht „irreführend“ sein bzw. „irreführend“ beworben werden. Schließlich ist und bleibt es z.B. wettbewerbswidrig, wenn bei einem Abonnements sogenannte Mondpreise in die Welt gesetzt werden, die nie real gefordert werden oder wurden, und die dann erfrischend rabattiert werden.

e) War die Höhe des Rabatts früher vorgegeben (3 % Barzahlungsrabatt bzw. nur Rabatte in handelsüblicher Höhe), so bestehen heute „keine" festen gesetzlichen Grenzen mehr. Damit gewinnen jedoch zugleich – wie bereits mehrfach betont – die Kriterien des „übertriebenen Anlockens" und des „Verschenkens von Originalware" erheblich an Bedeutung. Beispiel: Es gilt immer noch als unzulässig, meinungsbildende Tageszeitungen kostenlos zu vertreiben. Deshalb kann es eine wettbewerbswidrige Umgehung darstellen, wenn infolge einer „überdimensionalen" Rabattierung von Abonnementpreisen (z.B. für bestimmte Kunden, Branchen oder Zeiträume) diese Zeitungen praktisch kostenlos abgegeben werden. Zugleich kann die Rabattierung auch unter dem Gesichtspunkt des „Anbietens unter Einstandspreis" wettbewerbsrechtlich fragwürdig sein.

f) Sicherlich ist es richtig, wenn mit Blick auf diese – je nach Standpunkt – mehr oder weniger „schöne neue Welt" darauf hingewiesen wird, dass die Preisbindung von Presseerzeugnissen nach § 15 GWB in Gefahr gerät, wenn die Lückenlosigkeit der Preisbindung nicht mehr gewährleistet ist. So zutreffend diese Feststellung ist, sind dennoch Zweifel an der Prognose angebracht, dass die Lückenlosigkeit der Preisbindung nur dann gewährleistet ist, wenn rabattierte (Sonder-)Abonnements im bisherigen Umfang fortgeführt, also nicht wesentlich erweitert werden. Es steht außer Frage, dass ein faktisch nicht mehr überschaubares Geflecht an Rabattierungen ein deutliches Signal dafür ist, dass die Lückenlosigkeit der Preisbindung nicht mehr gegeben ist, vor allem nicht mehr überprüft bzw. eingehalten werden kann. Davon dürften Verlage jedoch noch entfernt sein, wenn sie sich aus eigenem Interesse bzw. aufgrund des Drucks des Marktes/der Konkurrenz dazu entschließen, ihre Rabattierungspalette für Vertriebsgebühren maßvoll zu erweitern und hinter der Erweiterung ein nachvollziehbares, überschaubares und kontrollierbares System steckt.

2. Zugaben (nach dem Wegfall der Zugabeverordnung)

a) Die Verlage dürfen – auch hier „geltendes Standesrecht" außer Acht gelassen – wenn sie wollen, der Markt es verlangt oder die Konkurrenz es „erzwingt", mit Geschenken aller Art (auch mit Geldgeschenken) potenzielle neue Abonnenten/Käufer von Einzelexemplaren bzw. Anzeigenkunden „anlocken". So dürfen etwa neben den bekannten „Begrüßungsgeschenken" für Neuabonnenten kostenlose Eintrittskarten zu allgemein zugänglichen „Events" (Theater, Kino, Fußballspielen oder anderen Veranstaltungen) als „Zugabe" versprochen werden (Früher mussten z.B. die für Abonnenten gedachten Veranstaltungen stets exklusiv sein, um zu vermeiden, dass einer bestimmten Gruppe unzulässige Rabatte – etwa auf den Eintrittspreis – gewährt werden).

Eine früher verbotene „Abo-Card“, mit der Abonnenten bei bestimmten Einrichtungen Rabatte erhalten, ist heute zulässig. Man darf sogar Anzeigenschaltungen verschenken oder – z.B. im Anzeigenblattbereich – den Abdruck von Pressetexten (so sie denn inhaltlich in Ordnung sind). Zumindest rechtlich denkbar – ob z.B. für Tageszeitungen sinnvoll, ist eine andere Frage – ist dann auch, dem Kauf von Tageszeitungen mit einem Gutscheinsystem zu verbinden, so dass sich der Käufer dann, wenn er genügend „Gutscheine“ gesammelt hat, einen bestimmten Gegenstand beim Verlag (kostenlos) bestellen kann.

b) Selbstverständlich gilt auch weiterhin bezüglich des „Streuens“ von Zugaben – ohne dass dazu jedoch generalisierende Aussagen möglich sind der Grundsatz des Verbots des übertriebenen Anlockens (Stichwort „psychologischer Kaufzwang“). Wie hoch der Wert eines Geschenks an einen potenziellen Abonnenten/Käufer einer Einzelausgabe sein darf, ehe derartige Praktiken unlauter werden, lässt sich nur im Einzelfall sagen. Ist das Geschenk jedoch so wertvoll, dass es den Preis des Abonnements/der Einzelausgabe der Zeitung fast aufwiegt, dürfte dieses Verhalten wettbewerbsrechtlich unzulässig sein, weil das (meinungsbildende) Printprodukt letztlich im wahrsten Sinne des Wortes „verschenkt“ wird.

c) Die Zugabe durfte früher, so sie denn zulässig war, nicht mit dem Attribut „kostenlos“ beworben werden. Auch diese Einschränkung ist nach Aufhebung der Zugabeverordnung nicht mehr gegeben. Das „Geschenk“, mit dem der potenzielle Abonnent/Käufer von Einzelexemplaren „geködert“ werden soll, darf – so lange dies kein übertriebenes Anlocken darstellt – auch als das beworben werden, was es in Wirklichkeit ist, nämlich als eine „Gratiszugabe“ (wer im Gegenzug für ein Abonnement „Freiraum“ für redaktionelle Selbstdarstellung verspricht, muss allerdings vorsichtig sein, denn dafür darf nie ein Entgelt genommen werden). Aber auch hier ist darauf zu achten, dass z.B. die Werbung um Abonnenten nicht dadurch irreführend wird, dass der umworbene Kunde glaubt, nur seine Adresse anzugeben, um ein „Geschenk“ zu erhalten, in Wahrheit aber zugleich in einen Abo-Vertrag einwilligt.

Rechtliche Grundfragen der Abo- und Vertriebswerbung

1. Rahmenbedingungen

a) Die Presse genießt im Hinblick auf ihre redaktionellen Veröffentlichungen und den Anzeigenteil eine ganze Reihe von Privilegien. Dazu gehört der Rechtfertigungsgrundsatz der Wahrnehmung berechtigter Interessen für den

Fall des Abdrucks von möglicherweise unzutreffenden Tatsachenbehauptungen im redaktionellen Teil sowie ein sehr weitgehender Ausschluss der Haftung für den Abdruck von Fremdanzeigen (generell keine Prüfungspflicht). Veröffentlichen die Verlage dagegen Eigenanzeigen oder veranstalten sie Eigenwerbung, so gelten die Vorschriften des Wettbewerbsrechts (z.B. Gesetz gegen den unlauteren Wettbewerb-UWG) und die anderen einschlägigen Rechtsvorschriften (z.B. Verbraucherkreditschutzgesetz, Fernabsatzgesetz) für sie wie für jeden anderen Werbetreibenden auch. Selbst der Rückgriff auf das Grundrecht der Pressefreiheit Art. 5 GG, der im redaktionellen Teil und beim Abdruck von Fremdanzeigen wie auch gelegentlich zur Sicherung der Vertriebsfreiheit der Verlage als „letzter Rettungsanker" hilfreich ist, muss versagen, wenn die Presse um Abonnenten und den Absatz ihrer Produkte wirbt. In diesem Bereich trifft die Presse die „volle Härte" des Gesetzes, wenn die „liebe Konkurrenz" oder aber Abmahn-/Wettbewerbsvereine die Abonnenten- und Vertriebswerbung kritisch unter die Lupe nehmen. Deshalb ist bei Abonnenten- und Vertriebswerbung stets besondere Vorsicht geboten.

b) Berichtet die Presse selbst in redaktionellen Eigenberichten über ihre Vertriebserfolge, z.B. über den Zugewinn an neuen Abonnenten oder die Erhöhung der Einzelverkaufszahlen, so kann dies unter dem Aspekt der (verbotenen) Schleichwerbung kritisch sein. Besteht ein „hinreichend rechtfertigender journalistischer Anlass" für die verlagsbezogene (Eigen-)Veröffentlichung im redaktionellen Teil, dann bestehen keine Bedenken. Fehlt dieser Anlass oder ist nicht erkennbar, dass der Verlag für sich selbst spricht, so kann es durchaus sein, dass diese Veröffentlichung als Anzeige hätte gekennzeichnet werden müssen. Die Rechtsprechung ist insoweit uneinheitlich.

c) Wirbt die Presse mit Auflagenzahlen, den Ergebnissen von Mediaanalysen, mit Reichweiten- und Abonnementbedingungen etc., so muss man sich vor Augen halten, dass es sich um „Beschaffenheitsangaben" i.S.d. § 5 Nr. 1 UWG handelt. Stimmen diese Angaben nicht, sind sie – in der Sprache des Gesetzes – „irreführend", so kann der Verlag auf Unterlassung, gegebenenfalls auf Schadensersatz in Anspruch genommen werden. Die Auflagenzahl einer Zeitung, ihre Reichweite, die Struktur der Leser/Empfänger, deren Nutzergewohnheiten, Aussagen zum Vertriebs-/Abo-Preis usw. sind derartige „Angaben" zur „Beschaffenheit" einer „Ware" (der Zeitung) und dürfen nicht irreführen (müssen wahr sein). Eine wettbewerbsrechtlich relevante Beschaffenheitsangabe stellt z.B. auch die Bezeichnung eines Printorgans als „Zeitung" dar. Diese setzt u.a. voraus, dass das Blatt regelmäßig erscheint (Periodizität) und tagebuchartig fortlaufend über die aktuellen Ereignisse berichtet. Ein Offertenblatt ohne redaktionellen Teil darf sich nicht „Zeitung" nennen.

2. Werbung mit Auflagenzahlen

a) Die Angaben zur Auflagenhöhe in der Werbung müssen – wie sonst in der Werbung auch – tatsächlich zutreffen und dürfen nicht irreführen. Deshalb muss genau präzisiert werden, mit welcher Auflagenzahl geworben wird. Die „gedruckte Auflage" (Druckauflage) meint die tatsächlich gedruckte Anzahl der Exemplare. Diese Zahl wird allein vom Verlag bestimmt. Unter „verkaufter Auflage" wird die Anzahl der tatsächlich im Abonnement und Einzelverkauf abgesetzten Exemplare (inkl. „Mitgliederstücke") verstanden, während die „verbreitete Auflage" („tatsächlich verbreitete Auflage") die Summe der verkauften Auflage zzgl. Frei- und Werbestücke ausmacht. Diese Auflagenkategorie findet man immer dann, wenn in größerer Zahl Freistücke (z.B. im Wechselversand) vertrieben werden.

b) Wird mit dem schlichten Hinweis „Auflage x Exemplare" geworben, so mag diese Aussage zwar zutreffend sein, weil sie exakt eine der möglichen Auflagenkategorien wiedergibt (z.B. beträgt die Druckauflage tatsächlich „x"), dennoch ist diese Werbung unzulässig, weil der „Verkehr" (die betroffenen Verkehrskreise) nicht eindeutig zu identifizieren wissen, um welche Auflage es sich handelt. Eine Irreführung ist dann ausgeschlossen, wenn die Angabe x die „verkaufte" Auflage wiedergibt. Denn dies ist in jedem Fall die „niedrigste Größe", so dass eine Täuschung über die Höhe der Auflage ausscheidet. Dies dürfte jedoch nicht gelten, wenn nicht einmal die zeitliche Bezugsgröße (z.B. das jeweilige Quartal, für das die Zahlen gelten sollen) angegeben ist und das Objekt auch nicht IVW-geprüft ist. Mit Begriffen wie „Gesamtausgabe" oder „Gesamtauflage" darf nur geworben werden, wenn die einzelnen Ausgaben durch inhaltliche Gemeinsamkeiten (z.B. gemeinsamer Mantel) verbunden sind. Dabei ist es unerheblich, dass die einzelnen Ausgaben in rechtlich selbständigen Verlagen erscheinen, wenn z.B. der überörtliche Teil gemeinsam ist. Es reicht jedoch nicht aus, wenn das einzige Zusammengehörigkeitskriterium die Tatsache ist, dass die unterschiedlichen Objekte alle in einem Verlag erscheinen. Unter dem Begriff „Gesamtauflage" (ohne weiteren Hinweis) dürfen auch nicht die Auflagen einer Tageszeitung und eines Anzeigenblattes zusammengefasst werden; selbst dann nicht, wenn sie eine „Anzeigengemeinschaft" praktizieren.

c) Auch bei Auflagenvergleichen ist Vorsicht geboten. Zwar ist „vergleichende Werbung" gem. § 6 UWG generell zulässig. Sie muss aber – wie jede Werbung – wahr sein und darf den Mitwettbewerber/die Konkurrenz nicht unnötig herabsetzen. Wesentlich ist dabei, dass nur tatsächlich vergleichbare

Printobjekte in den Auflagenvergleich einbezogen werden dürfen. In der Rechtsprechung ist umstritten, inwieweit und unter welchen Voraussetzungen Auflagenvergleiche zwischen Tageszeitungen und Anzeigenblättern zulässig sind. Werden mit entsprechend deutlicher Kennzeichnung „lediglich" die „reinen" Auflagenzahlen gegenübergestellt und qualitative Bewertungen („wer taugt was") vermieden, so dürfte diese vergleichende Werbung zulässig sein. Sie kann aber unzulässig werden, wenn sie herabsetzend ist, indem z.B. ein Anzeigenblatt gegenüber der Tageszeitung mit dem abschätzigen Slogan wirbt „... viermal so viel Auflage wie ...". Von gerichtlicher Seite ist der Auflagenvergleich Tages-/Wochenzeitung unter der Kategorie „überregionale meinungsbildende Zeitungen" für zulässig erklärt worden. Dies gilt auch hinsichtlich der Angabe „Marktführerschaft", sofern dies aus der beworbenen Auflagenzahl (im betroffenen Quartal) ableitbar ist. Bezieht sich der Vergleich nur auf meinungsbildende „Zeitungen", so dürfen meinungsbildende „Zeitschriften" ausgespart werden. Werden lediglich die Auflagen einer Publikumszeitschrift und einer Kundenzeitschrift gegenübergestellt und keine weitergehenden Folgerungen gezogen, so ist dies zulässig. Generell unzulässig ist es jedoch, einen Auflagenvergleich in der Weise vorzunehmen, dass die niedrigere Wochentagsauflage des einen Printobjekts mit der höheren Wochenendauflage des anderen verglichen wird. Wer für ein – selbst definiertes – Verbreitungsgebiet und eine bestimmte Printkategorie einen Auflagenvergleich liefert, muss alle einschlägigen Titel erwähnen und darf keinen Titel aussparen, es sei denn, es wird hinreichend deutlich, dass nur Titel ab einer bestimmten Auflagenhöhe erfasst werden und der nicht genannte Titel diese Auflage nicht erreicht.

d) Mit der Höhe der Auflage kann – sofern dies stimmt – im Sinne einer Alleinstellungswerbung geworben werden. Notwendig ist dabei ein deutlicher und dauerhafter Vorsprung. Kleinere Abstände oder eine nur vorübergehende Position auf „Platz 1" rechtfertigen die Alleinstellungswerbung nicht. Die Alleinstellungswerbung kann als Superlativwerbung („größte") oder als Werbung mit Komparativen („bietet mehr") angelegt sein.

3. Vertriebswerbung mit Ergebnissen von Mediaanalysen (insbesondere Leserzahlen)

a) Die Werbung mit Leser-(Reichweiten-)Zahlen bzw. mit Angaben zur Struktur der Leserschaft ist grundsätzlich zulässig. Die verwendeten Daten müssen jedoch – da auch sie Angaben zur Beschaffenheit einer Ware im Sinne des § 5 Nr. 1 UWG sind – tatsächlich zutreffen. Sie dürfen nicht geschätzt werden, sondern müssen das Ergebnis einer methodisch einwandfreien Untersuchung sein. Den Maßstab für Untersuchungen, die wissenschaftlich anerkannten Methoden der Marktforschung entsprechen müssen, bilden das ZAW-Rahmenschema für Werbeträgeranalysen sowie der AMF-Standard im Bereich Fachzeitschriften.

Dabei sind zu unterscheiden:

- Empfängerstrukturanalysen: Sie geben Auskunft über die Struktur der Empfänger einer Zeitung/Zeitschrift.
- Leser-(Nutzer-)Strukturanalysen: Sie geben Auskunft über die Leser eines Printtitels (deren Zahl), die Nutzung des Printtitels (z.B. Lesedauer) und die Bewertung des Titels (z.B. Aktualität der Berichterstattung).
- Reichweiten-(Leser-)Analysen: Sie geben Auskunft über das Leseverhalten einer (zuvor definierten) Grundgesamtheit/Zielgruppe. Es wird also nicht die eigene Leserschaft abgefragt, sondern danach gefragt, wie und was eine bestimmte Gruppe in der Bevölkerung liest.

Folglich ist je nach der Zielrichtung der Analyse die Grundgesamtheit der Befragten anders: Leser des eigenen Titels, Empfänger des eigenen Titels, Leser in einer definierten Gruppe. Daraus folgt, dass auch die Werbeaussagen, die aufgrund der jeweiligen Untersuchungsergebnisse formuliert werden, jeweils nur bezüglich der konkret ausgewählten Grundgesamtheit zulässig sind. Während Empfänger- und Leserstrukturanalysen noch relativ einfach zu handhaben sind, muss bei Reichweitenanalysen besonders sauber gearbeitet werden. Es müssen alle am Markt vertretenen vergleichbaren Titel (die den vom Verlag selbst definierten Ausweisungskriterien entsprechen) mit abgefragt und in den Ergebnissen dargestellt werden, um ein objektives Bild hinsichtlich des Mediennutzungsverhaltens der jeweiligen Grundgesamtheit zu bekommen. Zu beachten ist dabei auch, dass diese objektiven Werte – als Fall der vergleichenden Werbung (wer liest was wie lange und mit welcher Beurteilung?) – auch in der werblichen Umsetzung nicht verzerrt werden dürfen. So darf z.B. die grafische Darstellung nicht so sein, dass plötzlich der zweitbeste Titel einer Untersuchung als der vermeintlich beste dasteht. Will man über die „nackten" Reichweitenzahlen hinaus auch qualitative Aussagen zu den unterschiedlichen Titeln im Markt erfragen und vergleichen, so dürfen nur Einschätzungen von Lesern veröffentlicht werden, die auch alle Titel gelesen haben (Doppel- bzw. Mehrfachleser). Wird unter Bezugnahme auf eine Reichweitenanalyse für zwei Titel der eine Titel mit dem Slogan (bzw. der Alleinstellungsbehauptung) beworben, er sei „Meinungsführer für Entscheider", so darf dies nur dann erfolgen, wenn die Befragten der Studie tatsächlich auch beide Titel gelesen haben.

b) Schließlich müssen bei der Werbung mit den Ergebnissen von Werbeträgeranalysen immer auch Mindestangaben über die Durchführung der Untersuchung mit veröffentlicht werden: der Zeitraum der Untersuchung, die Definition der befragten Grundgesamtheit (personell/institutionell), die Kennzeichnung der Untersuchung (Empfänger-/Leser-/Reichweiten-Analyse), die Ausweisung der Kriterien, die für die Einbeziehung der jeweiligen Medien in die Untersuchung bestimmend sind, die Art der Untersuchung (schriftliche/mündliche/eigene Erhebung/Analyse durch Institut) sowie der Hinweis, dass die Untersuchung von dem jeweiligen Verlag in Auftrag gegeben wurde.

c) Bezogen auf die Werbung mit Leserzahlen ist festzuhalten, dass „Schätzungen" in jeder Form unzulässig sind, sofern nicht deutlich wird, dass es sich um eine subjektive Wertung handelt („ich schätze die Zahl unserer Leser auf..."). Die Zahl der Mitleser darf nicht „durch Hörensagen" ermittelt werden, indem nur der Empfänger (Abonnent) befragt wird, wie viel Mitleser vorhanden sind. Ist dies der Fall gewesen, so muss in der werblichen Umsetzung deutlich herausgestellt werden, dass es sich lediglich um eine „Einschätzung" der Empfänger des Objekts handelt.

Eine objektive Aussage zur Zahl der Mitleser ist nur zulässig, wenn in methodisch einwandfreier Form potenzielle Mitleser selbst befragt wurden. Wie bei allen Mediaanalysen darf auch bei der Werbung mit Leserzahlen nicht auf veraltete Umfragen (älter als 5 Jahre) zurückgegriffen werden. Fraglich ist, ob ein früher einmal sachgerecht ermittelter Faktor für die Zahl der Mitleser auf spätere Auflagenerhöhungen einfach hochgerechnet werden kann oder ob der Multiplikator (in bestimmten Abständen) neu erhoben werden muss. Nach dem ZAW-Rahmenschema ist die Gültigkeit von Analyseergebnissen dann nicht mehr gegeben, wenn sich z.B. die Auflage um 15 % verändert hat.

Wesentlich ist schließlich auch, dass vergleichende Aussagen zu Ergebnissen von Mediaanalysen nur gemacht werden dürfen, wenn die Befragten die zu vergleichenden Printprodukte auch tatsächlich gelesen haben (Befragte müssen Doppelleser sein). Werden nur die Leser des jeweiligen Printprodukts befragt, so liegt es auf der Hand, dass dessen Werte in der Regel „positiv" sind. Denn sonst würde der Leser das Printprodukt nicht konsumieren. Werden dann die – isolierten – Befragungsergebnisse (Beurteilung des jeweiligen Lesers über seine Zeitung) gegenübergestellt, so dürfen daraus keine wertenden Schlussfolgerungen gezogen werden.

4. Abonnementwerbung

a) Für die Abonnementwerbung sind die nunmehr im BGB verankerten (Form-) Vorschriften zum Verbraucherschutz mit Blick auf Ratenkreditverträge (§ 505 BGB) und Fernabsatzverträge (§ 312 b BGB) von besonderer Wichtigkeit.

Die Verbraucherschutzvorschriften sind immer dann anwendbar, wenn ein Vertrag auf die „regelmäßige Lieferung von Sachen gleicher Art" gerichtet ist (regelmäßige Belieferung mit Printexemplaren) und immer dann, wenn der Abonnent „privater Verbraucher" ist (also dann nicht, wenn das Abonnement für eine gewerbliche/selbstständige berufliche Tätigkeit bestimmt ist). Der Begriff „Verbraucher" ist in § 13 BGB nunmehr wie folgt definiert: „Verbraucher ist jede natürliche Person, die ein Rechtsgeschäft zu einem Zweck abschließt, der weder ihrer gewerblichen noch ihrer selbständigen beruflichen Tätigkeit zugeordnet werden kann". Verbraucherschutzvorschriften sind weiter nur in den Fällen von Bedeutung, in denen, die Abo-Gebühr „in Raten" zu zahlen ist. Die zitierten Vorschriften brauchen deshalb nicht beachtet zu werden, wenn das Abonnement für einen fest begrenzten Bezugszeitraum vereinbart und keine weitere Verlängerung vorgesehen ist und die Abo-Gebühr vollständig im Voraus oder später in einer Summe gezahlt wird/fällig ist. Gleiches gilt, wenn ein kostenloses Probeabonnement vorliegt, für das ein fester Bezugszeitraum vereinbart wurde. Ist jedoch vereinbart, dass der Abonnent mitteilen muss, dass er nach Ablauf des Bezugszeitraums keine Belieferung mehr wünscht (Negativoption), so sind die Verbraucherschutzregeln wiederum zu beachten. Dies gilt auch dann, wenn ein Probeabonnement zu vergünstigten Bedingungen („besonderer Normalpreis") angeboten wird.

b) Generell bedürfen Abonnements-Verträge (als Ratenkreditverträge) gegenüber den Verbrauchern der Schriftform (§ 505 Abs. 2 Satz 1 BGB, § 126 BGB). Für Abonnementsbestellungen über das Internet bedarf es nicht der eigenhändigen Unterzeichung einer Vereinbarung. Gemäß § 505 Abs. 2 Satz 2 BGB sind entsprechende Vereinbarung auch ohne die eigenhändige Unterschrift gültig, wenn dem Abonnenten die Möglichkeit eröffnet ist, die Vertragsbedingungen einschließlich der Allgemeinen Geschäftsbedingungen bei Vertragsschluss im Internetangebot des Verlages abzurufen und in wiedergabefähiger Form abzuspeichern.

c) Dem Abonnenten ist ein Widerrufsrecht einzuräumen, es sei denn, dass der Gesamtvertragswert (also die Abonnementsgebühren) bis zur ersten Kündigungsmöglichkeit den Betrag von € 200,00 nicht übersteigt (§§ 505 Abs. 1 Satz 2, § 491 Abs. 2 Nr. BGB). Besteht das Widerrufsrecht, dann kann der

Abonnent den Vertragsschluss binnen zwei Wochen schriftlich widerrufen (§§ 505, 355 BGB). Sollte ein Printobjekt tatsächlich nur an „Nicht-Verbraucher" (Geschäftsleute, Firmen usw.) vertrieben werden, bedarf es überhaupt keines Widerrufsrechts. Da aber nicht auszuschließen ist, dass auch ein einzelner „Verbraucher" (Privatperson) das Blatt abonniert, sollte aus Gründen der Sicherheit auch in diesen Fällen in der Werbung ein Widerrufsrecht mit veröffentlicht werden.

Die Widerrufsfrist beginnt erst, wenn dem Abonnenten eine drucktechnisch deutlich gestaltete und von ihm gesondert eigenhändig zu unterschreibende Belehrung über das Widerrufsrecht, den Fristbeginn sowie Name und Anschrift des Widerrufsempfängers (Verlag) ausgehändigt wurde (§ 355 BGB). Bestellung und Belehrung über das Widerrufsrecht müssen nicht in getrennten Urkunden, sondern können z.B. auf einer Bestellkarte abgedruckt sein. Entscheidend ist allein, dass die Belehrung deutlich getrennt von der Bestellung angeordnet und vom Abonnenten getrennt (gesondert) zu unterschreiben ist. Die „normale" Abo-Bestellkarte muss damit zwei Unterschriftszeilen enthalten: Eine für die „eigentliche" Abobestellung und eine für die Kenntnisnahme über das Widerrufsrecht.

Erfolgt der Widerruf innerhalb der 2-Wochenfrist, so ist der Vertrag „rückabzuwickeln". Diese Rückabwicklung ist in der Regel unproblematisch, da Leistungen (Geldzahlung des Abonnenten, Lieferung durch den Verlag) noch nicht ausgetauscht wurden. Sollte – was für sich genommen schon wettbewerbswidrig ist – der Abonnent erst nach dem Vertragsschluss über sein Widerrufsrecht belehrt werden und die Frist dann zu laufen beginnen, so bleibt bis zur Ausübung des Widerrufs das Vertragsverhältnis bestehen. Es wird lediglich für die Zukunft beendet.

d) Ergänzend müssen die Informationspflichten nach § 312 b BGB (Abonnementsverträge sind fast immer auch Fernabsatzverträge) beachtet werden. Diese Regelungen gelten immer dann, wenn Abonnementsverträge mit Hilfe von herkömmlichen „Fernkommunikationsmitteln" (Briefe, Postkarten) oder über „neue" Fernkommunikationswege (Fax, Telefon, E-Mail) abgeschlossen werden. Insoweit ist auf die wenig sinnvolle Regelung zu verweisen, nach der selbst dann, wenn – wie oben dargestellt – kein Widerrufsrecht bei dem Abonnement gegeben ist, der Verbraucher ausdrücklich darauf hingewiesen werden muss, dass kein Widerrufsrecht besteht. Da dies die Verbraucher eher abschrecken dürfte, empfiehlt es sich, generell, also auch dann, wenn an sich kein Widerrufsrecht besteht, ein Widerrufsrecht einzuräumen.

e) Das Angebot kostenloser Probeabonnements (als ein Fall des kostenlosen Vertriebes von Waren) ist wettbewerbsrechtlich nur zulässig, soweit nicht der Bestand des Wettbewerbs gefährdet oder ein Wettbewerber gezielt behindert wird. Erfolgt die kostenlose Abgabe nur zu „Erprobungszwecken" und ist durch Art, Umfang und Dauer der Maßnahme sichergestellt, dass dieser Zweck auch eingehalten wird, darf eine Ware, die sonst nur gegen Entgelt abgegeben wird, kostenlos verteilt werden. Zu dem Erprobungszweck kann ein weiterer Anlass hinzukommen (kostenloses Probe-Abo für „Neu-Vermählte" oder als Preis in einem Gewinnspiel). Den Zeitraum der kostenlosen Belieferung betreffend („Erprobungszweck") gelten folgende Regelungen: Bei Tageszeitungen nicht länger als 14 Tage (und Wiederholung erst nach Ablauf weiterer vier Wochen), bei Wochenzeitungen liegt die Grenze bei vier Exemplaren als Gratislieferung. Bei Zeitschriften gilt als Faustregel, dass der kostenlose Bezug von drei Ausgaben noch mit dem Erprobungszweck gerechtfertigt werden kann.

Die Werbung für das Probeabonnement selbst darf nicht wettbewerbswidrig sein: So ist es unzulässig, dem Interessenten die Möglichkeit zu eröffnen, ein kostenloses Probeexemplar einer Zeitung/Zeitschrift anzufordern und erst in dem Probeexemplar beigefügten Schreiben darauf hinzuweisen, dass entgeltliche Folgelieferungen kommen, wenn der Empfänger nicht in bestimmter Frist nach Erhalt des Probeexemplars widerspricht. Deshalb muss schon in der Werbung für den Bezug des – kostenlosen – Probeexemplars bzw. in der Anforderungskarte unübersehbar darauf hingewiesen werden, dass der Besteller bereits durch die Anforderung des Probeexemplars mit der kostenpflichtigen Weiterbelieferung einverstanden ist, falls er nicht fristgerecht widerspricht (Negativ-Option). Gleiches gilt auch, wenn ein „Gutschein" für zwei kostenlose Probeexemplare ausgegeben und nur versteckt darauf hingewiesen wird, dass es sich in Wirklichkeit um eine Bestellung mit Widerrufsfrist handelt.

f) Weiter ist auch bei der Abonnentenwerbung zu beachten, dass die Werbung mit Selbstverständlichkeiten als Irreführung (§ 5 UWG) verboten ist. Wird bei der Abonnementwerbung angegeben „einschließlich MwSt und Inlandsporto", so ist dies zwar ein selbstverständlicher Hinweis (nach § 1 Abs. 1 Preisangabenverordnung – PAngVO – ist der Preis gegenüber Letztverbrauchern stets inkl. MwSt anzugeben), aber erst dann irreführend, wenn dieser Hinweis „blickfangmäßig" herausgestellt wird. Solange also der Hinweis kleingehalten ist und allein beim sorgfältigen Lesen wahrgenommen wird, fehlt es an einer Wettbewerbswidrigkeit. Werden durch die Vertriebswerbung nur „Letztverbraucher" angesprochen, die das Printobjekt „beruflich verwenden" (trifft regelmäßig allein auf bestimmte Fachzeitschriften zu), so können die Vertriebspreise auch ohne MwSt-Anteil ausgewiesen werden (§ 7 Abs. 1 PAngVO).

5. Gewinnspiele als Mittel der Vertriebswerbung

a) Die wettbewerbsrechtliche Bedenklichkeit von Gewinnspielen kann sich daraus ergeben, dass die Teilnahme an dem Gewinnspiel von dem Kauf einer Ware/dem Bezug einer Dienstleistung abhängig gemacht wird (praktischer Kaufzwang) bzw. der Teilnehmer des Gewinnspiels genötigt wird, eine Ware zu kaufen/eine Dienstleistung zu bestellen (psychologischer Kaufzwang). Schließlich ist das Gewinnspiel unzulässig, wenn die Teilnehmer in übertriebener Weise angelockt werden. Gleiches gilt, wenn die Teilnehmer über die Gewinnchancen und/oder den Wert des Gewinns getäuscht werden.

b) Für die Presse besteht eine wichtige Ausnahme von dem Verbot der Kopplung von Erwerb des Printprodukts und der Teilnahme am Gewinnspiel, weil Gewinnspiele zum herkömmlichen „Unterhaltungsstoff" gehören. Deshalb dürfen Presseerzeugnisse auch dann verkauft werden, wenn sie attraktive Gewinnspiele enthalten. Dies gilt jedoch nur für die Fälle, in denen der Kauf des Printprodukts für die Lösung des Gewinnspiels nicht erforderlich ist. Auch bei der Presse darf die Teilnahme am Gewinnspiel nicht an den (vorherigen) Kauf der Zeitung/Zeitschrift geknüpft sein. So wäre z.B. ein Preisrätsel unzulässig, an dem nur teilnehmen kann, wer den ausgeschnittenen Spiel-Coupon aus der Zeitschrift einschickt. Es müssen in jedem Fall auch andere Teilnahmemöglichkeiten eröffnet werden (Einschicken des Lösungswortes auf einer Postkarte usw.). Die wettbewerbsrechtlich bedenkliche Kopplung zwischen Gewinnspiel und Warenkauf ist im Übrigen nur dann gegeben, wenn eine Ware des Spielveranstalters betroffen ist. Deshalb bestehen keine Einwände, wenn in einem Inserat ein Preisrätsel des Anzeigenkunden abgedruckt ist und der Leser aus der Anzeige einen Coupon ausschneiden muss, um an dem Spiel teilzunehmen, denn das Preisrätsel fördert nicht den Absatz der Zeitung, sondern der Ware des Anzeigenkunden.

c) Ein unzulässiges übertriebenes Anlocken durch das Gewinnspiel liegt vor, wenn durch übermäßig hohe und wertvolle Preise die Spielleidenschaft ausgenutzt und der Interessent zu Entscheidungen – z.B. Abonnementsbestellungen – veranlasst wird, die er sonst so nicht vorgenommen hätte. Je höher die Preise sind, umso wichtiger ist es, bei der „Verknüpfung" von Gewinnspiel und Abonnementbestellung in einem Prospekt unmissverständlich deutlich zu machen, dass auch ohne Abonnementbestellung die Chancen im Gewinnspiel gleich hoch sind. Es ist generell zulässig, in dem Gewinnspiel die – von Dritten zur Verfügung gestellten – Preise lobend herauszustellen. Die Grenze ist jedoch dann überschritten, wenn diese Beschreibung der Preise wie eine in redaktioneller Form abgefasste Werbung zu lesen ist. Außerdem muss dann, wenn die Preise gestiftet sind, in dem Gewinnspiel ausdrücklich darauf hingewiesen werden.

6. Anschwärzung der Konkurrenz

Die Eigenwerbung der Verlage darf auch kritische Aussagen und Bezugnahmen auf „die Konkurrenz“ enthalten. Dabei ist jedoch darauf zu achten, dass herabsetzende oder unnötig diskriminierende werbliche Äußerungen unterbleiben, da sie wettbewerbsrechtlich unzulässig sind. Insbesondere ist es unzulässig, wenn der Verlag eines Anzeigenblattes seinen Lesern einen Aufkleber für den Post-/Zeitungskasten zusendet, dessen Text dazu auffordert, keine Werbung, sondern nur das Anzeigenblatt dieses Verlages einzuwerfen. Ein derartiges Vorgehen stellt einen unzulässigen Behinderungswettbewerb dar. Daran ändert sich auch nichts, wenn der Verlag nachträglich einen zweiten Aufkleber verschickt mit der Aufschrift: „Bitte keine Werbung und keine Anzeigenblätter einwerfen“. Als zulässig wurde es dagegen erachtet, wenn in der Vertriebswerbung einer Zeitung neben dem Titel der Zeitung ein Lottoschein abgebildet wird mit dem Hinweis: „Zur Geldvernichtung empfehlen wir ein anderes Papier“. Darin soll keine Herabsetzung und Verunglimpfung der Lottogesellschaften liegen (zulässiger Werbevergleich).

7. Urheberrecht

Werbliche Äußerungen, besonders Werbeslogans, haben i.d.R. nicht die „geistige Tiefe“, dass sie urheberrechtlichen Schutz genießen. Anders ist dies bei Werbeprospekten/Anzeigen. Der Urheberschutz knüpft jedoch auch hier regelmäßig nicht am Inhalt an, sondern an der Art der Darstellung des Stoffs, seiner Auswahl und Einteilung/Anordnung, sofern diese eine eigene „schöpferische“ (originelle) Leistung darstellt.

Verbot der belästigenden Werbung und Anzeigenakquisition

1. Die Anzeigenakquisition in den Geschäftsräumen, an der Haustür und die Briefwerbung (hier das Problem der Werbeverweigerer) sind – weiterhin – in der gewohnten Weise zulässig.
2. Anzeigenakquisition per Telefon:
   § 7 Abs. 2 Nr. 2 UWG: „Eine unzumutbare Belästigung ist anzunehmen bei einer Werbung mit Telefonanrufen gegenüber sonstigen Marktteilnehmern ohne deren zumindest mutmaßliche Einwilligung“.

   a. Gegenüber Gewerbetreibenden:

      Die Telefonakquisition ist erlaubt, wenn das Einverständnis ausdrücklich erteilt oder auch nur vermutet werden kann. Die Vermutung ist anzunehmen, wenn ein konkreter aus dem Interessenbereich des Anzurufenden herzuleitender Grund vorliegt. Erscheint eine neue Ausgabe einer Zeitschrift, so kann nicht mit Blick auf jeden Gewerbetreibenden vermutet werden, dass er telefonisch auf die Insertionsmöglichkeit hingewiesen werden will – wohl aber dann, wenn in dem Heft gerade redaktionell über ein Thema berichtet wird, zu dem der Gewerbetreibende themengebundene Werbung schalten könnte.

b. Gegenüber Verbrauchern:

Telefonwerbung ist nur zulässig, wenn die Einwilligung ausdrücklich oder stillschweigend erteilt ist (Vermutung reicht nicht).

Ausdrückliches Einverständnis liegt vor, wenn der Verbraucher ausdrücklich um Anruf bittet oder dem bei Aufnahme des Geschäftskontaktes ausdrücklich zugestimmt hat. Dieses Einverständnis bezieht sich jedoch immer nur auf den konkreten Sachzusammenhang, nicht jedoch auf andere, weitergehende Zwecke. Läuft ein Vertrag aus, so kann der Verbraucher wegen der Verlängerung angerufen werden, nicht jedoch, wenn er sich bereits gegen eine Verlängerung ausgesprochen hat oder der Vertrag schon beendet ist – telefonisches Nacharbeiten von Kündigungen ist nicht zulässig.

Die Fälle eines vermuteten Einverständnisses sind so selten, dass sie faktisch keine Rolle spielen (z.B. Notfallinformationen am Telefon).

3. Anzeigenakquisition per Fax-/E-Mail:

a. Ohne Einwilligung des Adressaten generell unzulässig (§ 7 Abs. 2 Nr. 3 UWG).

b. Ausnahmen:

§ 7 Abs. 3 Nr. 1 UWG: Wenn ein Unternehmer im Zusammenhang mit dem Verkauf einer Ware oder Dienstleistung von dem Kunden dessen elektronische Postadresse erhalten hat (z.B. bei Anzeigen-Bestellung per Fax oder E-Mail).

§ 7 Abs. 3 Nr. 2 UWG: Wenn der Unternehmer selbst die eigene Adresse zur Direktwerbung für eigene ähnliche Waren oder Dienstleistungen verwendet.

10 Bücher sind anders! Books are different!

Kurt Tobermes

If you own a hundred china dogs you can only really put them in a cabinet and dust them occasionally. Books are different, and it is pretty well impossible to imagine a book collector who is not an avid reader as well. [i]

Dass Bücher etwas „anderes" sind, ist zu einem Allgemeinplatz geworden. Nicht nur für die Leser als Kulturgut, sondern auch für Medienunternehmen, die im Buchmarkt tätig sind. Hier wird als Definition die UNESCO Definition zugrunde gelegt, die die grundlegenden Unterschiede mit all ihren Konsequenzen für das Marketing verdeutlicht. „Books are nonperiodical printed publications bound in hard or soft covers, or in loose-leaf format, of at least forty-nine pages, exclusive of the cover pages, or a juvenile nonperiodical publication of any length bound in hard or soft covers."[ii] Die nichtperiodische Erscheinungsweise führt in der Praxis zu großen Unterschieden zwischen Zeitungen und Zeitschriften in Bezug auf Marktforschung, Produktentwicklung, Kalkulation, Herstellung, Vertrieb und Erlösstruktur.

Sehr viele Verlage arbeiten mit dem primären Marketingziel, einen möglichst hohen Marktanteil zu erreichen. Dabei versuchen sie, in ihrem Marktsegment einen großen Anteil zu erzielen, z.B. 20 % auf dem Markt der Kinderbücher. Dieser Marktanteil wird als Prozent des Umsatzes oder des Absatzes gemessen. Ziel bei dieser Ausrichtung in einem gesättigten Buchmarkt ist es, anderen Verlagen Marktanteile abzunehmen.

Der „share of pocket" (Anteil der Ausgaben) geht im Ansatz nicht vom Markt, sondern vom frei verfügbaren Einkommen der Leser aus. Unter diesem Gesichtspunkt haben Verlage und Buchhandlung ganz andere Konkurrenten. Nun werden beispielsweise Trendkleidung, Kinos, Spielhallen, Computerspiele, Theater oder gar Freizeitparke im Vertrieb zu Mitbewerbern. Die Konsequenzen werden dann im praktischen Marketinghandeln zu einer anderen Marktforschung und einem völlig anderen Marketing-Mix aus Produkt, Distribution und Kommunikation führen.

Dazu gibt es Marketingstrategien wie die Vorwärts- oder die Rückwärtsintegration. Was macht ein Buchhändler, der im VLB oder den Barsortimentskatalogen nicht das geeignete Buch findet, von dem er glaubt, dass es gut verkäuflich wäre? Er lässt es selbst produzieren. Hierfür gibt es zwei Varianten. Ist er ein kleiner Buchhändler, kann er mit einem Verlag oder einem Autor ein einzelnes Buch verlegen, dies wäre ein so genanntes "upstream cooperative agreement", eine „zeitlich begrenzte Rückwärtsintegration". Eine Gefahr ist dabei allerdings das fehlende Potenzial der Marktforschung oder unzureichendes Know-how bei der Buchproduktion. Handelt es sich allerdings um einen größeren Händler, ein Buchkaufhaus oder eine Buchkette, kann es sogar sinnvoll sein, einen ganzen Verlag zu kaufen. Ziel ist es, den Distributionskanal und die Produktpolitik optimal zu koordinieren. Ein zweites Ziel könnte natürlich auch die Maximierung des Erlöses sein. Durch den Wegfall einer Handelstufe wird theoretisch der Gewinn größer.

Manuskriptbeschaffung/Programmplanung

Die Produktion eines deutschsprachigen Buchverlages ist vielfach in zwei Halbjahresproduktionen aufgeteilt. Die Frühjahrsproduktion ist in der Regel zum April des Jahres abgeschlossen, die Herbstproduktion wird meist im Oktober zur Buchmesse in Frankfurt erarbeitet. Der traditionelle Lektor ist ein wissenschaftlich oder literarisch vorgebildeter Mitarbeiter. Er prüft die eingehenden Manuskripte und richtet sie für die Veröffentlichung ein (lektoriert). Dazu pflegt er Kontakte zu Autoren und erarbeitete Vorschläge für die Programmgestaltung des Verlages. Der marketingorientierte Lektor versteht sich eher als Produktmanager. Die Verlage können auf zwei Arten an Rechte für ihre Publikationen kommen. In der passiven Akquise von Manuskripten sichtet der Lektor die Werke, die täglich unverlangt von literarischen Agenturen oder Autoren direkt eingehen. Bei der aktiven Manuskriptbeschaffung sucht der Lektor selbst nach Werken oder, bei Auftragswerken, nach Autoren. Quellen hierfür können ebenfalls Literaturagenten, eine eigene Datenbank, aber auch Schreibschulen sein.

Aber nicht nur das Einzelbuch als kulturelles Produkt ist zu betrachten. Auch in der Herstellung außerhalb des Druckbereichs steht mit dem Packaging ein wichtiges Instrument der Produktpolitik zur Verfügung. Ursprünglich war mit diesem Begriff das schlichte Verpacken von Büchern zu Transportzwecken oder zum Zwecke der praktischen Aufbewahrung, wie z.B. in Pappschubern gemeint. Ziel von Packaging-Projekten ist es, aber mittlerweile einen Beitrag zur Verkaufsförderung zu leisten. Dies geschieht auf zwei Ebenen. Zum einen kann durch die spezielle Gestaltung der Verpackung ein visueller Mehrwert geschaffen werden, der z.B. Wertigkeit oder Ästhetik vermittelt. Zum anderen kann durch das Zusammenstellen von unterschiedlichen Produkten ein neues, problemlösendes Angebot geschaffen werden. Klassisch ist dies die sinnvolle Packungsgestaltung für ein Buch mit DVD. Aber gerade bei vordergründig nicht komplementären Gütern bieten Packaging Designs die Kreation von neuen Angeboten. So kann in den Sommermonaten ein „Strandset" aus Buch und Sonnenschutzmittel kreiert werden. Hier dürfen Buchhändler ihrer eigenen Produktentwicklung freien Raum geben und sich bei der Zusammenstellung an ihren lokalen oder saisonalen Gegebenheiten orientieren.

Kalkulation

Die Kalkulation eines Buches hängt ganz wesentlich davon ab, welchem Zweig des herstellenden Buchhandels das Unternehmen angehört. Der klassische Buchverlag verwirklicht eigene oder in Auftrag gegebene Werke oder Bildbände selbst, indem sie drucktechnisch gestaltet und zur Herstellung Druckereien übergeben werden.

Die Buchgemeinschaften dagegen verlegen meist keine Novitäten, sondern kaufen von den Originalverlagen eine Buchgemeinschaftslizenz. Sie beliefern eingeschriebene Mitglieder, die auf der Grundlage eines abonnementsähnlichen Verkaufprogramms verpflichtet sind, monatlich oder quartalsweise einen Titel abzunehmen. Buchgemeinschaftslizenzen werden normalerweise nicht früher als ein Jahr und Taschenbücher nicht früher als zwei Jahre nach Erscheinen der Originalausgabe veröffentlicht.

Noch anders muss ein Mail-Order-Verlag kalkulieren. Sie stellen ihre Titel selbst her und vertreiben sie direkt an den Leser. Bei ihnen sind Kosten für Direktwerbung (direct mailings), TV-Spots oder für Couponanzeigen hoch. Auch die postalische oder telefonische Bestellung sowie die Auslieferung durch Zustellunternehmen muss anders berücksichtigt werden.

Wenn ein Verlag den Preis eines Buches oder einer Buchreihe festgelegt, wird er sich auf eine bestimmte Strategie bei der Preisgestaltung festlegen müssen. Er kann seinen Preis hoch ansetzen (Premiumstrategie) oder ihn schrittweise über verschiedene Ausgaben (Hardcover/Taschenbuch) senken (Skimming). Besteht die Überlegung darin, das Buch zu verkaufen, indem man es unter dem Preis der vergleichbaren Konkurrenzprodukte anbietet, spricht man von einer Promotion-Preisstrategie. Diese Marketingoption hat allerdings nicht jedes Verlagshaus zur Verfügung. Zum einen muss das Buch eine hohe Auflage haben, um es überhaupt preisgünstig herstellen lassen zu können. Zum anderen muss eine hohe Preiselastizität vorhanden sein. Dies bedeutet, der Leser muss überzeugt sein, dass ein günstiges Buch auch ein gutes Buch sein kann.

Da einem Buch als wirtschaftliches Unikat keine Erfahrungswerte vorliegen, gibt es hier viele Modelle, das Buch zu kalkulieren. Marketingorientierte Verlage werden zunächst versuchen, herauszufinden, wieviel auf dem Buchmarkt für einen Titel erlöst werden kann.

	Bruttoladenpreis
-	Mehrwertsteuer
=	Nettoladenpreis
-	Durchschnittsrabatt
=	Nettoabgabepreis
-	Kalkulierter Gewinn
=	Selbstkosten
-	Gemeinkosten
=	Einstandskosten
-	Honorar
-	Technische Herstellung

Wenn nach dieser Rechnung ein Betrag größer Null übrig bleibt, dann ist es lohnend, das Projekt zu verwirklichen.

Aufgrund der Unsicherheiten über die angenommen Verlaufszahlen sind aber auf noch andere Schemata weit verbreitet. Die klassische Drittelkalkulation multipliziert die Herstellungskosten mal drei, um den Ladenpreis zu kalkulieren.

$$\text{Ladenpreis} = \text{Herstellungskosten} \times 3$$

Die Multiplikator-Kalkulation kann genommen werden, wenn der Verlag in der Vergangenheit Erfahrungswerte gesammelt hat, die zu einem unternehmensinternen Multiplikator ausgewertet wurden.

$$\text{Ladenpreis} = \text{Herstellungskosten} \times \text{Multiplikator}$$

Bei allen Modellen muss jedoch berücksichtigt werden, ob das Buch eine Auflage erreichen kann, die zum einem wirtschaftlich ist, zum anderen aber auch realistisch erreicht werden kann. Dazu dienen die zahlreichen Modelle zur Berechnung der Deckungsauflage.

a) Teilkostenrechnungen

$$\text{DA 1} = \frac{\text{Herstellungskosten}}{\text{Nettopreis}}$$

$$\text{DA 2} = \frac{\text{Herstellungskosten}}{\text{Nettopreis - Stückhonorar}}$$

$$\text{DA 3} = \frac{\text{Herstellungskosten + Pauschalhonorar}}{\text{Nettopreis}}$$

b) Vollkostenrechnungen

$$DA\ 4 = \frac{\text{Herstellungskosten}}{\text{Nettopreis - Stückhonorar- Stückgemeinkosten}}$$

$$DA\ 5 = \frac{\text{Herstellungskosten + Gemeinkosten der Auflage}}{\text{Nettopreis - Stückhonorar}}$$

$$DA\ 6 = \frac{\text{Herstellungskosten + Werbekosten}}{\text{Nettopreis - Stückhonorar- Provision -Auslieferung}}$$

Die Preisschwellenforschung hat gezeigt, dass in der komplexen Industriegesellschaft der Preis eines Buches keine Vorhersage auf den Verkaufserfolg treffen lässt. Die Vorhersagbarkeit der Nachfrage in Abhängigkeit vom Buchpreis ist heute an weitere Variablen gekoppelt, die in der Regel ein gewisses Szenario beschreiben. Neben den rein ökonomischen Faktoren treten psychologische und soziologische Entscheidungspunkte auf Seiten der Buchkäufer immer häufiger auf.

Im Marketing stehen neben den kalkulatorischen Aspekten aber auch strategische Fragestellungen im Fokus. Zum Beispiel nämlich die Entscheidung, welches Ziel mit dem Preis erreicht werden soll. Hier stehen mehrere Ziele in Konkurrenz, und es ist deutlich, dass nicht alle Ziele gleichzeitig erreicht werden können.

- Diversifikation
- Erlöserhöhung
- Konkurrenzverdrängung
- Marktbeherrschung
- Marktberuhigung
- Subventionierung schwacher Objekte

Für ein Buchprojekt mit den Eckwerten:

Bruttoladenpreis	24,90 €
Gesamtauflage	5.000
Verkaufsauflage	3.500

würden sich diese kaufmännischen Werte ergeben:

Brutto Buchhandelsumsatz	87.150,00 €		
- 7 % Umsatzsteuer	5.701,40 €		
Nettobuchhandelsumsatz	81.448,60 €		
Durchschnittsrabatt	45 %		
Verlagsumsatz	44.796,73 €	100,0 %	
Erlösschmälerungen	700,00 €		
Gesamterlöse	44.096,73 €		
Technische Herstellung pro Buch	2,75 €		
Technische Herstellung Gesamt	13.750,00 €	31,2 %	
Honorar	8.200,00 €	18,6 %	
Gestehungskosten	21.950,00 €	49,8 %	
Deckungsbeitrag I	22.146,73 €	50,2 %	Gesamterlöse - Gestehungskosten
Werbung	4.000,00 €	9,1 %	
Auslieferung / Logistik	3.200,00 €	7,3 %	
Deckungsbeitrag II	14.946,73 €	33,9 %	Deckungsbeitrag I - Werbung - Logistik
Gemeinkostenfaktor von Herstellkosten	77 %		
Gemeinkosten	10.587,50 €	24,0 %	
Deckungsbeitrag III	4.359,23 €	9,9 %	Deckungsbeitrag II - Gemeinkosten

Allerdings sollte das Buch in heutiger Zeit nicht mehr als isoliertes Produkt gesehen werden. Eine ganze Reihe von Büchern hat den Verlagen als Originalauslage Verluste eingebracht, aber in der Gesamtauswertung der Rechte ein positives Ergebnis erzielt. Beispiele für eine weitere Substanzauswertung können sein:

- Buchklubausgabe
- Comic
- Corporate Publishing/Kundenbuch
- E-Book
- Hörbuch

- Merchandising
- Sonderausgabe
- Taschenbuch
- Verfilmung
- Vorabdruck in Zeitung/Zeitschrift

Nicht erst durch Harry Potter wurden Verlage und Buchhandlungen auf das ökonomische Potenzial von Merchandising für Artikel wie Bekleidungsstücke, Federmäppchen oder Porzellan aufmerksam. Die traditionellen Berührungsängste mit Verwertungsaktionen dieser Art sind inzwischen überwunden. Für viele Verlage sind die Erlöse aus dem Nebenrechtshandel als fester Bestandteil der Einnahmen unverzichtbar geworden. Für den Buchhandel haben Merchandising Artikel zusätzliche zwei wichtige Funktionen. Zum einen können diese Artikel helfen, noch immer bestehende Schwellenängste bei Teilen der Kundschaft zu überwinden. Zum anderen erzeugen diese Artikel bei der Zielgruppe der sogenannten „späten Adopter" überhaupt erst Aufmerksamkeit für das Buch. Dies besonders bei der wachsenden Anzahl der wenig lesegewohnten Menschen. Zukünftig wird der umgekehrte Weg immer wichtiger werden, nämlich das schnelle Entwickeln von Büchern nach Trends aus anderen Impulsgebern wie Computerspielen, Lifestyle-Trends oder Mode.

Welche Struktur die Erlöse haben können, hängt vom jeweiligen Buch ab, sowie vom kaufmännischen Geschick der Mitarbeiter. Die Höhe der Erlöse ist im Buchbereich schwerer zu planen als bei Periodika. Dies hängt mit den Konditionen im Buchvertrieb zusammen, die letztendlich bestimmen, welcher Anteil vom Verkaufspreis tatsächlich den Verlag erreicht. Konditionen sind nicht einfach Bezugsformen und Zahlungsbedingungen, sondern Mittel einer aktiven Konditionenpolitik im Sinne des Marketings. Buchhändler und Verlag können sehr unterschiedliche Vereinbarungen treffen:

Fest

Der uneingeschränkte Festbezug bedeutet, dass der Buchhändler die Bücher ohne Remissionsrecht kauft.

UR

Dies ist das Kürzel für Umtauschrecht und heißt eigentlich „Fest mit UR". Hierbei erhält die Buchhandlung die Bücher mit Rechnung, die auch bezahlt werden muss. Die Bücher können aber gegen andere Titel des Verlages bei zukünftigen Bestellungen umgetauscht werden.

RR

Dies bedeutet Remissionsrecht oder Rückgaberecht und heißt vollständig „Fest mit RR“. Hierbei erhält die Buchhandlung die Bücher mit Rechnung, die auch bezahlt werden muss. Die Bücher können aber gegen Gutschrift bei späteren Bestellungen zurückgesandt werden.

Bestellung à.c.

Dies bedeutet à condition und bezeichnet ein reines Konditionsgeschäft. Der Buchhändler bestellt, lagert, kauft und remittiert alles Nichtverkaufte. Das Abgesetzte wird erst am Ende der Kommissionszeit bezahlt.

Es wird deutlich, dass sich das Risiko vom Festbezug nach à.c. vom Buchhandel auf den Verlag verlagert. Da Rabatte das kaufmännische Risiko honorieren müssen, nehmen die Rabatte für den Buchhandel entsprechend vom Festbezug in Richtung à.c. ab. Zu den Konditionen gehören auch die Zahlungsbedingungen, die Valutastellung (Valutierung) und der Versandkostensektor, die eine immer größere Rolle spielen.

Sonderformen sind weiterhin die Standing Order, bei der die Buchhandlung ohne Bestellung jede Novität eines Verlages erhält und das Abonnement, welches oft mit öffentlichen Bibliotheken vereinbart wird, die Reihen oder Werke bestimmter Verlage komplett führen müssen.

Rabattpolitik

Ein Buchverlag muss, ähnlich einem ZZ-Verlag, seine Preispolitik zweimal machen, zum einen muss der Preis für den Endverbraucher festgelegt werden, zum anderen für die verschiedenen Formen des Zwischenhandels und Buchhandels. Dabei haben die gewährten Rabatte Einfluss auf die Entscheidungen der Abnehmer.

Grundrabatt

Der Grundrabatt, oft auch als Originalverlagsgrundrabatt bezeichnet, ist in der Regel in einem Verlag für alle Produkte gleich hoch, aber er kann von Verlag zu Verlag sehr variieren.

Beispiele:

Belletristik:	35 - 40 %
Fachbuch:	25 - 30 %
Kinder- und Kunstbuch:	bis 65 %
Schulbuch:	10 - 25 %
Taschenbuch:	40 - 50 %

Mengenrabatt

Mit dem Mengenrabatt werden Buchhändler zur Mengenabnahme geködert und dabei gleichzeitig für ihr größeres Risiko entlohnt.

Partiebezug

Der Händler erhält hier Gratisexemplare. Eine klassische Partie ist vor allem die Partie 11/10. Hierbei bestellt er 11 und bezahlt nur 10 Exemplare. Eine Reizpartie ist ca. 130/100 und die wissenschaftliche Partie 5/4. Durch diesen Naturalrabatt steigt der Effektivrabatt.

Beispiel:

Bei einem Grundrabatt von 35 % und einer Partie von 130/100 ergibt sich:

Stück: 100	à 35 %	3.500 %
Stück: 30	à 100 %	3.000 %
Summe: 130		6.500 %
Effektivrabatt pro Buch:		50 %

Bonus

Ähnlich wie im Anzeigengeschäft erhält die Buchhandlung am Jahresende rückwirkend Geld, wenn sie ein vereinbartes Umsatzziel erreicht hat.

Zeitlich differenzierte Rabatte

In einer gewissen Zeit wird ein höherer Rabatt für ein Buch gewährt. Bestellt der Buchhändler direkt beim Vertreter, erhält er zusätzlich 5 % Reiserabatt. Bei Ordern auf der Buchmesse erhält man meist einen Messerabatt.

Aus diesem differenzierten Preisgefüge wird deutlich, wie stark der Buchhändler seinen Gewinn über richtige Einkaufspolitik steuern kann. Das Barsortiment erhält einen Zwischenhandelsrabatt (Funktionsrabatt) von 10 - 15 %.

Vertrieb

Marketinglogistik der Verlage

Um Leser und Buchhandlung zufriedenzustellen, muss der herstellende Buchhandel (Verlage, Buchgemeinschaften usw.) nicht nur ein gutes Buch zu einem angemessenen Preis herstellen. Er muss es nach der Bestellung auch möglichst schnell dem neuen Besitzer zukommen lassen.

Drei Faktoren beeinflussen hierbei die Kundenzufriedenheit: Die Lieferzeit, die Lieferzuverlässlichkeit und die Lieferbereitschaft. Gerade im Buchbereich sind die Entscheidungen auf diesem Gebiet besonders wichtig, da durch die große Anzahl der verschiedenen Titel und die im Vergleich zu anderen Zweigen geringen Bestellmengen hohe Kosten anfallen. Die Entscheidungen auf Verlagsebene sind zu treffen zur Lagerhaltung (z.B. VA oder Eigenlager), zum Transport (z.B. Büchersammelverkehr oder Eigentransport) und zur Auftragsabwicklung von der Bestellannahme bis zur Kommissionierung.

Wenn auf allen Ebenen die richtigen Entscheidungen getroffen werden, ist die Marketinglogistik ein relevantes Kriterium, um sich Wettbewerbsvorteile gegenüber anderen Verlagen zu verschaffen.

Zwischenbuchhandel

Dem Zwischenbuchhandel gehören neben Kommissionären der Vertragsparteien die verschieden Großhandelsformen an.

Kommissionäre

Die Verlagsauslieferer sind Dienstleister der Verlage (Verlagskommissionäre). Sie bieten in der Regel die Einzelbausteine Lagerung, Bestellannahme, Kommissionierung, Rechnungsstellung, Inkasso, Delcredere und Factoring an. Je nach Größe und Konzept des Verlages werden diese Angebote angenommen. Steht beispielsweise die Liquiditätsbeschaffung im Vordergrund, wird der Forderungsverkauf vor Fälligkeit durch Factoring interessant sein. Ist Sicherheit beim Zahlungseingang das Ziel, sollte Delcredere (Haftungsübernahme) vereinbart werden, bei dem die VA den Zahlungseingang nach Ende aller Mahnverfahren garantiert.

Büchersammelverkehr und Bestellanstalt sind dagegen im Auftrag des verbreitenden Buchhandels tätig. Der Buchhändler kann die meisten seiner Bezüge über preisgünstige Sammeltarife des Büchersammelverkehrs abwickeln. Bestellanstalten ermöglichen den Sortimentern, preisgünstig ihre Bestellungen an Verlage, Auslieferungen oder Barsortimente weiterzuleiten.

Großhandel

Die meisten Bücher werden von den Buchverkaufsstellen nicht direkt beim Verlag gekauft, sondern beim Zwischenbuchhandel. Die führende Rolle nimmt hierbei das Barsortiment ein. Es kauft auf eigene Rechnung gut laufende Titel in größerer Stückzahl und verkauft sie an den Buchhandel weiter. Der Funktionsrabatt ergibt sich als Differenz von Mengenrabatt und Verlagsgrundrabatt, der an die Sortimenter weitergegeben wird. Vorteile für diesen sind die Schnelligkeit der Lieferung und die Bündelung der Bestellungen an einen Lieferanten. Ähnlich arbeiten Spezialbarsortimente, die sich in Einzelgebieten (Esoterik, Sozialismus usw.) Marktnischen geschaffen haben.

Restauflagen von Büchern, die aus der Preisbindung herausgenommen wurden, können beim Großantiquariat bezogen werden. Läuft ein Buch zu dem günstigeren Preis nun sehr gut, kann es vereinzelt zum Nachdruck des Werkes im Auftrag des Großantiquariats kommen.

Da an einer Reihe von ZZ-Verkaufstellen auch Bücher vertrieben werden, geschieht hier der Bezug häufig über das Pressegrosso. Geschäfte für Bürobedarf beziehen dagegen vom Papiergroßhandel. Da Anteil im Ausland verlegter Bücher steigt, nimmt die Rolle des Im- und Exportbuchhandel weiter zu.

Eine Sonderform nimmt das Rack-Jobbing (Regalgroßhandel) ein. Hierbei pachten Unternehmen Regalmeter in Kaufhäusern und Supermärkten und bestücken sie mit Titeln eigener Wahl. Die Abrechnung mit dem Einzelhandel erfolgt über Warenwirtschaftssysteme.

Verbreitender Buchhandel

Am Ende der Vertriebskette steht die Aufgabe, dem potenziellen Leser sein Buch zu verkaufen. Hierbei spielt die klassische Buchhandlung (Sortimenter) die größte Rolle. Sie bieten neben der Beschaffung dem Kunden die größte Beratungskompetenz. Buchhandelsketten und Buchkaufhäuser versuchen, dies mit Mengenvorteilen sowie einem breiten und tiefen Sortiment zu kombinieren.

Wichtige Rollen nehmen heute Internetbuchhandlungen und Versandbuchhandlungen ein. Sie bieten den Lesern den Vorteil der Auswahl in häuslicher Umgebung. Diese Formen werden ordnungspolitisch problematisch, wenn sie Verlagen oder Unternehmen des Zwischenbuchhandels gehören. Die Auswertung der Kundendaten (Data-Mining/Data-Fishing), besonders deren Bestellungen bei anderen Verlagen, verschafft elementare Marketingvorteile in allen Sub-Mix-Bereichen.

Der Reisebuchhandel (WBZ) besetzt heute Nischen in Bereichen Bürovertrieb (z.B. Kochbücher) oder auch Kindergärten (Kinderbücher). Lediglich im Lexikavertrieb kann ein Haustürvertrieb rentabel sein.

Eine Weiterentwicklung des Rack-Jobbing ist das Shop-in-Shop Konzept. Hierbei pachtet ein Verlag oder eine Großbuchhandlung innerhalb eines Kaufhauses eine nur von ihm genutzte Vertriebsfläche. Die Abrechnung erfolgt auch hier über Warenwirtschaftssysteme.

Sonstige Verkaufsstellen

Welche weiteren Verkaufsstellen in das Vertriebskonzept einbezogen werden, ob und wie weit sie genutzt werden, liegt zum einen am Verlagsprogramm und zum anderen an der kaufmännischen Phantasie der Vertriebsmitarbeiter. Prinzipiell ist hier noch Absatzpotenzial festzustellen. Hier können nur einige Beispiele genannt werden:

- Antiquariate
- Autoersatzteilhandel
- Bahnhofsbuchhandel
- Computer-Shops
- Eine-Welt-Läden
- Fotofachgeschäfte
- Fahrradläden
- Kioske
- Kunsthandel
- Musikalienhandel
- Sex-Shops
- Tierhandlungen

Kommunikation

Die dargestellten Strukturen haben zur Konsequenz, dass Bücher einen anderen Kommunikations-Mix haben müssen: einerseits das Problem der Einmaligkeit und andererseits, das für das Einzelbuch nur gering zur Verfügung stehende Kommunikationsbudget. Hier wird die Verlagsseite der Kommunikationspolitik vorgestellt, die der Autor aus seiner Interessenlage massiv unterstützen kann.[iii]

Im Bemühen, die Buchkäufer exakt zu untersuchen, wird besonders der Lebensstil immer relevanter. Methodisches Problem dabei ist, dass sich die seelischen Faktoren (Einstellungen, Wünsche, Ängste) nur über das Selbstbild der Konsumenten erfassen lassen. Um dennoch die marketingrelevanten Aspekte des Innenlebens genau messen (operationalisieren) zu können, wurde der AIO-Ansatz entwickelt. A steht für Aktivitäten in Beruf und Freizeit, I für Interessen und O für Meinungen (engl.: Opinions). Der Ansatz geht davon aus, dass ein bestimmter Lebensstil mit einem bestimmten Medienkonsum zusammenhängt. Da der Kauf von Büchern sehr stark vom Lebensstil und von Einstellungen abhängt, eignen sich Typologien nach dem AIO-Ansatz gut, um die Zielgruppen von verschiedenen Verlagsprogrammen abzugrenzen. Dieser Ansatz kann ebenso auf Buchhandlungen übertragen werden, da auch bei der Wahl des Einkaufsorte AIO-Aspekte eine große Rolle spielen.

Neben den Standardinstrumenten der klassischen Werbung, die natürlich auch hier gelten, werden spezielle Möglichkeiten des Buchmarktes erörtert. Wenn ein Verlag oder eine Buchhandlung klassische Werbung schaltet, hat der Planer häufig ein Lieblingsmedium oder ein Medium, welches mit Abstand die besten Werte bei der Mediaauswahl erzielt hat. Untersuchungen ergaben, dass die Werbewirkung erhöht wird, wenn in zwei unterschiedlichen Medien wie einer Zeitschrift und im Internet geworben wird. Diese positive Wechselwirkung und die Transfer-Effekte, die beim Zusammenspiel im Rahmen einer Mixkampagne entstehen, werden Multiplikationseffekte (Multiplying-Effekt) genannt. Schwerpunktmäßig sind dies drei Effekte. Erstens verbessert sich die Werbeerinnerung durch die verschiedenen Mediagattungen. Zweitens verstärkt sich besonders das Markenbild des Verlags oder der Buchhandlung und drittens verbessert sich die Werbelernleistung der Kunden. Dies gilt besonders für Details und Zusammenhänge, die so besser kommuniziert werden. So gilt auch in diesem Bereich, dass das Ganze mehr ist als die Summe seiner Teile.

Dass Verlage in der Öffentlichkeit nicht nur durch ihre Autoren, sondern auch durch ihre Lektoren, Geschäftsführer oder Inhaber wahrgenommen werden, ist eine alte Beobachtung. Bei großen Medienhäusern oder Buchhandelsketten waren die Geschäftsführungsfunktionen früher anonymisiert. Erst seit einem Jahrzehnt werden auch diese Unternehmen stärker über ihre Führungskräfte bewertet. So werden Autor und Führungskraft als Menschen zum Mittel der Unternehmenskommunikation. Personality-Marketing entwickelt hierfür Ansätze und Maßnahmen, beispielsweise eine Autorenmarke aufzubauen. In Medienunternehmen müssen darüber hinaus auch die Führungskräfte ein hohes Maß an Authentizität haben. Beliebtheit oder Perfektion spielen dagegen im Buchbereich eine geringere Rolle. So geht das Personality-Marketing über Maßnahmen der Mitarbeiterschulung (Medientraining, Rhetorikkurs) hinaus. Da eine Reihe von sogenannten „weichen Faktoren" wie Kreativität, Ethik oder die Fähigkeit zum Zuhören erfüllt werden müssen, greift dieser Ansatz in die Autoren- und Personalauswahl mit ein. Personality-Marketing geht davon aus, dass 50 % des Unternehmenserfolgs durch das Image der handelnden Personen bei Lesern, Handel, Mitarbeitern und Investoren beeinflusst werden.

Eine weitere Maßnahme im PR-Innenbereich (human relations) eines Verlages ist das Internal Branding. In vielen Verlagen herrscht die Vorstellung, dass Marken ausschließlich für den Buchhandel und vielleicht noch für die Leser entwickelt und gepflegt werden. Der Ansatz der internen Markenführung geht einen Schritt weiter. Er besagt, dass allen Mitwirkenden am Prozess der Buchschöpfung (vom Autor bis zum Außendienst) die Markenpersönlichkeit des Verlages vertraut sein sollte. Um dies zu erreichen, muss jedem Mitwirkenden die Verlagsphilosophie und die Unternehmenskultur vermittelt werden. Doch nur die theoretische Ebene allein bringt wenig Erfolg. Damit die Markenführung für die Mitarbeiter glaubwürdig wird, muss diese jedoch auch praktisch erlebbar sein. Besonders Verlagsmitarbeiter ohne Kundenkontakt haben hier in der Regel Defizite. Deshalb sollten auch sie von Zeit zur Zeit in Treffen mit Autoren, Zwischenbuchhandel und dem verbreitenden Buchhandel einbezogen werden, auch dann, wenn dies vordergründig nicht notwendig erscheint. Aber nur so können sie sich selbst von der Wichtigkeit ihrer Arbeit überzeugen.

Kaum ein Marketingbegriff wurde in den letzen Jahren so inflationär benutzt wie der des Event-Marketings und kein Segment der Kommunikationspolitik hat ein so großes Ausgabenwachstum gehabt wie dieses. Zwei unterschiedliche Elemente spielen im Event-Marketing eine Rolle. Zum einen die Präsentation eines Buches, einer Buchhandlung oder eines Verlages, zum anderen die Initiierung einer erlebnisorientierten Kommunikation. Ziele können aktive Ansprache, Eintreten in einen Dialog, Motivation oder auch Imagefestigung sein. Zielgruppen dieser Maßnahmen sind auf drei Ebenen zu finden. Zunächst zu nennen sind interne Zielgruppen, wie Vertreterkonferenzen oder Jubiläen. Als zweite Zielgruppe wären da Zwischenbuchhandel oder Medienvertreter, die zwar extern sind, aber auf die Buchkäufer einwirken. Hier werden beispielsweise Pressekonferenzen oder Fachkongresse eingesetzt. Die sogenannten Handelsevents, wie das Aufstellen einer Hopsburg oder Auftritte von Künstlern zielen auf die dritte Gruppe, den letztendlichen Buchkäufer.

Ein weiteres Instrument der Verlagsdarstellung ist Marketeasing. Viele Verlage sind mit dem Kosten-Nutzen-Verhältnis der Kommunikation unzufrieden oder haben nur kleine Werbebudgets. Besonders die klassische Werbung wird bei emotionsgeladenen Medien wie Büchern oder DVD oft als langweilig und zum Teil nutzlos angesehen. Deshalb versuchen Verlage, mit verblüffenden, spektakulären oder spaßigen Aktionen für ihre Kunden einen Werbedruck aufzubauen.

Sie kopieren die Prinzipien der Kommunikation von Umweltorganisationen, Sponti-Gruppen aus den 60er-Jahren oder der amerikanischen Kommunikationsguerilla und adaptieren sie für die Produkte ihrer Kunden. Marketteasing nennt sich der Ansatz, der Verlag, Autor, Leser und Buchhandel mit ausgefallenen Ideen im Marketing verzahnen möchte. Das Kunstwort aus Market und Teaser (wörtlich: Reizer) steht für diese Art der werblichen Kommunikation, die das Budget nicht in Anzeigen, sondern Aktionen stecken möchte, die den emotionalen Gehalt der Werbebotschaft effektiv transportieren kann. Damit können z.B. auch Trennungen von Reaktion und Inhalt in Zeitschriften umgangen werden oder Werbebeschränkungen und Werbeverbote ausgehebelt werden.

---

[i] Hare, Steve:
http://www.abebooks.com/docs/Community/Featured/steveHarePenguin.shtml?nsa=1 (Stand 16.10.2006)

[ii] United Nations Educational, Scientific and Cultural Organization (UNESCO): Recommendation Concerning the International Standardization of Statistics Relating to Book Production and Periodicals, Paris 1964.

[iii] Jagnow, Björn: Marketing für Autoren. Der Weg zur erfolgreichen Veröffentlichung. 3., aktualisierte Aufl., München 2005.

11 Formelsammlung

Kurt Tobermes

Affinität

$$\text{Affinität} = \frac{\text{Nutzer aus ZG x 100}}{\text{Gesamtnutzerschaft des Mediums}}$$

Affinitätsindex

$$\text{Affinitätsindex:} = \frac{\text{Affinität x 100}}{\text{Anteil der ZG an Gesamtnutzerschaft}}$$

Bruttoreichweite (nominaler Wert)

Gibt an, wie viele Kontakte eine Anzeige oder Kampagne geschaffen hat. Dabei kann eine Person mehrfach angesprochen sein.

Durchschnittskontakte (DSK)

$$\text{DSK} = \frac{\text{nominale Bruttoreichweite}}{\text{nominale Nettoreichweite}}$$

$$\text{oder} = \frac{\text{prozentuale Bruttoreichweite}}{\text{prozentuale Nettoreichweite}}$$

$$\text{oder} = \frac{\text{kumulierte Bruttoreichweite}}{\text{kumulierte Nettoreichweite}}$$

GAP = Garantierter Auflagenpreis

Dieser Vergleichspreis garantiert einem Anzeigenkunden eine bestimmte Heftauflage für den Anzeigenpreis. Wird diese nicht erreicht, dann schreibt der Verlag einen anteiligen Betrag gut. Basis ist hier die Summe aus Einzelverkauf und Abo-Auflage des Inlandes der IVW.

$$\text{GAP} = \frac{\text{Preis x 1.000}}{\text{EV + Abo-Inland}}$$

GRP = Gross Rating Points

GRP dienen zum Vergleich mehrerer Mediapläne. Bei gleichem Etat kann hiermit gesehen werden, welcher Plan mehr Medialeistung aus dem Etat holt. Als Wert für einen einzelnen Plan ohne sinnvolle Aussage.

GRP = Nettoreichweite (prozentual) x Durchschnittskontakte

Mathematisch identisch mit der prozentualen Bruttoreichweite, da sich die Nettoreichweite kürzt.

$$\text{GRP} = \text{Nettoreichweite (prozentual) x } \frac{\text{Bruttoreichweite (prozentual)}}{\text{Nettoreichweite (prozentual)}}$$

Haushaltsabdeckung (prozentualer Wert)

Gibt an, wie viel Prozent der Haushalte eines Gebietes von einem Werbeträger abgedeckt werden.

LpE = Leser pro Exemplar

$$\text{LpE} = \frac{\text{LpA}}{\text{Verbreitete Auflage}}$$

LpA = Leser pro Ausgabe

Gibt an, wieviel Leser durchschnittlich eine Ausgabe einer Zeitung oder Zeitschrift nutzen. Printnettoreichweite.

LpN = Leser pro Nummer

Gibt an, wieviel Leser eine bestimmte Nummer einer Zeitung oder Zeitschrift im Erscheinungsintervall genutzt haben. Wird im Gegensatz zum LpA-Wert direkt gemessen, nicht errechnet.

LpwS

Leser pro werbungführende Seite. Dieser Wert gibt an, wie viele Leser eine Seite erreicht, auf der Werbeanzeigen geschaltet sind. Damit ist dieser Wert als „Mediawährung“ genauer oder „härter“ als der LpE-Wert.

Nettoreichweite (nominaler Wert)

Gibt an, wie viele Personen der Zielgruppe von einem Mediaplan mindestens einmal erreicht werden.

Nettoreichweite (prozentualer Wert)

Gibt an, wie viel Prozent der Zielgruppe von einem Mediaplan mindestens einmal erreicht werden.

SOA

$$\text{Share of Advertising} = \frac{\text{Anteil einer Marke an den Werbungskosten x 100}}{\text{Werbeausgaben des Teilmarktes}}$$

SOM

$$\text{Share of Mind} = \frac{\text{Anteil einer Marke an den Durchschnittskontakten x 100}}{\text{Durchschnittskontakte des Teilmarktes}}$$

SOP

$$\text{Share of Pocket} = \frac{\text{Anteil einer Marke an den Haushaltsausgaben x 100}}{\text{Gesamtausgaben des Haushalts}}$$

SOV

$$\text{Share of Voice} = \frac{\text{Anteil einer Marke an der Bruttoreichweite x 100}}{\text{Bruttoreichweite des Teilmarktes}}$$

TLP = Tausend(er)leserpreis = TNP = Tausend(er)-Nutzerpreis

a) Preis pro Spaltenmillimeter für tausend Leser (Nettoreichweite)

$$TLP_{mm} = \frac{\text{Millimeterpreis x 1.000}}{\text{LpA}}$$

b) Preis pro Seite für tausend Leser

$$TLP_{S} = \frac{\text{Seitenpreis x 1.000}}{\text{LpA}}$$

Tausenderkontaktpreis

Tausenderpreis der BRW

$$TKP = \frac{\text{Preis des Werbemittels x 1.000}}{\text{Kontakte}}$$

TMP = Tausendermillimeterpreis

$$TMP = \frac{\text{Millimeterpreis x 1.000}}{\text{Verbreitete Auflage}}$$

TSP = Tausenderseitenpreis

$$TSP = \frac{\text{Seitenpreis x 1.000}}{\text{Verbreitete Auflage}}$$

Weitester Leserkreis

Kumulierte Leserschaft aus den letzten 12 Ausgaben.

Wirksame Reichweite

Gibt die Anzahl der Personen an, bei der Werbung das angestrebte Werbeziel erreicht. Grundlage sind verschiedene Modelle der Werbewirkung.

12 Fälle aus der und für die Praxis

Kurt Tobermes

Unter www.bootoh.de finden Sie Lösungsansätze für die folgenden Fälle. Diese werden bis zum Erscheinen der 5. Auflage in unregelmäßigen Abständen den Marktsituationen angepasst.

CaM = Casts and Models

Fallstudie zum Anzeigenmarketing

(Vorgeschlagene Bearbeitungszeit: 240 Minuten)

Es soll zweimonatlich eine Zeitschrift mit dem Arbeitstitel **CaM** erscheinen.

Zielgruppen Leserschaft:

1. Männliche/weibliche Models, Casting-Agenturen, Modelagenturen (Booker), Werbeagenturen (Artdirektoren).
2. Teenager/Frauen, die sich mit der Modelbranche identifizieren.

Zielgruppe der Anzeigen:

Unternehmen der Mode-, Film-, Werbe- und Kosmetikbranche, die direkt oder indirekt mit der Model-Industrie verknüpft sind. Sowohl national als auch international.

Sie sind ein mittleres Unternehmen und mit sieben Special-Interest- (Gesamtauflage: 408.000) und zwei Fachoffertenblättern (zusammen: 98.000 Auflage) am Markt gut etabliert. Sie haben 16 Festangestellte. Der neue Titel hat eine Startauflage von 80.000, langfristig soll sich die verkaufte Auflage bei ca. 50.000 etablieren. Sie bilden in Ihrem Verlag vier Arbeitsgruppen, die sich ausschließlich auf den Anzeigenbereich konzentrieren, nicht auf den Vertrieb (auch wenn es schwer fällt):

A - Team erarbeitet eine Produktkonzeption für den Anzeigenbereich (Produktmix).

B - Team erarbeitet eine Preispolitik für die Anzeigen (Kontrahierungsmix).

C - Team erarbeitet eine Vertriebskonzeption (Distributionsmix).

D - Team erarbeitet eine Werbekonzeption für die Anzeigen (Kommunikationsmix).

Jedes Team macht schriftlich Vorschläge für sein Konzept und begründet es in einer Präsentation mündlich.

Doppelte Dosis

(Vorgeschlagene Bearbeitungszeit: 30 Minuten)

Eine Mediaauswahl weist für eine Zielgruppe (0,22 Millionen Personen) folgende Daten aus:

Reichweite in der Zielgruppe je Einschaltung:

ADAC-Motorwelt: 60 % – Bild-Zeitung: 40 %

Überschneidung: 50 % der ADAC-Motorwelt -Leser lesen auch die Bild-Zeitung.

Berechnen Sie:

a) Die Nettoreichweite einer Einschaltung in beiden Titeln (eine Stelle nach dem Komma).

b) Die Anzahl der Kontakte bei je einer Einschaltung in beiden Titeln.

c) Die Anzahl der Durchschnittskontakte (auf eine Stelle nach dem Komma runden).

d) Bewerten Sie die folgenden drei Mediapläne für diese Zielgruppe anhand quantitativer Merkmale und entscheiden Sie sich für den nach Ihrer Ansicht besten Plan (mit Begründung)

	Plan A	Plan B	Plan C
Kosten	200.000 €	200.000 €	400.000 €
Nettoreichweite	160.000	90.000	120.000
Bruttoreichweite	720.000	1.320.000	890.000

Venus mit Klinge

(Vorgeschlagene Bearbeitungszeit: 30 Minuten)

Für einen Mediaplan (Werbeobjekt: Damen-Nassrasierer) liegt folgende Medienvorauswahl vor. Die Zielgruppe besteht aus 3,22 Millionen weiblichen Personen.

Medium	Reichweite	Affinitätsindex	TKP
Strick und Back	17,7 %	410	325,00 €
Female Advice	42,1 %	189	200,00 €
Heidi	36,5 %	200	130,00 €
Soft Love	17,4 %	219	300,00 €

1. Errechnen Sie den 3er-Index und stellen Sie fest, welches die beiden besten Medien sind.
2. Stellen Sie am obigen Beispiel den Begriff der Überschneidung dar.
3. Bewerten Sie die folgenden drei Mediapläne für diese Zielgruppe anhand quantitativer Merkmale und entscheiden Sie sich für den nach Ihrer Ansicht besten Plan (mit rechnerischer Begründung).

	Plan A	Plan B	Plan C
Kosten	400.000 €	400.000 €	400.000 €
Nettoreichweite	760.000	90.000	420.000
Bruttoreichweite	720.000	1.320.000	890.000

Planungssession

(Vorgeschlagene Bearbeitungszeit: 120 Minuten)

Diese Aufgabe kann nur gelöst werden, wenn Ihnen ein Mediaplanungsprogramm wie MDS, Regio-MDS oder GTI zur Verfügung steht.

Vorgaben:

Werbeobjekt: Snowboard eines Unternehmens, das erfolgreich am Skimarkt agiert.

Streu-Etat: 7,2 Millionen Euro
Streugebiet: Nielsen 1 bis 5
Zeitraum: 12/2006 bis 3/2007

Werbeziele:

1. Bekanntheitsgrad auf ca. 70 % steigern.
2. Transfer des guten Images bei Ski auf Snowboards

Arbeitsschritte:

Festlegung der Mediaziele

Festlegung einer Zielgruppe aus mindestens vier Variablen

Medienvorauswahl

Mediaplan

Uschi ist in der Zeitung!

(Vorgeschlagene Bearbeitungszeit: 40 Minuten)

Nach mehreren Desastern mit seinen Werbemaßnahmen beschließt ein Zigarettenkonzern ein neues Konzept. Mit dem Starmodel Uschi O. (23 Jahre, 101-75-95) sollen Tausende von Anzeigen in Tageszeitungen geschaltet werden mit der Headline „Oh Uschi!". Einem Anzeigenleiter kommen Bedenken, ob eine solche Anzeige veröffentlicht werden kann. Er bittet Sie um eine erste rechtliche Prüfung.

Fotos „für umsonst"

(Vorgeschlagene Bearbeitungszeit: 40 Minuten)

Die Journalistin einer Special-Interest Zeitschrift verfasst einen Bericht über eine Berliner Modelagentur. Beim Besuch der Agentur fällt ihr das Bild eines Models in die Hände, welches ihr der Modelagentur-Inhaber zur honorarfreien Veröffentlichung frei gibt. Als die Story veröffentlicht wird, erscheint das Foto großformatig neben dem Text.

Der Fotograf möchte nun die SI wegen Urheberrechtverletzung verklagen. Hat er eine Chance?

Fotos gegen Gage

(Vorgeschlagene Bearbeitungszeit: 60 Minuten)

a) Das Modell Lisette Petersen hat ein Werbefoto für eine Kampagne in deutschen Tageszeitungen gegen eine Pauschalgage von 25.000 EUR schießen lassen. Durch Zufall ist ihr zu Ohren gekommen, dass das Anzeigenmotiv nun auch in Belgien und Frankreich läuft. Sie wendet sich an Sie mit der Frage, ob Sie eine Chance für Lisette sehen, weiteres Entgelt zu bekommen.

b) Einige Tage später ist Lisette wieder da und ist richtig zornig. Nun will sie die ganze Anzeigenreihe verbieten lassen, denn schließlich haben Sie ja selbst gesagt, dass jeder Mensch ein Recht am eigenen Bild habe. Kommt Lisette damit durch?

c) Einige Tage später ist Lisette schon wieder da und hat ihren Friseur mitgebracht, der sie beim Shooting gestylt hat. Er will von Ihnen wissen, ob er nicht „sein Urheberrecht“ an dem „Gesamtkunstwerk Lisette“ einklagen kann.

d) Prüfen Sie, ob Ihre Antworten in dieser Fallstudie dem Urheberrecht unterliegen.

Zeitenwende

(Vorgeschlagene Bearbeitungszeit: 150 Minuten)

Ein überregionaler Zeitschriften- und Zeitungsverlag (Tages-, Wochen- und Sonntagszeitungen, sowie ca. 40 Zeitschriften) hat in den letzten Jahren im Bereich des anspruchsvolleren Journalismus Auflagenrückgänge über dem Branchendurchschnitt hinnehmen müssen. Auch die Anzeigenabsätze sind gesunken. Die eigenen Trendscouts haben drei für den Zeitungsmarkt relevante Entwicklungen festgestellt. Erstens einen gesellschaftlichen Wertewandel (Pisa, Ende der Spaßgesellschaft), zweitens eine anhaltende Konsumzurückhaltung und drittens eine starke Abwendung vom Individualverkehr durch ein entscheidend höheres Ölpreisniveau. Sie sind Mitarbeiter in der Produktentwicklung im Bereich Zeitungen. Entwerfen Sie ein Produkt, das den Veränderungen Rechnung trägt.

Fluktuation

(Vorgeschlagene Bearbeitungszeit: 120 Minuten)

Eine Tageszeitung im süddeutschen Raum hat nach der IVW folgende Auflagenstruktur:

360.000 Abonnenten
30.000 Einzelverkauf
10.000 Sonstiger Verkauf

Die Vertriebsabteilung stellt fest, dass jährlich rund 72.000 neue Abos gewonnen werden müssen, um die Abo-Auflage zu halten. Dies gelang bisher der Vertriebsabteilung nur mit größter Mühe.

Aufgaben:

1. Analysieren Sie das Problem.
2. Machen Sie Vorschläge, wie dieses Problem durch die Mitarbeit der Fachabteilungen (Vertrieb, Anzeigen, Redaktion) gelöst werden kann.

Teure Anzeigen

(Vorgeschlagene Bearbeitungszeit 120: Minuten)

Ein Zeitschriftenverlag mit fünf bundesweiten Special-Interests ist mit seinem Anzeigenverkauf sehr unzufrieden, der bis jetzt völlig allein abgewickelt wurde. Es kommen nicht nur sehr wenige Anzeigen herein, sondern die Kosten pro Anzeigenauftrag (CpO) sind auch sehr hoch. Dabei ist nach eigenen Berechnungen der Tausenderseitenpreis eigentlich konkurrenzfähig, die Auflage stabil und die selbsterstellten Media-Unterlagen in 4c gedruckt.

Titel	Anzeigenanteil	Auflage
Modellbahn-Report	12 %	40.000
Urlaubserlebnisse	22 %	80.000
Mein Pudelhund	8 %	2.500
Der Hobby-Börsianer	31 %	7.300
Der Porzellansammler	9 %	15.000

Machen Sie einen begründeten Vorschlag, wie dieses Problem angegangen werden kann.

Stadion und U-Bahn

(Vorgeschlagene Bearbeitungszeit: 45 Minuten)

Die Tageszeitung einer deutschen Großstadt stellt fest, dass der Einzelverkauf im letzten Jahre erstens völlig durcheinander gekommen ist und zweitens insgesamt abgenommen hat. Dabei wurde doch kräftig geworben. Einige Kioske verkaufen heute gut und morgen schlecht, bei anderen ist es wieder umgekehrt. Die Zahlen der Nullverkäufe und auch der Ausverkäufe haben sich gehäuft. Eine Mitarbeiterin glaubt, dass durch die zahlreichen Baustellen in der Stadt im Vorfeld eines Weltsportereignisses die Störungen verursacht werden. In einer Woche will der Verlag sich mit den zuständigen Grossisten treffen, um das Problem zu lösen.

Erarbeiten Sie hierfür Vorschläge.

Netzvisite

(Vorgeschlagene Bearbeitungszeit: 35 Minuten)

Susi Bröd (Kontakterin bei DBD-Worldwide) und Hein Sorglos (Produktioner bei DHKP-International) tauschen übers Internet E-Mails aus. Plötzlich ist Susi sauer und schickt Hein ein virusverseuchtes Mail. Dieses löscht Heins Festplatte mit allen Daten des neuen Anzeigenmotivs. Das sollte am nächsten Tag in mehreren Tageszeitungen erscheinen. Alles, was er hat, ist ein bunter Digitalproof. Muss die Anzeige ausfallen? Begründen Sie Ihre Entscheidung.

Echt schnell

(Vorgeschlagene Bearbeitungszeit: 35 Minuten)

Ein Kunde hat es eilig, mit seiner neuen Anzeigenkampagne in die Motorpresse zu kommen. Und zwar in die ganze Palette. Von der großen „Auto-Bild" über „Auto-Motor-Sport" bis hin zu SI wie „Rallye-Racing". Er hat nämlich völlig überraschend am Wochenende eine bekannte Rallye gewonnen!! Er legt Ihnen (Produktioner/-in eines großen Verlages) eine Reihe von etwas amateurhaften Fotos auf den Tisch und sagt lächelnd. „Hauen Sie rein, frische Erfolge müssen schnell genutzt werden. Es soll toll aussehen, aber der Etat soll auch nicht im Pre-Press verbraten werden!" Wie würden Sie in der Druckvorstufe vorgehen?

Dirndl und Karohemden

(Vorgeschlagene Bearbeitungszeit: 40 Minuten)

Sie arbeiten in einer regionalen Tageszeitung mit eigenem Druckhaus. Ein Kunde aus der Textilindustrie (Trachten- und rustikale Landhausmode) möchte mit Ihnen neu zusammenarbeiten. Sie sollen für ihn die Printwerbung herstellen. Er möchte drucktechnische Beratung über folgende Werbemittel.

a) Visitenkarten mit Prägung, Auflage 750

b) Hochwertiges 4c-Produktbeipack für karierte blaue und rote Bauernblusen, Auflage 3.200

c) Katalogbeilagen 64 Seiten in 4c, Auflage 254.000

d) s/w-Anzeigen in der TZ mit hochwertiger Anmutung

Beraten Sie ihn über Druckverfahren, Maschinentyp, Papier und Rasterung.

Blindtexte
Fallstudie zur Typographie

(Vorgeschlagene Bearbeitungszeit: 20 Minuten)

Stellen Sie fest, ob folgende Blindtexte durch die Typographie eine eigene Aussage bekommen. Wenn ja, halten Sie diese schriftlich fest. Stellen Sie unterschiedliche Einsatzgebiete (z.B. Produkte) fest und halten Sie fest, wo diese Schrift auf keinen Fall verwendet werden sollte.

Brush Script

Dio klülokmmu sdas höput ler gehr Sapo. Morte kalerte weinut nei in des Kaul. Mätur entrop uns! Belender oder nie wonge Samener.

Kino

Dio klülokmmu sdas höput ler gehr Sapo. Morte kalerte weinut nei in des Kaul. Mätur entrop uns! Belender oder nie wonge Samener.

Impact

Dio klülokmmu sdas höput ler gehr Sapo. Morte kalerte weinut nei in des Kaul. Mätur entrop uns! Belender oder nie wonge Samener.

Times New Roman

Dio klülokmmu sdas höput ler gehr Sapo. Morte kalerte weinut nei in des Kaul. Mätur entrop uns! Belender oder nie wonge Samener.

Uhrenbuch Preisfindung

(Vorgeschlagene Bearbeitungszeit: 60 Minuten)

Ein Verlag sucht einen marktgerechten Preis für seine zwei Uhren-Bücher (Swatch und hochwertige Chronographen), die den Grundstock einer Uhrenserie bilden werden. Hier die Ergebnisse der sechs Testbuchhandlungen.

	Preis	Absatz Swatch-Buch	Absatz Chronographen-Buch
Buchhandlung 1	40 €	80	35
Buchhandlung 2	50 €	69	49
Buchhandlung 3	60 €	60	60
Buchhandlung 4	70 €	49	62
Buchhandlung 5	80 €	40	68
Buchhandlung 6	90 €	30	79
		328	342

Aufgaben:

a) Veranschaulichen Sie die obigen Testergebnisse in einer Graphik.
b) Interpretieren Sie die Unterschiede zwischen beiden Büchern.
c) Halten Sie die Ergebnisse für realistisch und übertragbar auf andere Bücher?
d) Entscheiden Sie sich für zwei adäquate Preise.

Fallstudie Buchpreiserhöhung

(Vorgeschlagene Bearbeitungszeit: 90 Minuten)

Der MKDP-Verlag hat hauptsächlich zwei Produktgruppen im Vertrieb. Zum einen hochwertige Belletristik-Hardcover, zum anderen preisgünstige Paperbackreihen. Die Produktmanagerin der Paperbacks möchte gern die Preise erhöhen, um die Erlöse zu steigern. Die Geschäftsführung ist skeptisch, ob sich dies in Zeiten knapper Kassen durchsetzen läßt und gibt eine Testmarktstudie für gleichzeitige Preiserhöhungen in beiden Teilmärkten in Auftrag. Hier die Ergebnisse:

Preisindex	Verkauf Paperback	Verkauf Hardcover
100	35	80
110	42	78
120	49	72
120	55	69
130	60	65
150	62	62
160	65	60
170	68	55
180	74	49
190	79	40
200	80	20

Aufgaben:

a) Veranschaulichen Sie die obigen Testergebnisse in einer Graphik.
b) Interpretieren Sie die Unterschiede zwischen beiden Büchergruppen.
c) Halten Sie die Ergebnisse für realistisch und übertragbar auf andere Printerzeugnisse?
d) Entscheiden Sie sich für eine adäquate Preiserhöhung.

13 Literaturverzeichnis

Monographien

Autonome a.f.r.i.c.a. gruppe: Handbuch der Kommunikationsguerilla, Berlin 1997

Banger (Hrsg.): Deutschsprachige Verlage, 50. Aufl., Köln 2000

Banger (Hrsg.): Deutschsprachige Zeitschriften, 44. Aufl., Köln 2000

Banger (Hrsg.): Verlagsvertretungen, 9. Aufl., Köln 2000/2001

Bauer, K. / Giesrigl, K.: Druckwerke und Werbemittel herstellen, 2. Aufl., Wien 1999

Baumbach / Hefermehl: Wettbewerbsrecht, 28. Aufl., München 2001

BDZV (Hrsg.): Der Bundesverband Deutscher Zeitungsverleger, Bonn 1992

BDZV (Hrsg.): Zeitungen 1994, Bonn 1994

Beck, H.: Medienökonomie; 2. Aufl. Berlin 2005

Betz, T.: ABC des Zwischenbuchhandels, Frankfurt 2005

BIBB Bundesinstitut für Berufsbildung (Hrsg.): Verlagskaufmann/Verlagskauffrau – Erläuterungen und Praxishilfen zur Ausbildungsordnung –, Bonn 1998

Blana, H.: Die Herstellung, 4. Aufl., München 1998

Breyer-Mayländer, T.: Wirtschaftsunternehmen Verlag, Frankfurt 2005

Bramann, Merzbach, Münch: Sortiments- und Verlagskunde, 3. Aufl., München 1999

Brand, P. / Schulze, V. (Hrsg.): Medienkundliches Handbuch: Die Zeitungsanzeige, Braunschweig 1987

Brand, E. / Brand, P. (Hrsg.): Medienkundliches Handbuch: Die Zeitung, 3. Aufl., Aachen 1993

Brand, P. / Dietrichs, R.: Die Zeitung – Ein Schulbuch für Demokratie, Aachen 1991

Breyer-Mayländer, T.: Wirtschaftunternehmen Verlag, Frankfurt 2000

Brummung, P.: Struktur und Organisation des Pressevertriebs (Teil 1), München 1985

Deutsche Fachpresse (Hrsg.): Anzeigen Preislisten Fachzeitschriften, Bonn

Deutsche Fachpresse (Hrsg.): Media- und Marketingbegriffe Fachzeitschriften, Bonn

Deutsche Fachpresse (Hrsg.): Anzeigen in Fachzeitschriften, Bonn

Deutsche Fachpresse (Hrsg.): Mediaforschung Fachzeitschriften, Bonn

Deutsche Fachpresse (Hrsg.): AMF-Standard für Media-Informationen Fachzeitschriften, Bonn

Deutsche Fachpresse (Hrsg.): Jahrbuch Deutsche Fachpresse, Bonn 2001

Deutsche Fachpresse (Hrsg.): Leistungsanalyse Fachzeitschriften, Bonn

Deutsche Fachpresse (Hrsg.): Horizont Mediafacts, 2000-2001

Duö / Sandström: Marketing-Kampf-Strategien, Landsberg 1986

Ehren, H.-J. von: Skripten zum Zeitungsvertrieb, Lübeck 1990 (als Manuskript veröffentlicht)

Gruner + Jahr (Hrsg.): Media-Planung, Hamburg 1993

Haas, M.: Die geschenkte Zeitung, Münster 2005

Heinold, W. E. (Hrsg.): Der Buch- und Pressemarkt, Bonn 1995

Hiller, H.: Wörterbuch des Buches, 5. Aufl., Frankfurt a.M. 1991

Hochuli, J.: Bücher machen – Einführung in die Buchgestaltung, 1990

Hoehner, H. / Wilinski, K.: Gutenberg Live, Mainz 1990

Hugmann-Rehbinder: Urheber- und Verlagsrecht, 8. Aufl., München 1995

Jagnow, B. : Marketing für Autoren, München 2000

Köhler / Piper: UWG, 2. Aufl., München 2001

Klaffke, K. / VDZ (Hrsg.): Anzeigenlexikon, Bonn 1998

Koschnik, W. J.: Standard-Lexikon für Marketing, Marktkommunikation, Markt- und Mediaforschung, München 1998

Kotler, P.: Marketing, München 1999

Kotler, P.: Marketing der Zukunft, Frankfurt 2002

Löffler: Presserecht, 4. Aufl., München 1997

Luidl, Ph.: Typografie: Basiswissen, Ostfildern 1996

Marchand, P.: Marshall McLuhan, Stuttgart 1999

Moessner, G.: Buchbinder ABC, Bergisch Gladbach 1981

Müller, H.-D.: Die Axiome des Pressevertriebs, Hamburg 1993

Mundhenke, R.: Der Verlagskaufmann, 8. Aufl., Frankfurt a.M. 1998

Nickel, V.: Werbung in Grenzen, 11. Aufl., Bonn 1994

Olzog, G. / Hacker, J.: Dokumentation deutschsprachiger Verlage, 12. Aufl., München 1995

Pasquier, M.: Plakat-Wirkungsforschung, Freiburg (CH) 1997

Perleberg, K.: Skripten zum Anzeigenwesen, Essen 1993 (Als Manuskript veröffentlicht)

Presse-Fachverlag (Hrsg.): Neumann 2001, Hamburg 2001

Rath-Glawatz: Das Recht der Anzeige, 2. Aufl., Stuttgart 1995

Reiter, W. M. (Hrsg.): Handbuch für den Werbeträger-Einsatz, 7. Aufl., Frankfurt 1985

Schiebel, W.: Die Ermittlung des optimalen Verkaufs im Zeitungs- und Zeitschriftengroßhandel mit Hilfe der elektronischen Datenverarbeitung, Frankfurt 1980

Schneider, K. (Hrsg.): Werbung in Theorie und Praxis, 3. Aufl., Waiblingen 1995

Schnettler, J. / Wendt, G.: Kommunikationspolitik für Werbe- und Kommunikationsberufe, Berlin 2003

Schnettler, J. / Wendt, G.: Konzeption und Mediaplanung für Werbe- und Kommunikationsberufe, Berlin 2003

Schönstedt, E.: Der Buchverlag, Stuttgart 1991

Schulze, V.: Medienkundliches Handbuch; Die Zeitung, Aachen 1993

Schwindt, P.: Struktur und Organisation des Pressevertriebs (Teil 2), München 1985

Spiekermann, E.: Ursache und Wirkung – Ein typografischer Roman, 2. Aufl., Mainz 1994

Stamm (Hrsg.): Stamm, 54. Aufl., Essen 2001

Stiebner, E. D. / Zahn, H. / Blana, H.: Drucktechnik heute, 2. Aufl., München 1994

Stiehl, U.: Der Verlagsbuchhändler, Stuttgart 1980

Störch, B.: Drucken in Farbe, Bonn 1994

Unger, F. u.a.: Mediaplanung, Heidelberg, 1999

United Nations Educational, Scientific and Cultural Organization (UNESCO): Recommendation Concerning the International Standardization of Statistics Relating to Book Production and Periodicals, Paris 1964.

VDBZZG (Hrsg.): Bezugsregulierung für klein- und mittelauflagige Objekte, Köln

VDZ (Hrsg.): Pressecodierung, Bonn 1994

VDZ (Hrsg.): Zeitschriftenmarkt USA, Bonn 1997

VDZ (Hrsg.): Zeitschriftenmarkt Großbritannien, Bonn 1996

Verlagsgruppe Madsack (Hrsg.): Media Lexikon, 5. Aufl., Hannover 1994

Vogel, W. / Mehler, H. A.: Spitzenkönner in der Werbung, Hünstetten 1990

Walenski, W.: Das PapierBuch, Itzehoe, 1994

Walk, H.: Lexikon Electronic Publishing, Itzehoe, 1996

Weiß, H. C.: Marketing, 12. Aufl. Ludwigshafen 2001

ZAW (Hrsg.): Rahmenschema für Werbeträger-Analysen, Bonn 1988

ZAW (Hrsg.): Spruchpraxis Deutscher Werberat, Bonn 1990

ZAW (Hrsg.): Werbung in Deutschland 2000, Bonn 2000

Zielinski, J.: Kundenzeitschriften, Frankfurt

Periodika

BDZV Euroreport, Berlin

BDZV intern, Berlin

BDZV Zeitungsmarkt, Berlin

Börsenblatt des deutschen Buchhandels, Frankfurt

Buchmarkt, Kempen

Deutscher Drucker, Ostfildern

dnv – Der neue Vertrieb, Hamburg

Horizont, Zeitung für Marketing, Werbung und Medien, Frankfurt

Letter Informations-Service

Media Perspektiven, Frankfurt

Medienwirtschaft, Hamburg,

Plakativ, Hocheim

Presse & buch news, Landshut

ProfiPublisher, Fellbach

Streifband, Leipzig

VDZ-Nachrichten, Berlin

Werbeforschung & Praxis, Wien / Bonn

Werben & Verkaufen, München

Werben & Verkaufen new media report, München

Die Zeitung, Berlin

14 Die Autoren

Eckhard Bremenfeld, Jahrgang 1950. Seit 1965 im Buchhandels- und Verlagsgeschäft tätig. Verlagsleiter und Geschäftsführer in Fachverlagen. Mitglied der Vertriebskommission der Deutschen Fachpresse und VDZ-Postkommission. Im Prüfungsausschuss der IHK Düsseldorf für Verlagskaufleute und Medienkaufleute Digital und Print sowie Geprüfte Fachwirte für Medien- und Verlagswirtschaft (IHK). Sachverständiger beim BIBB (Bundesinstitut für Berufsbildung) für kaufmännische Medienberufe.

Holger Knapp, Jahrgang 1971, Verlagskaufmann, sammelte nach seiner Ausbildung im VDI-Verlag Erfahrungen in den Bereichen Buchvertrieb und Internet. Anschließend tätig für die GENIOS Wirtschaftsdatenbanken (Verlagsgruppe Handelsblatt) im Bereich Internet. Dann Referent im Verband Deutscher Zeitschriftenverleger e.V., Bonn, für Fachzeitschriften und Postfragen. Seit 02/1999 bei der Verlagsgruppe Deutscher Fachverlag, Frankfurt am Main; 04/2004-09/2004 Stv. Verlagsleiter TextilWirtschaft; 10/04-12/05 Verlagsleiter TextilWirtschaft Marketing / Vertrieb; Seit 01/2006 Verlagsleiter TextilWirtschaft und Mitglied der Geschäftsleitung der Deutscher Fachverlag GmbH.

Dr. Michael Rath-Glawatz, Jahrgang 1946, Rechtsanwalt, Partner in der Sozietät Dr. Wartner, Dr. Dietrich (München). Tätigkeit als Geschäftsführer (Print, Hörfunk/TV) bzw. Leiter der Rechtsabteilung eines Medienunternehmens. Autor von Fachpublikationen zum Medienrecht. In der Tätigkeit als Rechtsanwalt spezialisiert auf das Presserecht (Äußerungsrecht, Anzeigen, Vertrieb), Wettbewerbs-/Kartellrecht, Urheberrecht, Arbeitsrecht der Medien, Recht der neuen Medien.

Dr. Kurt Tohermes, Jahrgang 1955, Ausbildung als Verlagskaufmann, Studium der Wirtschafts- und Sozialwissenschaften in Münster, Duisburg, Manchester und Amsterdam. Arbeitete bei verschiedenen westdeutschen Tageszeitungsverlagen sowie im Bereich kommunaler Öffentlichkeitsarbeit. Seit 1991 Lehrer für Verlags- und Werbebetriebslehre in Düsseldorf. Lehrbeauftragter an der Fachhochschule Gelsenkirchen.

15 Stichwortverzeichnis

E

F

G

H

I

J

K

L

16 Ausbildungsfahrplan – Medienkaufmann/-frau Digital und Print

Buch, Zeitschrift und Zeitung haben eine jahrhundertlange Tradition. Die Bedeutung der Printmedien ist dabei durch die Ergänzung durch die digitalen Medien in den letzten Jahren stetig gewachsen und noch unverzichtbarer geworden. Verlage sind nicht nur Mittler zwischen Autor oder Redakteur und Leser oder Mediennutzer, sondern zu Dienstleistern für unterschiedlichste Zielgruppen und deren Bedürfnisse geworden. Die Mittlerfunktion und Dienstleistung setzt eine für den Kunden bzw. den Leser adäquate Mediengestaltung, flexible Marketingstrategien und moderne Kommunikationstechniken voraus.

Wer sich für eine Ausbildung in einem Medienhaus entschließt, ist am Produktionsprozess digitaler und gedruckter Medien beteiligt, er wirkt kreativ von der Ideenfindung über die Realisierung bis hin zur kommerziellen Vermarktung mit. Dem Auszubildenden in den medienkaufmännischen Berufen wird damit die Möglichkeit geboten, sich intensiv in einen innovativen Prozess einzubringen.

Die Ausbildung in einem Medienunternehmen basiert auf einer Ausbildungsordnung, die unsere tägliche Arbeit möglichst umfassend darstellt. Diese Ordnung ist staatlich vorgegeben. Sie wurde auf die den Entwicklungen und Veränderungen der letzten Jahre in der Medienbranche abgestimmt. Die seit längerem fällige Neuordnung des Berufsbildes „Verlagskaufmann/-frau“ hatte dabei drei wesentliche Änderungen zum Ziel:

1. Mit der Berufsbezeichnung „Medienkaufmann/Medienkauffrau Digital und Print“ deutlich zu machen, dass unsere Branche Teil einer umfassenden und differenzierten Medienwelt ist,
2. den Auszubildenden eine Basis zu bieten, in einem sich immer schneller wandelnden Berufsumfeld auch in Zukunft Chancen am Arbeitsmarkt zu haben und
3. eine bisher produktorientierte Ausbildung (Buch und Zeitschrift/Zeitung) prozessorientiert anzubieten, um die vielen digitalen Produkte, aber auch die vielseitigsten Dienstleistungen, die heute die Programme der Verlage abrunden, mit einzubeziehen.

Der Schritt weg vom Produkt, hin zur Funktion, ist in der Praxis nicht einfach umzusetzen, denn nach wie vor sind unsere Medienhäuser in Bereiche oder Abteilungen organisiert, in denen die jungen Leute ausgebildet werden. Ob im Anzeigenbereich, im Buchverkauf, im Zeitungs- und Zeitschriftenvertrieb oder im Dienstleitungsbereich (z. B. Seminare), überall gelten die gleichen Marketinggrundsätze. Im Detail und in der Praxis gibt es aber völlig unterschiedliche Anforderungen. Der vorliegende „Fahrplan“ liefert zum einen den zur Verordnung gewordenen Ausbildungsrahmenplan und versucht zum anderen, die teilweise abstrakt wirkenden Ausbildungsinhalte auf die organisatorischen und verlagsspezifischen Arbeitsabläufe des Ausbildungsbetriebs zu übertragen.

Damit liegt für Ausbilder wie für Auszubildende ein ausführlicher Leitfaden vor, der durch praktische Checklisten ergänzt ist. Diese erleichtern es beiden festzustellen, was in den einzelnen Bereichen vermittelt bzw. erlernt werden soll. Leicht lässt sich „abhaken“, welche Inhalte bereits vermittelt und erworben wurden. Wenn noch Lücken zu schließen sind, kann aktiv von der einen oder anderen Seite eingegriffen werden. Gleichzeitig kann der „Fahrplan“ um betriebs- und produktspezifische Inhalte, die dieses breite Instrument anbietet, ergänzt werden.

Mit dem neuen Berufsbild und den ergänzenden Erläuterungen lässt sich in jedem Medienbereich ausbilden. Kann ein Betrieb bestimmte Ausbildungsbereiche aus organisatorischen Gründen, aufgrund seines Programms oder seiner Struktur nicht anbieten, sollte er mit Kollegen kooperieren, um zu einem für beide Seiten fruchtbaren Austausch zu kommen. Auch sollten zur Abrundung der Ausbildung die Möglichkeit externer Praktika angeboten werden. Dies kann sowohl in Druckereien, Reproanstalten und bei weiteren Dienstleistern oder in Agenturen geschehen. Darüber hinaus können die Auszubildenden dem Außendienst beim Buchhandel „über die Schulter schauen“.

Gut ausgebildeter Nachwuchs ist für unsere Branche heute wichtiger denn je. Für unsere jungen Leute ist eine gute Ausbildung das Fundament für eine sichere Zukunft.

Dieser „Ausbildungsfahrplan“ soll dazu beitragen.

Arbeitsgruppe „Medienkaufleute Digital und Print“

Mai 2006

1. DER AUSBILDUNGSBETRIEB

Lernziele im Ausbildungsbetrieb
Den Auszubildenden soll ein Einblick in Marktstellung, Programmkompetenz und innere Struktur des Ausbildungsbetriebes vermittelt werden. Sie sollen die Zielsetzungen ihrer Ausbildung kennen lernen und an der Arbeit in Verlagsleitung und Sekretariat beteiligt werden.

Externe Praktika

Ausbildungsrahmenplan		Exemplarische Inhalte	Umsetzung in der Ausbildung	Checkliste Betrieb und Schule
1.1 **Stellung, Rechtsform und Struktur**	a) Stellung des Ausbildungsbetriebes in der Medienwirtschaft darstellen	• Historische Entwicklung • Stellung in Wirtschaft und Gesellschaft • Bedeutung des Betriebes innerhalb der Branche		AG Anforderungsprofil Ausbildungsordnung Ausbildungsvertrag Bundesdatenschutzgesetz (BDSG) Berufsbildungsgesetz Berufsgenossenschaften Betrieblicher Ausbildungsplan Gewerbeaufsichtsamt Gewerkschaften GmbH GmbH & Co. KG IHK Jugendarbeitsschutzgesetz KG Presseversorgungswerk Rahmenlehrplan Tendenzbetrieb Verbände – Börsenverein – BDZV – VDZ
	b) Zielsetzung, Tätigkeitsfelder und Aktivitäten des Ausbildungsbetriebes beschreiben	• Kulturpolitische Aufgaben • Produktpalette • Wettbewerbssituation		
	c) Unternehmensleitbild und Corporate Identity des Ausbildungsbetriebes bei der Arbeit berücksichtigen	• Unternehmensphilosophie und Programmlinie der Verlagsproduktion		
	d) Geschäftsart und Rechtsform des Ausbildungsbetriebes erläutern			
	e) Organisationsform des Ausbildungsunternehmens aufzeigen	• Organigramm		
	f) Zusammenarbeit des Ausbildungsunternehmens mit Wirtschaftsorganisationen, Berufsvertretungen, Gewerkschaften und Behörden beschreiben			
1.2 **Berufsbildung**	a) Ausbildungsordnung mit betrieblichem Ausbildungsplan vergleichen und zu dessen Umsetzung beitragen	• Ausbildungsrahmenplan und betrieblicher Ausbildungsplan • interne Schulungen, ggfs. externe Praktika		
	b) Rechte und Pflichten aus dem Ausbildungsverhältnis und den Beitrag der Beteiligten im dualen System erläutern			
	c) Möglichkeiten und Nutzen der Fortbildung für die persönliche und berufliche Entwicklung erläutern	• Perspektiven in der beruflichen Entwicklung • branchenspezifische Fortbildungsmöglichkeiten		

Ausbildungsrahmenplan		Exemplarische Inhalte	Umsetzung in der Ausbildung	Checkliste Betrieb und Schule
1.3 **Personalwesen, arbeits- und sozialrechtliche Grundlagen**	a) Handlungskompetenz der Mitarbeiter als wesentliche Voraussetzung für den Kundennutzen, den Unternehmenserfolg und für die persönliche Entwicklung darstellen	• Handlungsvollmacht • Prokura • Geschäftsführung • Fachkompetenz • Methodenkompetenz • soziale Kompetenz • Personalkompetenz		
	b) Für den Ausbildungsbetrieb wichtige tarifliche Regelungen sowie arbeits- und sozialrechtliche Bestimmungen aufzeigen	• Tarifverträge • Betriebsvereinbarungen • Arbeitsvertrag • Arbeitsschutz		
	c) Mitbestimmungs- und Mitwirkungsrechte betriebsverfassungsrechtlicher Organe des Ausbildungsbetriebes erklären	• Betriebsverfassungsgesetz • Tendenzbetrieb • Betriebsrat • Betriebsversammlung		
	d) Ziele und Grundsätze des Ausbildungsbetriebes für die Personalplanung und -entwicklung beschreiben	• Anforderungsprofil • Chancengleichheit • Fortbildung		
	e) Vorgaben für Personaleinsatz und Arbeitszeitregelung anwenden	• Urlaubs- und Vertretungsregelungen		
	f) Aufgaben der Personalverwaltung beschreiben	• Bedeutung des Personalwesens • Arbeitsrecht und Arbeitspapiere • Gehaltsabrechnung und Lohnsteuer • gesetzliche und freiwillige Sozialleistungen • Sozialversicherungen • Krankenkasse		
	g) im Ausbildungsbetrieb übliche Verträge für den Personaleinsatz unter Berücksichtigung arbeits-, steuer- und sozialversicherungsrechtlicher Auswirkungen unterscheiden	• Feste/freie Mitarbeiter • Vollzeit- und Teilzeitmitarbeiter • Zeitarbeitskräfte • Aushilfskräfte		

Ausbildungsrahmenplan		Exemplarische Inhalte	Umsetzung in der Ausbildung	Checkliste Betrieb und Schule
1.4 **Sicherheit und Gesundheitsschutz**	a) Gefährdung von Sicherheit und Gesundheit am Arbeitsplatz feststellen und Maßnahmen zu ihrer Vermeidung ergreifen b) berufsbezogene Arbeitsschutz- und Unfallverhütungsvorschriften anwenden c) Verhaltensweisen bei Unfällen beschreiben sowie erste Maßnahmen einleiten d) Vorschriften des vorbeugenden Brandschutzes anwenden; Verhaltensweisen bei Bränden beschreiben und Maßnahmen zur Brandbekämpfung ergreifen	• Sicherheitsgerechtes Verhalten • Sicherheitsbeauftragter • Vorschriften der zuständigen Berufsgenossenschaft • Erste Hilfe und betrieblicher Notfallplan • Unfallmeldungen an Berufsgenossenschaft		
1.5 **Umweltschutz**	Zur Vermeidung betriebsbedingter Umweltbelastungen im beruflichen Einwirkungsbereich beitragen, insbesondere a) mögliche Umweltbelastungen durch den Ausbildungsbetrieb und seinen Beitrag zum Umweltschutz an Beispielen erklären b) für den Ausbildungsbetrieb geltende Regelungen des Umweltschutzes anwenden c) Möglichkeiten der wirtschaftlichen und umweltschonenden Energie- und Materialverwendung nutzen d) Abfälle vermeiden; Stoffe und Materialien einer umweltschonenden Entsorgung zuführen			
1.6 **Datenschutz**	a) rechtliche Bestimmungen zum Datenschutz beachten b) Datenschutz in seiner Wirkung auf Unternehmen, Geschäftspartner und Kunden unterscheiden und im Arbeitsprozess anwenden			

Verteilung Ausbildungsinhalte nach Rahmenlehrplan 1. Lehrjahr
2. Lehrjahr
3. Lehrjahr

Stand: Juni 2006

2. ARBEITSORGANISATION UND GESCHÄFTSPROZESSE

Lernziele im Ausbildungsbetrieb

Die Auszubildenden sollen unter Anwendung von Arbeitstechniken lernen, ihre Arbeit zu organisieren, sich Ziele zu setzen und Zeitpläne aufzustellen. Sie planen Projekte, erkennen Probleme und lösen Aufgaben im Team. Sie nutzen die unterschiedlichen Kommunikationssysteme, können mit betrieblichen Daten umgehen und - auch in einer Fremdsprache - mit Kunden kommunizieren.

Externe Praktika

Ausbildungsrahmenplan		Exemplarische Inhalte	Umsetzung in der Ausbildung	Checkliste Betrieb und Schule
2.1 **Arbeitsorganisation**	a) Lern- und Arbeitstechniken anwenden	• Einzel-/Teamarbeit • Projektarbeit • Moderationstechniken • Arbeitsplatzorganisation • Zeitmanagement • Selbstmanagement • Delegieren • Organisation und Einsatz von Arbeitsmitteln		Anwendungsprogramme Arbeitsplatzordner Betriebssysteme Brainstorming Checkliste Dateiformate Hard- und Software Körpersprache Leistungskurve Mindmapping Moderationstechniken Motivation Passwort Rhetorik Server Worklife-Balance
	b) Arbeitsabläufe und Entscheidungswege im Ausbildungsbetrieb berücksichtigen			
	c) Zusammenwirkung der Funktionsbereiche in der Prozesskette beachten			
	d) mit vor- und nachgelagerten Arbeitsbereichen zusammenarbeiten			
	e) Ziele bei der Arbeitsplanung setzen und Zeitplan für Aufgaben festlegen			
	f) betriebliche Organisations- und Arbeitsmittel effizient einsetzen			
	g) Aufgaben ausführen, Ergebnisse kontrollieren und bei Bedarf Korrekturmaßnahmen ergreifen			
	h) Probleme erkennen und analysieren, Lösungsalternativen entwickeln und bewerten			
	i) Aufgaben im Team planen und bearbeiten			
	j) Projekte planen und bearbeiten			

Ausbildungsrahmenplan		Exemplarische Inhalte	Umsetzung in der Ausbildung	Checkliste Betrieb und Schule
2.2 **Informations- und Kommunikationssysteme, Datensicherheit**	a) Informations- und Kommunikationssysteme unterscheiden und aufgabenorientiert einsetzen	• Telekommunikationssysteme		
	b) Standardsoftware und betriebsspezifische Software anwenden			
	c) rechtliche, technische und betriebliche Regelungen zur Datensicherheit beachten	• Bundes- und Landesdatenschutzgesetze und deren betriebliche Umsetzung • Sicherungssysteme gegen unbefugte Nutzung • Datensicherungssysteme		
	d) Auswirkungen von Informations- und Kommunikationssystemen auf Geschäftsprozesse, Betriebsabläufe und Arbeitsplätze im Ausbildungsbetrieb berücksichtigen			
2.3 **Informationsbeschaffung und -verarbeitung**	a) Daten erfassen, ordnen, pflegen und auswerten			
	b) externe und interne Informationsquellen für betriebliche Prozesse nutzen			
2.4 **Kommunikation und Kooperation**	a) Einflüsse von Information, Kommunikation und Kooperation auf Betriebsklima, Arbeitsleistung und Geschäftserfolg beachten	• Kommunikationsformen: verbal und nonverbal		
	b) Möglichkeiten der Konfliktlösung nutzen	• Erkennen von Konflikten • Feststellen der Konfliktsituation • Lösung der Probleme		
	c) Kundenkontakte herstellen	• Gesprächsphasen und -umfeld (Vorbereitung, Durchführung, Nachbereitung)		
	d) Kommunikationsregeln und -techniken, insbesondere Moderationstechniken anwenden	• Präsentationstechniken		
	e) Themen und Sachverhalte situations- und zielgruppengerecht aufbereiten und präsentieren			
	f) kulturelle Besonderheiten im Kundenkontakt berücksichtigen			

Ausbildungsrahmenplan		Exemplarische Inhalte	Umsetzung in der Ausbildung	Checkliste Betrieb und Schule
2.5 **Anwenden einer Fremdsprache bei Fachaufgaben**	a) fremdsprachige Fachbegriffe anwenden			
	b) im Ausbildungsbetrieb übliche fremdsprachige Informationen auswerten			
	c) Auskünfte erteilen und einholen, auch in einer Fremdsprache			

Verteilung Ausbildungsinhalte nach Rahmenlehrplan
1. Lehrjahr
2. Lehrjahr
3. Lehrjahr

3. PRODUKTPLANUNG UND PROGRAMMENTWICKLUNG

Lernziele im Ausbildungsbetrieb

Die Auszubildenden sollen die Aufgaben des Lektors/Redakteurs/Programmplaners in der Planung und Gestaltung des Programms kennen lernen und die wichtigsten Fähigkeiten in der Bearbeitung von Inhalten von der Beurteilung bis zur Produktionsfreigabe unter Einbeziehung der Marketingstrategien erlernen.
Dazu gehören die Grundlagen des Verlags- und Medienrechts sowie die Möglichkeiten der Nutzung von Nebenrechten durch die Vergabe von Lizenzen, um die Bedeutung von Lizenzverträgen einschätzen zu können.

Externe Praktika

Ausbildungsrahmenplan		Exemplarische Inhalte	Umsetzung in der Ausbildung	Checkliste Betrieb und Schule
3.1 **Programme und Profile**	a) Konzeption der Produkte des Ausbildungsbetriebes unter Berücksichtigung von Märkten und Zielgruppen bewerten	• Programmplanung, Produktkonzeption und Marktausrichtung • Trends, Marktforschung und Marktanalyse • Zielgruppenbestimmung und deren Kaufkraft • Preispolitik • Konkurrenzbeobachtung • Auflagenhöhe	– Teilnahme an Programmkonferenzen – Beschaffung von Marktdaten – Recherchen	Agenturen Autorkorrektur Bibliographie Bildnachweis CIP Copyright Diversifikation Domain Exposé Fußnote geistiges Eigentum Graue Literatur Gutachten Hauskorrektur Impressum Klappentext Kodex Kommentar Koproduktion KSVG Lektor Literaturverzeichnis Lizenzen Lizenzerlös Lizenzvertrag Lizenzgebühr Medienspezifische Darstellungsformen: Nachricht, Glosse, Reportage, Interview, Kommentar, Feature, Porträt, Personalie, etc. Nebenrechte Newsletter
	b) Neu- und Weiterentwicklungen von Produkten und Dienstleistungen in der Medienwirtschaft beurteilen und Schlussfolgerungen für den eigenen Arbeitsbereich ziehen	• Launches und Relaunches		
	c) Neu- und Weiterentwicklungen von kundenorientierten Digital- und Printprodukten und Dienstleistungen vorschlagen	• Print: z. B. Booklets, Sonderdrucke • Digital: z.B. E-Books, E-Paper, CD • Dienstleistung: z. B. Seminare, Hausmessen, Kongresse		
3.2 **Redaktion, Lektorat**	a) Zusammenwirken von Redaktion oder Lektorat insbesondere mit den Funktionsbereichen Produktion und Marketing berücksichtigen	• Programm-, Produkt- und Themenauswahl durch Lektorat, Redaktion und Online-Redaktion • Terminplanung • Kalkulation und Preisgestaltung • Marketingziele und Zielgruppenorientierung • Vorbereitung für die Produktion • Gliederung und Struktur • Imprimatur	– Beschaffen von Texten und Informationen – Texte verfassen unter Berücksichtigung der Leserinteressen – Erstellen von Registern, Verzeichnissen und Bildnachweisen – Klappentexte erstellen – Beschaffen von Bildern und Illustrationen – Ermitteln und Einholen von Bildrechten	

Ausbildungsrahmenplan		Exemplarische Inhalte	Umsetzung in der Ausbildung	Checkliste Betrieb und Schule
Fortsetzung 3.2 **Redaktion, Lektorat**			– Prüfen, bewerten und bearbeiten von Manuskripten und Abbildungen – Korrekturlesen	Personalie Plagiat Porträt Quellennachweis Raubdruck Register Reportage Royalties Sekundärliteratur Titelei Titelschutzanzeige Urheberrecht Verlagsalmanach Waschzettel Zitat
	b) konzeptionelle Planung von Redaktion oder Lektorat im Arbeitsprozess beachten	• Produktgestaltung • Medienneutrale Datenhaltung/-konvertierung • Zusammenarbeit mit Literatur- und Nachrichtenagenturen, Agenturen, Scouts, Korrespondenten und Journalisten • Zusammenarbeit mit Dienstleistern	– Layout und Umbruch – Einholen von Dienstleistungsangeboten und Erteilen von Aufträgen	
	c) Bedeutung der Akquisition und Betreuung von Autoren oder Herausgebern begründen	• Vertragliche Grundlagen: Autoren-, Herausgeber-, Übersetzer-, Illustratorenvertrag etc. • Titelschutz, Anmeldung von Domains, Titelei, Impressum, ISBN, CIP-Meldung • Honorierung: Vorschuss, Absatz-, Garantie-, Pauschalhonorar	– Honorierung von Text und Bild – medienspezifische Darstellungsformen – Titelmeldung an Deutsche Bibliothek – Titelschutz und ISBN/ISSN beantragen – Grundlagen des Pressewesens: Presserecht, Persönlichkeitsrecht, Bildrecht, Exklusivität	
	d) Rolle des Contentmanagements für Produktion und Marketing beschreiben	• Ein- und Verkauf von Inhalten z. B. für Websites, Shops, Foren, Nutzung für Online-Marketing, Crossmedia-Werbeangebote, Links etc. • Aktualität durch Updates • News	– Datenbankpflege – Updates, Newseingabe – Mithilfe beim Aufbau eines Portals	
3.3 **Rechte und Lizenzen**	a) Bestimmungen des nationalen und internationalen Medien- und Presserechts anwenden und Branchenrichtlinien beachten	• Methoden des Rechteein- und -verkaufs • Urheberrecht, Presserecht, Datenbankrecht, verwandte Schutzrechte und internationale Vereinbarungen	– Feststellen verfügbarer Nutzungsrechte auf Basis von Verträgen	
	b) Bestimmungen des Urheberrechts beachten	• Schutzdauer • Nachdruck • Copyright		

Ausbildungsrahmenplan		Exemplarische Inhalte	Umsetzung in der Ausbildung	Checkliste Betrieb und Schule
Fortsetzung 3.3 **Rechte und Lizenzen**	c) Auswirkungen von Erwerb, Sicherung und Verkauf von Verwertungs- und Nutzungsrechten im Ausbildungsbetrieb bewerten	• Koproduktionen • Verwertungsgesellschaften: VG Wort, VG Bild-Kunst, GEMA, PMG	– Kommunikation zwischen Rechtegebern und -nehmern, z. B. Einholen von Abdruckgenehmigungen – Ermittlung und Aufteilung von Lizenzerlösen	
	d) bei Abschluss von Verlags- und Lizenzverträgen mitwirken	• Normvertrag, z. B. Verlagsvertrag	– Ausstellen von Verträgen	

Verteilung Ausbildungsinhalte nach Rahmenlehrplan 1. Lehrjahr
2. Lehrjahr
3. Lehrjahr

4. HERSTELLUNG UND PRODUKTION

Lernziele im Ausbildungsbetrieb
Die Auszubildenden sollen Kenntnisse über Techniken in der Herstellung und Produktion von Digital- und Printprodukten erwerben sowie den Einsatz von unterschiedlichen Materialien kennen lernen. Sie sollen die Rolle der Kalkulation, des Produktmarketing und die interne und außerbetriebliche Zusammenarbeit mit Dienstleistern und den herstellenden Firmen erfassen.

Externe Praktika
Reproanstalt, Druckerei, Binderei, Multimedia-Agentur

Ausbildungsrahmenplan		Exemplarische Inhalte	Umsetzung in der Ausbildung	Checkliste Betrieb und Schule
4.1 **Planung und Kalkulation**	a) Termine festlegen und verfolgen		– Terminplan erstellen	Andruck Anschnitt Anwendersoftware Auflösung Aushänger Außensteg Balkencode Beihefter Beilagen Betriebssysteme Blindband Breitbahn Bucheinband Bundsteg cellophanieren chlorfreies Papier cmyk-Farbaufbau Colourmanagement CTP Codierung Crossmedia Database Publishing Dateiformate Datenschutz Datensicherheit Datenstruktur Datenträger Deckungsauflage Digitaldruck Duktus Durchhefter Durchschuss Einband Fadenheftung Fahne Fälzel Falzen Filzseite Flachdruck Flattermarken Flattersatz Fortdruck Frontispiz Fußnote Fußsteg Gemeine gestrichen Gradation Grundschrift Hochdruck holzfrei holzhaltig Hurenkind Klebebindung kollationieren Kolumne Kolumnentitel Kompatibilität Kompress Kopfsteg Kursiv Imprimatur Initial
	b) Herstellungsverfahren für Digital-, Print- und Nebenprodukte auswählen, dabei wirtschaftliche und ökologische Kriterien abwägen	• Vorstufe festlegen • Druckverfahren unterscheiden und bewerten • Storyboarderstellung		
	c) Kalkulationen und Deckungsbeitragsrechnungen erstellen	• Vollkostenrechnung • Deckungsbeitragsrechnung	– Mitwirkung bei der Auflagenplanung und Verkaufspreisermittlung – Herstellungskosten anhand von Angeboten ermitteln	
4.2 **Auswahl und Vergabe von Dienstleistungen**	a) Angebote einholen, vergleichen und auswählen			
	b) Aufträge vergeben			
	c) interne und externe Dienstleistungen produkt- und terminbezogen in den Produktionsprozess integrieren			
4.3 **Datenhandling**	a) Text-, Bild- und Grafikdaten digital bearbeiten und weiterleiten	• Auswahlkriterien • Farbkorrekturen • Datenaufbereitung für Druck- und Digitalprodukion	– Rechnergestützte Gestaltung von Text, Bild und Grafik für Printprodukte sowie von Bewegtbild- und Audiodaten für multimediale Produkte	
	b) unterschiedliche mediale Darstellungsformen und Datenformate beachten	• Inhalte auf Logik und Verständlichkeit sowie Bilddaten auf Eignung prüfen • Dateiformate unterscheiden und in den verschiedenen Anwendungsbereichen einsetzen		

Ausbildungsrahmenplan		Exemplarische Inhalte	Umsetzung in der Ausbildung	Checkliste Betrieb und Schule
Fortsetzung 4.3 **Datenhandling**	c) strukturierte Aufbereitung für Datenbankanwendungen sicherstellen	• Daten für die Mehrfachnutzung übernehmen, transferieren und konvertieren	– medienneutrale Bilddaten mittels Farbmanagement aufbereiten – medienneutrale Inhalte mit XML und datenbankgestütztes Publizieren Desktop Publishing (DTP)	ISBN, ISSN Kapitälchen Kapitalband Laufrichtung Laufweite Layout Legende Lithographie lumbecken Makulatur Marginalien Medienneutralität Moiré Netzwerke Nutzen Pagina Paperback Papier Pappband PDF Planobogen POD Proof Prägung Programmiersprachen (HTML, XML, LAB, PHP, Java Script) Raster Reprint Reproduktion Rillen Rohbogen satinieren Satzspiegel Schimmelbogen Schmalbahn Schmutztitel Schnittstellen Schöndruck Schusterjunge Schutzumschlag Serifen Siebdruck Siebseite Signet Systemarchitektur Tiefdruck Vakat Versalien Volumen Vorzugsplätze Vorsatz Widerdruck Zahlensystem Zuschuss
4.4 **Gestaltung von Digital- und Printmedien**	a) Gestaltungsgrundsätze für Digital- und Printprodukte beachten b) an der Umsetzung von konzeptionellen Vorgaben aus Marketing und Redaktion oder Lektorat mitwirken c) bei der medien-, produkt- und zielgruppenorientierten Gestaltung mitwirken d) an der Layouterstellung mitwirken	• Typografie und Layout • Ausstattung • Berücksichtigung technischer, wirtschaftlicher und zielgruppenorientierter Aspekte		
4.5 **Koordinierung von Produktionsprozessen**	a) Produktionsprozesse koordinieren, dabei insbesondere Schnittstellen von Produktionsabläufen beachten b) Einhaltung von Qualitätskriterien und auftragsbezogenen Vorgaben sicherstellen c) Termine und Kosten überwachen, bei Abweichungen Maßnahmen ergreifen	• Workflow bei Digital- und Printprodukten begleiten • Technische Umsetzbarkeit überprüfen	– Print: Layout, Vorstufe, Druck, buchbinderische Verarbeitung, Flexodruck – Online: Screendesign, Umsetzung, Bildbearbeitung, Programmierung, Server, Upload – Print: Kontrolle der Vorgaben, z. B. Raster, Farbe – Online: Kontrolle der Usability, z.B. Optimierung der Ergebnisse in verschiedenen Browsern	

Verteilung Ausbildungsinhalte nach Rahmenlehrplan 1. Lehrjahr
2. Lehrjahr
3. Lehrjahr

5. MARKETING, VERKAUF UND VERTRIEB

Lernziele im Ausbildungsbetrieb
Die Auszubildenden sollen die Grundlagen der Preis- und Kontrahierungspolitik, die Distributionspolitik und die Kommunikationspolitik des integrierten Verlagsmarketings umsetzen können.

MARKETING: Die Auszubildenden sollen die Arbeitsweise des kundenorientierten Verkaufs in der Entwicklung, Realisierung und Analyse von Verkaufsstrategien und Verkaufsförderungs-Maßnahmen kennen lernen.

WERBUNG: Die Auszubildenden sollen die Funktionsweisen der zielgruppenorientierten Werbung kennen lernen. Sie sollen das Werbekonzept des Verlages verstehen, die Möglichkeiten und Grenzen in Programm und Etat erfassen und konkrete Maßnahmen unter Berücksichtigung des CI planen, entwickeln und ausführen.

VERTRIEB/VERKAUF: Sie sollen mit den Methoden individueller Kundenbetreuung, Unterstützung und Führung eventueller Außendienstmitarbeiter bekannt gemacht werden. Sie wirken an der Auswertung und Interpretation von Titel-, Kunden- und Verkaufsstatistiken mit und lernen die Bedingungen bei Bestellung, Berechnung und Versand kennen.

PRESSE: Die Auszubildenden sollen die Möglichkeiten kennen lernen, das Bild des Medienunternehmens und seiner Produkte in der Öffentlichkeit darzustellen.

Externe Praktika
Buchhandlung, Vertreter beim Kundenbesuch begleiten, Besuch der Auslieferung

Ausbildungsrahmenplan		Exemplarische Inhalte	Umsetzung in der Ausbildung	Checkliste Betrieb und Schule
5.1 **Marktanalyse und Zielgruppenbestimmung**	a) Markt- und Wettbewerbssituation beobachten	• Markteinschätzung zur Beurteilung der Absatzchancen	– Daten erfassen	Adressverlag AGB Pressedistribution Aktionsrabatt Art. 5 GG Aufhebung des Ladenpreises Auswertung Autorenlesung Avise Analysetools AWS AZD Backlist Barsortiment Bestellanstalt Bestellkosten Bonität Bonus Bücherwagendienste Buchlaufkarte Corporate Design CPI CPO CPR
	b) Marktanalysen auswerten und deren Ergebnisse anwenden	• Analyse von Zielgruppendaten (Käufer, Leser) • Erfassung, Verarbeitung und Verwendung von Media-Daten		
	c) Zielgruppen analysieren und bestimmen	• Primäre und sekundäre Markt-/Kundendaten (Händler, Direktkunden)		
	d) an der Entwicklung von Kundenfindungs- und Kundenbindungskonzepten mitarbeiten	• Kundendaten, Adressmerkmale und Adressqualifizierung in CRM-Konzepte einbinden • Entwicklung zielgerichteter Marketingaktivitäten und Produktangebote	– Chancen und Risiken einer Kundenbeziehung anhand der eigenen Kundenstruktur erkennen	
	e) Kundenwünsche ermitteln, mit betrieblichen Leistungsangeboten vergleichen und daraus kundenorientierte Vorgehensweisen für Beratung und Verkauf ableiten	• Auswertung von Standard- und Sonderaktionen • statistische Erfolgskontrolle • Leserbefragung		
	f) Entwicklungen von Werbeetats im Markt analysieren			

Ausbildungsrahmenplan		Exemplarische Inhalte	Umsetzung in der Ausbildung	Checkliste Betrieb und Schule
5.2 **Verkauf von Produkten und Dienst-leistungen**	a) Leistungsdaten von Produkten und Dienstleistungen ermitteln und am Markt vergleichen	• Konkurrenzbeobachtung und Auswertung: Preise, Konditionen, Markt- und Mediadaten		CRM Depotbuchhandlung Direktwerbung Distributionspolitik Doppelte Unterschrift EHASTRA/BASTRA Einzelrevers Erfolgskontrolle Fernabsatzgesetze Fixum Fortsetzung Fremdbeilage Grossist Grosso Gutschrift Handelsspanne Handlager Hardcover Hilfsmittel Hörernachlass IBU ISBN IVW Kennzifferzeitschrift Komittend Kommissionär Konditionen Kreditliste Kundenschutz Lagerumschlag Logistik Loseblattwerk Mailings Malstaffel Mediadaten Mengenpreis Mengenstaffel Modernes Antiquariat Nachschlagewerke Nebenmärkte Negativoption Nielsen Nonbook
	b) Medienprodukte, insbesondere Digital- und Printprodukte, Insertionsprodukte, Lizenzen und Nebenrechte sowie Dienst- und Serviceleistungen unterscheiden			
	c) Verkaufsmaßnahmen entwickeln, Medienprodukte verkaufen	• Kunden- und Produkt-/Programm-spezifische Verkaufsangebote entwickeln • Telefonkontakte • Kundenbesuche	– Mitwirken beim Verkauf – Entgegennahme von Aufträgen – Kundenberatung – Aufträge bearbeiten	
	d) Verfahren der Preisfindung anwenden			
	e) Rechnungserstellung steuern und kontrollieren	• Berechnungsgrundlagen • Konditionen	– Rechnungen erstellen	
	f) Kern- und Nebengeschäfte des Ausbildungsbetriebes abgrenzen und deren ökonomische Bedeutung im Arbeitsprozess berücksichtigen	• Buchhandel, Barsortimente, Reise- und Versandbuchhandel, Fachbuchhandel, Warenhäuser, Bahnhofsbuchhandel, Buchverkaufsstellen, Messen • Abonnement und Presse-, Groß- und Einzelhandel • Internet	– Beurteilung der unterschiedlichen Märkte und Nebenmärkte in Bezug auf das Verlagsprogramm	
	g) Produkte und Dienstleistungen präsentieren sowie Informations-, Beratungs- und Verkaufsgespräche führen	• Fernabsatzgeschäfte z. B. Telefonverkauf, Direct-Mailing, E-Mail • Kundenbesuche • Messen	– auf Messen präsentieren und verkaufen – bei der Standgestaltung mitwirken	
	h) beim Verkaufen Methoden der Verkaufspsychologie einsetzen			
	i) auftragsbezogene Vorgaben des Kunden berücksichtigen	• Konditionen	– Aufträge in den entsprechenden Warenwirtschaftssystemen bearbeiten	
	j) Organisation, Betreuung und Steuerung des Außendienstes unterstützen	• Handelsvertreter und angestellter Außendienst • Vertretungsgebiet, z. B. Nielsen	– Außendienstanalyse – Provisionsabrechnung erstellen	

Stand: Juni 2006

Ausbildungsrahmenplan		Exemplarische Inhalte	Umsetzung in der Ausbildung	Checkliste Betrieb und Schule
Fortsetzung 5.2 **Verkauf von Produkten …**	k) Vertreterkonferenzen und Außendiensttagungen vorbereiten und organisieren	• Zusammenstellung der Vertreterunterlagen • Erfolgsstatistiken	– an der Vertreterkonferenz mitwirken	Novitäten- und Aktionsauslieferungen Partie Pflichtexemplare Point of Sale Postauslieferung Postvertriebsstück Postzeitungsdienst Portoersatz Positivoption Preisbindung Pressekonferenz Pressinformation Probeabo Public Relation (PR) Rabatt Rabattstaffel Ramsch Reiseauftrag Remission Rezension Rezensionsversand Rezensionswesen Rückruf Sammelrevers Schnupperabo Selbstbeanschriftung Stamm Standing Order Streifband Strichcode Stummer Verkäufer Subskription Telekommunikationsgesetz (TKG) Valuta Verkehrsnummer Verkehrsordnung Verlagsauslieferung Verlegerbeilage
5.3 **Werbung für Produkte und Dienstleistungen**	a) an der Entwicklung von Werbemitteln mitwirken	• die verschiedenen Werbemittel und ihre Bedeutung • Konzeption, Kalkulation und Produktion von Werbemitteln	– Gestalten von Werbemitteln wie Anzeigen, Prospekte (Layout) etc. – Verfassen von Werbetexten – Vergabe an Dienstleister (z. B. Grafik) – Zusammenarbeit mit Druckereien	
	b) an Aktionen der Öffentlichkeits- und Public Relations-Arbeit mitwirken	• Instrumente der Öffentlichkeits- und Pressearbeit, z. B. Veranstaltungen, Kontaktpflege zu den Medien • Pflege der Homepage • Organisation von Veranstaltungen • Verlagspräsentationen	– Erstellen einer Pressemeldung – Zusammenstellen einer Pressemappe – Vorbereitung einer Pressekonferenz – Rezensionsversand – Besprechungen auswerten und archivieren – Pflege der Medienkontakte	
	c) werbende und verkaufsfördernde Maßnahmen unter Berücksichtigung von Werbeetats durchführen	• Markenbildung und -pflege • Werbeplanung, Werbeetat, Umsetzung • Zusammenarbeit mit Dienstleistern, z. B. Lettershop	– Aufstellen eines Werbeplans – Rabattstaffel – Zusammenstellung der Werbekosten – Versand von Werbematerial	
	d) Maßnahmen zur Kundenbindung umsetzen	• Beispiele der Handelswerbung und Publikumswerbung: Kundenkarten, Kundenveranstaltungen, Wettbewerbe, Treuebonus		
	e) Unterschiede der Werbung für Handels- und Endkunden darstellen und bei Verkaufsaktionen berücksichtigen	• Produktbezogene Angebotsformen		
	f) Kundenkontakte und Werbeerfolgskontrollen auswerten und Ergebnisse für betriebliche Entscheidungen aufbereiten	• Werbestatistik, Werbeerfolgskontrolle	– Erstellung und Beurteilung von Werbestatistiken	
	g) Kundendaten beschaffen, pflegen und nutzen	• Aufbau einer Adressdatei • Adressqualifizierung		

Ausbildungsrahmenplan		Exemplarische Inhalte	Umsetzung in der Ausbildung	Checkliste Betrieb und Schule
5.4 **Vertrieb von Produkten und Dienstleistungen**	a) Vertriebswege unter Berücksichtigung der für Digital- und Printmedien relevanten Kriterien bestimmen	• Zeitfaktor, Kosten, Zuverlässigkeit • postalische Bestimmungen • Bücherwagendienste • Paketdienste • Fracht und Spedition • Zustelldienste • Eigenauslieferung/Fremdauslieferung • Internet	– Fracht- und Ausfuhrpapiere erstellen – Konfektionierung von Sendungen für den Versand – Erstellen der Avise	Versandbuchhandlung Versandwege Vertriebsrichtlinien Vormerkungen Vorschau Waschzettel Werberecht Yellow Press Zahlungsbedingungen Zahlungsziel Zielgruppenverteiler
	b) bei der Auftragsabwicklung für Digital- und Printmedien sowie Dienstleistungen unter Berücksichtigung unterschiedlicher Kundengruppen mitwirken		– Bearbeitung von Bestellungen – Bearbeiten von Reklamationen – Rücksendungen – Gutschriften erstellen – Vertreteraufträge bearbeiten	
	c) vorhandene Vertriebswege optimal nutzen, bei Bedarf neue Vertriebswege erschließen			
	d) Vertriebskonzepte umsetzen			
	e) Vertrieb von Produkten und Dienstleistungen organisieren und steuern			
	f) Vertriebsdaten ermitteln und auswerten		– Mitwirkung an der IVW-Meldung	
5.5 **Branchenspezifische Rahmenbedingungen**	a) Preisbindungsmodelle voneinander abgrenzen und produktspezifisch anwenden	• horizontale/vertikale Preisbindung • Preisbindungsgesetz für Bücher • Preisbindung über Grosso		
	b) Kontrahierungsformen der Medienbranche bei Verkauf und Vertrieb nutzen	• Verträge mit Zustellorganisationen • Kundenverträge		
	c) produktspezifische Geschäftsbestimmungen, wie beim Verkauf von Anzeigen anwenden			

Verteilung Ausbildungsinhalte nach Rahmenlehrplan 1. Lehrjahr
2. Lehrjahr
3. Lehrjahr

Stand: Juni 2006

6. KAUFMÄNNISCHE STEUERUNG UND KONTROLLE

Lernziele im Ausbildungsbetrieb
Die Auszubildenden lernen die allgemeinen Grundsätze der Buchführung und deren gesetzliche Bestimmungen kennen. Die verlagsspezifische Gliederung des Rechnungswesens, die Aufbereitung von Zahlen und Daten für wirtschaftliche Entscheidungen und das damit verbundene Controlling bilden weitere Ausbildungsschwerpunkte.

Externe Praktika

Ausbildungsrahmenplan		Exemplarische Inhalte	Umsetzung in der Ausbildung	Checkliste Betrieb und Schule
6.1 **Rechnungs- und Finanzwesen**	a) Rechnungswesen als Instrument der kaufmännischen Steuerung darstellen	• Planungs- und Steuerungsinstrumente z. B. Finanzplanung und -einsatz, Kostenplanung und -kontrolle • Vorbereitung des Jahresabschlusses und der Bilanz • Planung der Jahresetats und deren Kontrolle • Planung von Investitionen • Mitwirken bei der Inventur		Abschreibung Akkreditive BAB Betriebsergebnis Bilanz Bonus Buchhändler-Abrechnungs-Gesellschaft (BAG) Debitoren Deckungsbeitragsrechnung E-Commerce Eigentumsvorbehalt Forderungen Fristen GuV Inkasso Inventar Inventur Investitionen Kostenarten Kostenstellen Kostenträger Kreditoren Leasing Liquidität Rückstellungen Skonto Steuern Umsatz Verjährung Verlegerinkassostelle Warenwirtschaftssysteme Wertberichtigung
	b) Kosten und Erlöse erfassen sowie Kostenarten, Kostenstellen und Kostenträgern zuordnen	• Betrieblicher Konten- und Kostenstellenplan • Debitoren/Kreditoren		
	c) Buchungen vornehmen			
	d) Zahlungssysteme unterscheiden, Zahlungsein- und -ausgänge überwachen, Maßnahmen bei Zahlungsverzug einleiten	• Überweisungen, Schecks und elektronische Zahlungen • Kreditabrechnungen, Wechsel, Gutschrift • Unterschriftenregelung • Einzugsermächtigung, Rechnungstellung, Zahlungsanweisungen und Mahnverfahren • Internet-Zahlungssysteme	– Prüfen der Zahlungse ngänge und Rechnungen – Buchen von Belegen – Erstellen von Zahlungsanweisungen – Kassenführung – Bearbeiten der BAG-Abrechnung	
	e) Kosten- und Leistungsrechnung anwenden	• Grundlagen der Kosten- und Leistungsrechnung • Kostenarten, Kostenstellen, Kostenträger • kalkulatorische Kosten • Unternehmenssteuern und Versicherungen		
6.2 **Controlling**	a) Bedeutung des Controllings als Informations-, Steuerungs- und Planungsinstrument beachten			

Ausbildungsrahmenplan		Exemplarische Inhalte	Umsetzung in der Ausbildung	Checkliste Betrieb und Schule
Fortsetzung 6.2 **Controlling**	b) Ergebnisse der Kosten- und Leistungsrechnung als Steuerungs- und Informationsinstrument nutzen c) Kosten und Erlöse für erbrachte Leistungen ermitteln und im Zeitvergleich sowie im Soll-Ist-Vergleich bewerten			
6.3 **Beschaffung und Lagerhaltung**	a) Bedarf ermitteln, Angebote einholen und vergleichen sowie Aufträge erteilen b) Auftragserfüllung kontrollieren, Abweichungen klären und abschließend bearbeiten c) an der Planung und Steuerung von Lagerbeständen mitwirken			

Verteilung Ausbildungsinhalte nach Rahmenlehrplan 1. Lehrjahr
2. Lehrjahr
3. Lehrjahr

 Stand: Juni 2006